Ernest Mandel

Das Gorbatschow-Experiment

Ernest Mandel

Das Gorbatschow Experiment

Ziele + Widersprüche

Aus dem Französischen von
Hans Günter Holl und Eberhard Rathgeb

athenäum

CIP-Titelaufnahme der Deutschen Bibliothek

Mandel, Ernest:
Das Gorbatschow-Experiment: Ziele + Widersprüche / Ernest Mandel.
Aus dem Franz. von Hans Günter Holl und Eberhard Rathgeb. –
Frankfurt am Main: Athenäum, 1989.
ISBN 3-610-08527-4

Umschlaggestaltung: Karl Gerstner, Basel
Umschlagfoto: Jürgens, Ost + Europa-Photo, Köln
Druck und Bindung: May GmbH & Co. KG, Darmstadt
Printed in West Germany
ISBN 3-610-08527-4

Dem Andenken von
Pierre Frank (1905–1984) und
Emile Vanceulen (1916–1987)
in Erinnerung an vierzig Jahre
enger Freundschaft und
gemeinsamen Kampfes, auch
bezüglich der »Rußlandfrage«.

Inhalt

Vorwort

Die gegenwärtigen Veränderungen in der UdSSR sind das bedeutendste Ereignis seit der chinesischen Revolution von 1949 und werden sich noch jahrzehntelang weltweit gesellschaftlich und politisch auswirken. Vom Ende des Zweiten Weltkrieges bis zu den gegenwärtigen Ereignissen ließ sich das politische Regime der UdSSR in den kapitalistischen Ländern für die antikommunistische Propaganda einsetzen. Heute verliert die Sowjetunion dieses abschreckende Potential als manichäisches Feindbild, wenngleich ihre wirtschaftliche Misere für die westliche Welt weiterhin abstoßend genug wirkt.

Im Vordergrund dieser Entwicklung stehen weder die bereits vollzogenen oder in naher Zukunft zu erwartenden demokratischen Reformen noch die persönliche Rolle Gorbatschows und seine unbestreitbaren »PR«-Erfolge. Die wichtigste Veränderung ist die wiedererwachte Bereitschaft der sowjetischen Bevölkerung zu Massenaktionen, von der Streiks und andere Formen des politischen Widerstandes zeugen. Die neue Situation in der UdSSR wird an zwei Tatsachen sichtbar: Zum einen erfolgte der Rückzug der sowjetischen Truppen aus Afghanistan zumindest teilweise aufgrund des in der UdSSR erwachenden Widerstandes gegen diesen Krieg. Zum anderen ist heute, angesichts des Zustandes der öffentlichen Meinung in der UdSSR, eine militärische Intervention der Sowjets in Osteuropa – wie 1953 in der DDR, 1956 in Ungarn und 1968 in der Tschechoslowakei – nahezu ausgeschlossen. Die mittelfristigen Konsequenzen dieser beiden Tatsachen sind kaum absehbar.

1.

Meine Analyse der heutigen UdSSR geht weder von der persönlichen Rolle Michail Gorbatschows aus, noch versucht sie, die aktuellen Veränderungen allein durch seine Pläne und Initiativen zu erklären. Ich begreife Gorbatschow und seine Bewegung nicht als Auslöser, sondern eher als Antwort auf all jene Widersprüche, von denen die Sowjetgesellschaft nach Stalins Tod zunehmend geprägt wurde. Insbesondere weise ich jene Deutungen zurück, die in diesen Veränderungen eine Konstante der russischen Geschichte sehen; ihnen zufolge sollen seit der Eroberung durch die Tataren grundlegende Neuerungen in diesem Lande nur auf Initiative der Führungsspitze oder des Zaren möglich gewesen sein.

Diese Sicht der russischen Geschichte und Politik läßt nicht nur die Spontaneität und Macht der früheren Bauernaufstände und der Revolutionen von 1905 und 1917 außer acht, sondern auch die enormen gesellschaftlichen Veränderungen seit den dreißiger und vierziger Jahren. Die heutige UdSSR präsentiert sich einerseits als moderne, urbane Gesellschaft, deren Bevölkerung größtenteils schon in der zweiten Generation großstädtisch lebt. Andererseits zählen ihre Kultur und Wissenschaft zu den fortgeschrittensten der Welt. Die UdSSR stellt, im internationalen Rahmen gesehen, ein Viertel aller Wissenschaftler, und 40 Prozent der Werktätigen haben eine höhere Ausbildung absolviert. Die wissenschaftliche Neugier und das ästhetische Interesse der Sowjetbürger finden in keinem anderen Land ihresgleichen. Das beweist die hohe Publikationsrate wissenschaftlicher und literarischer Texte. Unter diesen Umständen wurde das repressive politischen Regime, dessen Effizienz zunehmend nachließ, nicht nur für die *Intelligenzija*, sondern auch für die Massen unerträglich.

Gorbatschow und seine Bewegung sind Produkte des Widerspruchs zwischen den progressiven Kräften und den konservativen Strukturen der Sowjetgesellschaft. Davon zeugt eine genuine Systemkrise, die sich seit Jahrzehnten angebahnt hat und die mit einem nahezu konstanten Rückgang des Wirtschaftswachstums sowie mit sozialem Elend einherging. Diese Krise wird seit mindestens zehn Jahren in mehreren »Kleinstmilieus« der Gesellschaft erkannt. Ganz allmählich bildet sich eine öffentliche Meinung heraus, die aber noch keine klare Alternative zur Politik der Parteispitze formuliert hat. Darin sehe ich – im Kontext der gesellschaftlichen Entwicklung der letzten Jahrzehnte – die Hauptursachen für die aktuellen Veränderungen in der UdSSR.

Mit Gorbatschow reagiert der »modernistische« Flügel in der herrschenden Bürokratie, primär an der Erhaltung seiner Macht und seiner Privilegien interessiert, auf die Gefahren der Systemkrise und der sich konstituierenden öffentlichen Meinung. Die politische Funktion Gorbatschows und seines Teams liegt darin, diese Veränderungen zu kanalisieren und unter die Kontrolle der Bürokratie zu bringen – auch um den Preis, die Veränderungen voranzutreiben, falls dies das einzige Mittel sein sollte, einen Umsturz zu vermeiden.

Die erheblichen Wachstumsmöglichkeiten der UdSSR, die sich der Bürokratie aufgrund der enormen Rohstoffvorkommen und des großen Arbeitskräftepotentials boten, wurden mit fortschreitender Ausbeutung erschöpft, wodurch die Notwendigkeit entstand, rasch von extensivem auf intensives Wachstum umzuschalten. Doch auf diesem Weg bildete die korrupte, starre bürokratische Führung ein unüberwindliches Hindernis. Sie hemmte, um mit Gorbatschow zu sprechen, das Wachstum und förderte Stagnationstendenzen in allen Bereichen des gesellschaftlichen Lebens.

Deshalb werden die weitsichtigsten Anhänger Gorbatschows immer stärker von Panik ergriffen. Gelingt es mit den radikalen Reformen nicht, das Ruder herumzureißen, wird die UdSSR in wenigen Jahren technologisch zweitklassig sein, was irreversible Folgen auch für die Landesverteidigung hätte. Diese Befürchtung zwingt sie zum Handeln.

Auch wenn der Hauptimpuls für die Veränderungen aus der Sowjetgesellschaft selbst stammt, läßt sich die explosive Wirkung mehrerer Initiativen Gorbatschows kaum bestreiten.

2.

Durch seine politische Bedeutung für den Wandlungsprozeß der UdSSR ist Michail Gorbatschow eine herausragende Persönlichkeit. Zweifellos zählt er zu den begabtesten und fähigsten Politikern des zwanzigsten Jahrhunderts. Dabei verwende ich den Ausdruck »Politiker« als Bezeichnung für eine Person, die unabhängig vom jeweiligen politischen Programm Macht ausüben will. Was hervorragende Politiker jedoch vor allem auszeichnet, ist ihre Fähigkeit, langfristig an einer Strategie festzuhalten, die den Interessen ihrer gesellschaftlichen Klasse oder Schicht dient. Sie streben Reformen derjenigen Systeme an, die sie im eigenen Interesse erhalten wollen. Deshalb benutzen sie die Taktik des Manövrierens und der sogenannten Realpolitik.

Mir drängt sich – trotz aller Vorbehalte gegenüber

historischen Analogien – ein Vergleich zwischen Michail Gorbatschow und Franklin D. Roosevelt auf. Beide sind die Hauptakteure auf der politischen Bühne einer Weltmacht. Dort üben sie die Macht vor allem durch Manipulation und Überzeugungskraft aus, greifen also nicht primär auf Repression und Terror zurück. Beide sind mit einer Gesellschaft konfrontiert, die nach einem in der Geschichte beispiellosen Höhenflug in einer Krise darniederliegt, wobei auch die Grundwerte von einst, die den Aufschwung ermöglichten, in Zweifel gerieten.

Beide sind überzeugt, schnell radikale Reformen durchführen zu müssen, um keine revolutionäre Situation aufkommen zu lassen. Auch stehen beide den Repräsentanten einer Macht gegenüber (in den USA dem Großkapital, in der UdSSR der *Nomenklatura*), die weder das Ausmaß der Krise sehen noch die Notwendigkeit von Reformen akzeptieren will. Zur Überwindung dieser Widerstände appellieren beide an die Bevölkerung, kontrollieren jedoch deren Reaktionen, um den Bestand des Systems nicht zu gefährden. Beide gewinnen durch ihre Politik wachsende öffentliche Zustimmung und erweisen sich als Meister im Einsatz der Medien für ihre politischen Ziele.

Neben diesen Analogien bestehen manifeste Unterschiede der historischen Situationen. Roosevelt gelang es fast mühelos, das amerikanische Großkapital für die Reformen des »New Deal« (Sozialstaat und Zulassung von Massengewerkschaften) zu gewinnen. Gorbatschow steht vor der Schwierigkeit, die *Nomenklatura* von der radikalen *Perestroika*, wenn nicht sogar von radikaler *Glasnost* überzeugen zu müssen. Das amerikanische Großbürgertum ist eine fest im System verankerte Klasse, die mittels ihres Eigentums Macht ausübt. Die *Nomenklatura* dagegen ist keine herrschende Klasse, sondern eine Klassenfraktion, die durch das Proletariat an die Macht gelangt ist und sich nur wegen dessen politischer Passivität dort halten kann.

Der entscheidende Unterschied ist: Die USA waren das reichste Land der Erde; ihre herrschende Klasse verfügte über gewaltige Reserven, die es ihr ermöglichten, wichtige Sozialreformen ohne Gefährdung ihres Besitzes und Profits zu realisieren. Die UdSSR unter Gorbatschow verfügt über keine vergleichbaren Ressourcen für den Staat bzw. für die privilegierte Oberschicht. Die großen Reservepotentiale können nur im Falle grundlegender Änderungen der Herrschaftsstrukturen und durchgreifender Initiativen der Produzenten genutzt werden. Aber solche Initiativen will die *Nomenklatura* mit allen Mitteln verhindern bzw. auf ein Mindestmaß reduzieren. Deshalb ist der Erfolg des Gorbatschow-Experiments viel unsicherer, als es Roosevelts Vorhaben war.

3.

Die in der UdSSR von Gorbatschow und seinem Team initiierten Reformen werden oft unter den Stichwörtern *Perestroika* und *Glasnost* zusammengefaßt. »*Perestroika*« bezeichnet die wirtschaftlichen, »*Glasnost*« die politischen Reformen, die man als Demokratisierung des Systems auffassen könnte.

Anfangs hatte Gorbatschow eine bürokratische Reform der Bürokratie angestrebt (oder vorgegeben, damit zu experimentieren). Er versuchte, die gravierendsten Defekte des Systems (Korruption, Alkoholismus) durch Maßnahmen von oben, also durch Repression, zu beheben. Die Grenzen dieses Versuchs wurden bald offenkundig. Daraus resultierte ein zweiter Anlauf, in dem man die Wirtschaftsreformen zunehmend mit Aufrufen zur Demokratisierung des politischen Lebens und Appellen an die Eigeninitiative der Bevölkerung verband. Seitdem gilt *Glasnost* als Bedingung für den Erfolg der *Perestroika*.

Diese Wende in der Politik Gorbatschows resultiert aus seiner Analyse des Scheiterns der Reformbestrebungen Nikita Chruschtschows. Gorbatschow und sein Team behaupten, Chruschtschow sei vor allem deshalb gescheitert, weil er keine ausreichende Massenbasis für seine Reformen hatte.

Mit der 19. Parteikonferenz begann eine dritte Phase der Politik Gorbatschows, in der *Glasnost* auch die Veränderung der politischen Institutionen erfaßte.

In der Landwirtschaft und einigen Dienstleistungssektoren kann man die Auswirkungen der *Perestroika* durch die Formel »partielle Reprivatisierung« zusammenfassen. Hinzu kommt die Legalisierung des Schwarzmarktes und der Schattenwirtschaft. Wie weit sich der Plan realisieren läßt, bleibt abzuwarten. Seine Tragweite geht nicht über die einer Neuen Ökonomischen Politik in verkleinertem Maßstab hinaus.

Anders präsentiert sich die *Perestroika* im Bereich der Großindustrie und im System der Planwirtschaft. Hier bleibt das Ziel zwar vage, aber manche deuten es im Sinne der Alternative: marktorientierter Sozialismus oder Nutzung von Marktmechanismen für die »sozialistische« Planung. Diese Gegenüberstellung trifft jedoch die gegenwärtigen Ereignisse in der UdSSR nicht und wird auch den Widersprüchen der *Perestroika* nicht gerecht. Die geplante Dezentralisierung ging nämlich mit verstärkter Zentralisierung einher, und der Einführung von Marktmechanismen auf Betriebsebene entsprachen zunehmende Eingriffe des Staates in die Betriebsstrukturen.

Die konkreten Maßnahmen sind also widersprüchlich. Ihre Verwirklichung stößt auf Opposition. Die bisherige Bilanz ist negativ. Das Wirtschaftswachstum hat nicht wieder eingesetzt. Die Bevölkerung leidet nach wie vor unter der schlechten Versorgungslage. Ihr Lebensstandard ist weiter gesunken. Außerdem werden die Reformpläne zunehmend von Teilen des Staatsapparates boykottiert.

Angesichts der Mißstände wächst die Furcht der Anhänger Gorbatschows vor einem Zusammenwirken der allgemeinen Unzufriedenheit mit der Demagogie konservativer Funktionäre des Apparates. Gleichzeitig fürchten sie, die *Perestroika* könnte scheitern, und setzen daher auf *Glasnost*, um die *Perestroika* zu stützen.

Die *Perestroika* hat zahlreiche negative Folgen, die auch Gorbatschows Propaganda nicht leugnen kann und die erklären, warum die Bevölkerung skeptisch und abwartend reagiert. Sie zwingt zu Sparmaßnahmen und senkt damit den Lebensstandard. Die sozialen Unterschiede verschärfen sich, und die elementare Forderung nach sozialer Gerechtigkeit bleibt unerfüllt, was kaum zu einer kollektiven Steigerung der Produktivität beiträgt. Die Organisation der Betriebe droht dahingehend geändert zu werden, daß sich die Einheit und Solidarität der Arbeiterklasse, die unter Breschnew gewachsen waren, immer stärker auflösen. Vor allem provoziert die Gefährdung der Arbeitsplätze durch weitreichende Entlassungspläne, die nicht nur Funktionäre, sondern auch Produzenten betreffen, an der Basis Feindseligkeit und Widerstand.

Unter diesen Bedingungen können *Perestroika* und *Glasnost* einander nicht stützen und stärken, sondern geraten zunehmend in Konflikt. Folglich wird die Bevölkerung alle durch *Glasnost* eröffneten Chancen zur Artikulation ihrer Erwartungen, ihrer

Ansprüche und ihrer Unzufriedenheit nutzen. Je mehr Meinungs- und Redefreiheit eingeräumt wird, desto mehr können Massenaktionen das herrschende System erschüttern.

Nicht nur Streiks und die Forderung, das Streikrecht gesetzlich anzuerkennen, sondern auch Formen der Selbstorganisation, wie in Eriwan, werden zunehmen. Die Arbeiter werden fordern, daß der Staat diese Formen sowohl im Rahmen der Gewerkschaften als auch im Rahmen der Sowjets, deren Reaktivierung Gorbatschow gefördert hat, anerkennt. Sie werden den eroberten demokratischen Freiraum nutzen, um Maßnahmen der *Perestroika*, die ihren Interessen zuwiderlaufen, in Frage zu stellen.

Der Widerspruch zwischen *Perestroika* und *Glasnost* resultiert aus der Widersprüchlichkeit von *Glasnost* selbst. Bisher änderte *Glasnost* nichts am Prinzip des Einparteiensystems. Auch blieb es bei der zwar stark eingeschränkten, aber nach wie vor realen Zensur; zudem verhindert der KGB-Apparat wirkliche Gewerkschaftsfreiheit. Daraus folgt, daß es eine Souveränität der Sowjets (aber auch des Volksdeputiertenkongresses) nach wie vor nicht gibt. Diese setzt nicht nur das Recht der Bevölkerung voraus, sich durch Kandidaten ihrer Wahl vertreten zu lassen, sondern auch das Recht und die Macht dieser Kandidaten, für andere politische Ziele als die der KPdSU einzutreten. Das Einparteiensystem, in dem andere verfassungskonforme Parteien nicht zugelassen sind, hat in der KPdSU selbst eine starke Einschränkung der innerparteilichen Demokratie zur Folge. Zum Beispiel gibt es keine Fraktionsfreiheit, Minderheiten werden unterdrückt.

Wie die Vergangenheit zeigt und der Fall Jelzin bestätigt, führt die Absage an ein Mehrparteiensystem beinahe automatisch zu einer Einschränkung der innerparteilichen Demokratie auch in der KPdSU. Das Verbot von Fraktionen und Strömungen hat zur Folge, daß jede Fraktion oder Strömung als »zweite Partei« verurteilt wird. Hält die Parteispitze am Prinzip des Einparteiensystems fest – vor allem deshalb, weil sie fürchtet, Glasnost könne unkontrollierbare Aktionen der Arbeiter begünstigen –, dann führen die Widersprüche zwischen Perestroika und Glasnost zwangsläufig zu einer Einschränkung von Glasnost, das heißt, der Prozeß der Demokratisierung wird nicht weiter vorangetrieben.

4.

Die Außenpolitik Gorbatschows ist ebenso widersprüchlich wie seine interne Wirtschaftspolitik und unterliegt einem materiellen Imperativ: Um die verfügbaren Ressourcen für eine Steigerung des Wirtschaftswachstums und des Lebensstandards nutzen zu können, muß der Rüstungswettlauf verlangsamt werden; um moderne Technologien importieren zu können, muß Gorbatschow erhebliche Kredite im westlichen Ausland aufnehmen. Die entschlossenen Abrüstungsinitiativen, der Abzug der sowjetischen Truppen aus Afghanistan, die Pläne, alle »regionalen Konflikte« friedlich zu lösen, die Vorschläge zur »Vertiefung« nicht nur der friedlichen Koexistenz, sondern auch zur Kooperation mit dem Westen, folgen diesem Imperativ.

Die Orientierung am Konzept der friedlichen Koexistenz ist zum Teil neu, bleibt aber von einem Pragmatismus beherrscht, der schon Stalins, Chruschtschows und Breschnews Außenpolitik prägte. Um die Wende zur »vertieften friedlichen Koexistenz« zu begründen, entwickelten Gorbatschows

Berater eine Doktrin (»neue Denkweise«) über die »Friedensbereitschaft« des Imperialismus. Sie behaupten, der Kapitalismus könne seine inneren Widersprüche wenn nicht lösen, so doch mildern, und kündigen an, auf die Ära der Klassenkämpfe werde eine Epoche der Versöhnung und Zusammenarbeit zwischen den Klassen folgen.

5.

Wohin treibt die UdSSR unter Gorbatschow ? Welches sind die möglichen Folgen der heute in diesem Lande zu beobachtenden Veränderungen?

Man sollte die Hypothese einer Restauration des Kapitalismus in der Sowjetunion ausklammern. Wer annimmt, daß der liberale Flügel der Bürokratie aus einer Restauration des Kapitalismus Nutzen ziehen könnte, verkennt die Machtbasis und die weitreichenden Privilegien der sowjetischen Bürokratie, die bei einer solchen Entwicklung viel mehr verlieren als gewinnen würde.

Die *Perestroika* wird gelingen, wenn der Widerstand und die Sabotage der konservativsten Bürokraten neutralisiert und der Apparat durch *Glasnost* und Verjüngung der Kader zunehmend erneuert werden können; wenn das Experiment Gorbatschows nicht blockiert, sondern vorangetrieben wird und aus dem Westen weiterhin Kredite fließen.

Von vier denkbaren Szenarien erscheint mir dieses angesichts der zu überwindenden Hindernisse sowie der sozialen und politischen Widersprüche, die einer »reformistischen« Lösung der Probleme im Wege stehen, als das unwahrscheinlichste.

Eine zweite Möglichkeit wäre die Radikalisierung eines Teils der führenden Kader in der KPdSU und eine stärkere Mobilisierung der anti-bürgerlichen

Kräfte. Daraus könnte ein »Moskauer Frühling« nach Prager Muster resultieren. In diesem Fall würden die konservativen Kräfte des Apparates Gorbatschow als das, verglichen mit einer wirklichen Revolution von unten, geringere Übel akzeptieren. Dieser Ausgang des Gorbatschow-Experiments ist ebenfalls unwahrscheinlich, doch wahrscheinlicher als die erste Variante.

Das dritte mögliche Szenario ist ein Scheitern Gorbatschows. Verschlechtern sich die Lebens- und Arbeitsbedingungen, erweist sich die *Perestroika* als wirtschaftlicher Mißerfolg, dann könnte die konservative Fraktion der *Nomenklatura* zu der Auffassung gelangen, *Glasnost* schaffe unnötige Risiken, und den Demokratisierungsprozeß stoppen. Daraus folgte zwar nicht notwendigerweise die Absetzung Gorbatschows – allerdings kann diese Möglichkeit nicht ausgeschlossen werden –, doch bedeutete dies auf jeden Fall seine Neutralisierung und eine Umkehrung des gegenwärtigen Kurses, verbunden mit »Säuberungsaktionen« in Medien und Oppositionsgruppen. Selbst dann gäbe es keine Rückkehr zum *status quo ante*. Zu viele Kräfte wurden entfesselt, zu viele Bedürfnisse geweckt, zu viele Freiheiten erkämpft, die man nicht mehr mit Repression im Stil der dreißiger Jahre unterdrücken könnte. Sogar eine »Normalisierung« wie in der Tschechoslowakei stieße auf viel größeren Widerstand als dort.

Bleibt noch die vierte Variante. Verzögert sich die Verbesserung der Lebens- und Arbeitsbedingungen, so wird die skeptisch abwartende Haltung der Bevölkerung in den nächsten zwei bis drei Jahren in offene Unzufriedenheit umschlagen. Gleichzeitig werden die Menschen die durch *Glasnost* eröffneten Möglichkeiten nutzen, um für mehr Rechte auf Selbstorganisation zu kämpfen. Sie werden ihren Machtanspruch geltend machen und die Parole »Alle Macht den Sowjets« beim Wort nehmen. Aus dem Proletariat und der radikalen sozialistischen *Intelligenzija* wird eine neue politische Führung hervorgehen, mit der die Massen eine wahre politische Revolution durchsetzen können.

Das dritte und vierte Szenario schließen einander langfristig nicht aus. Eine vorübergehende Stärkung der bürokratischen Diktatur – oder das Scheitern Gorbatschows – könnte ihrerseits eine revolutionäre Bewegung auslösen. Beide Möglichkeiten halte ich, zumal in ihrer Kombination, für wahrscheinlicher als die beiden ersten Szenarien, denn sie beruhen auf einer realistischen Einschätzung der gesellschaftlichen Widersprüche.

Meine Schlußfolgerung läßt sich in wenigen Worten resümieren: *Die UdSSR ist in Bewegung geraten, und niemand kann sie stoppen*. Der Alptraum des Stalinismus und der Breschnew-Ära wurde überwunden. Das sowjetische Volk, die ganze Menschheit atmet auf. Die Welt ist nicht mehr, wie sie war.

30. März 1989

ERSTES KAPITEL

Die objektiven Widersprüche der sowjetischen Gesellschaft und Wirtschaft

Im Westen dominieren seit langem zwei irrige Vorstellungen von der sowjetischen Realität. Nach der ersten ist die Sowjetunion, durch die Allmacht der Bürokratie über das soziale Leben, eine völlig erstarrte, totalitäre Gesellschaft. Der Bürokratie sei es gelungen, nicht nur Schwarzarbeit, Korruption und Kriminalität, sondern auch alle Mängel der Planwirtschaft und die Verlockungen des westlichen Konsummodells reibungslos in ihr System zu integrieren. Davon zeuge die unpolitische Haltung der Bevölkerung.

Die gegenteilige Vorstellung sieht die Sowjetgesellschaft als grundlegend dynamisch. Der wirtschaftliche Fortschritt, die Hebung des Lebensstandards, die zunehmende Qualifikation der Arbeiter erklären hiernach sowohl das Fehlen einer breiten politischen Opposition als auch die Notwendigkeit ständiger Neuerungen, der sich die Bürokratie auf lange Sicht kaum entziehen könne. Seit Stalins Tod sei die Lage durch immer neue Reformen geprägt. Dadurch nähere sich die Sowjetunion dem einst projizierten Modell einer sozialistischen Gesellschaft an. Die Reformen Gorbatschows setzten diese Entwicklung nur fort. Der radikale Reformkurs und die Demokratisierung seien unumkehrbar.

Diese zweite Vorstellung herrscht nicht nur in den pro-sowjetischen kommunistischen Parteien. Sie findet auch immer mehr Anklang bei den Eurokommunisten und bei einem größeren Flügel der europäischen Sozialdemokratie, vor allem in der SPD, in der Sozialistischen Partei Frankreichs und beim linken Flügel der britischen Labour Party.

Doch beide Vorstellungen sind abwegig, lassen den *Widerspruch* von Dynamik und Statik in der Sowjetgesellschaft außer acht. Die Dynamik ergibt sich aus dem wirtschaftlichen und gesellschaftlichen Wachstum, das die Lage gegenüber 1940, 1950 und selbst 1960 zutiefst verändert hat. Die Statik resultiert aus der Macht der Bürokratie über Staat und Gesellschaft und blockiert mehr und mehr das Wachstum.

Dieser Widerspruch beherrscht heute die Lage in der UdSSR. Er definiert die vorrangigen Aufgaben, die Gorbatschow und sein Team in Angriff genommen haben und deren Resultate sich heute – nach vierjähriger Erfahrung – bilanzieren lassen. Dieser Widerspruch liegt einerseits Gorbatschows populistischer Kampagne für »radikale Reformen« zugrunde. Andererseits läßt er es nicht zu, diese Reformen auf so breiter Basis durchzuführen, daß der Fortschritt zum Sozialismus neue Impulse erhält.

Seit der Ära Breschnew entwickeln sich Wirtschaft und Gesellschaft der Sowjetunion krisenhaft, gehen die Wachstumsraten von einem Fünfjahresplan zum anderen regelmäßig zurück.

Wachstum des Volkseinkommens in der UdSSR. Jahresdurchschnitt nach Fünfjahresplänen

1951-1955	11,2 %
1956-1960	9,2 %
1951-1965	6,6 %
1966-1970	7,75 %
1971-1975	5,75 %
1976-1980	4,75 %
1981-1985	3,5 %

Prozent des Wachstums nach Fünfjahresplänen

	1966-70	*1971-75*	*1976-80*	*1981-85**
Bruttosozialprodukt	43	36	23	20
Genutzter Nettoertrag der Fertigung	41	28	21	17-18
Nettoertrag der Fertigung pro Kopf	33	24	18	15
Bruttoindustrieprodukt	50	43	24	20

* Vorläufige Zahlen

Wie Jacques Sapir in *La Nouvelle Alternative* anmerkt, überbewerten diese Zahlen das reale Wachstum der sowjetischen Wirtschaft. »Bruttosozialprodukt« und »genutzter Nettoertrag der Fertigung« stehen für Gesamtumsätze. Steigt der Verbrauch von Zwischenprodukten durch Verschwendung oder wachsende Ineffizienz bei gleichbleibender Endproduktion von Jahr zu Jahr, ergibt sich bei beiden statistischen Werten ein zusätzliches Wachstum. Zudem ist die Hypothese eines relativ stabilen oder sogar leicht rückläufigen Preisindexes unrealistisch, da die Manager die Preise für angeblich neue Produkte, also für durchschnittlich 25-30 Prozent der laufenden Produktion, erhöhen können. Daher meint Sapir, man müsse die offiziellen Indizes nach unten korrigieren, und schlägt folgende Tabelle vor:

Jährliche Wachstumsrate (in Prozent)

	1975-1979	*1980-1984*
Bruttosozialprodukt	2,64	1,74
Industrieproduktion	2,24	0,63
Produktivität der Industrie	0,47	−0,07

Quelle: Jacques Sapir, »Crises et mutations de l'économie soviétique«, in: *La Nouvelle Alternative*, Nr. 4, 1986

Abel Aganbegjan, der wirtschaftliche Hauptberater Michail Gorbatschows, geht in seinem letzten Buch *Perestroika, Le double défi soviétique* (Paris 1987) sogar noch weiter. Er behauptet, während der Laufzeit des elften Fünfjahresplanes (1981-1985) habe die Wachstumsrate der sowjetischen Wirtschaft bei Null gelegen. Dies sei auf die Preissteigerung und die geänderten Produktqualitäten sowie auf die Ersetzung preiswerter Produkte durch teurere, aber nicht qualitativ verbesserte zurückzuführen. Aganbegjan illustriert seine These durch folgendes Schaubild:

Wachstum des Volkseinkommens
(Wachstumsraten nach Fünfjahresplänen)

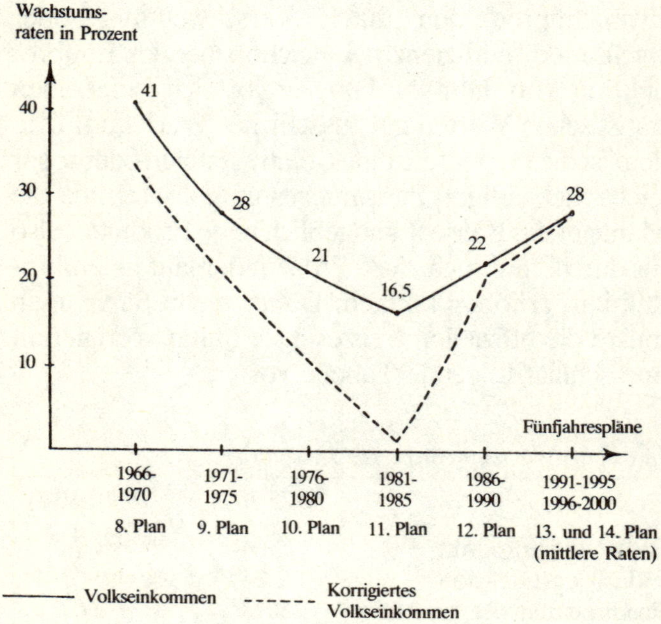

Eine Bestätigung dieser Stagnationstendenz liegt auch darin, daß die Produktion, mit absoluten Zahlen ausgedrückt, in vielen Bereichen rückläufig war. Das betraf in den Jahren 1979, 1980 und 1981 besonders Kohle, 1979, 1980 und 1982 Stahl, 1979, 1980, 1981 und 1982 Werkzeugmaschinen für die Metallverarbeitung, 1981 und 1982 Automobile und 1985 Erdöl, Kohle, Stahl, Papier, Zement, Uhren und Radiogeräte. Aganbegjan fügt hinzu, daß sich die Produktionsmenge zwischen 1979 und 1982 bei 40 Prozent der Industrieprodukte verringert hat.

Michail Gorbatschow zieht eine noch ernstere Bilanz: Läßt man die durch Alkoholverkauf gemachten Gewinne und die durch den Export von Erdöl zu überhöhten Preisen erzielten Einnahmen außer acht, liegt die Zunahme der Staatseinnahmen seit zwanzig Jahren praktisch bei Null (*Prawda* vom 19. Februar 1988).

Das beständige Sinken der Wachstumsraten stellt die Herrschenden in der sowjetischen Bürokratie vor ein Dilemma. Nur wenn die reale Wachstumsrate bei mindestens 4-4,5 Prozent liegt, können sie gleichzeitig die Investitionen erhöhen (also die Industrialisierung und Modernisierung des Landes vorantreiben), die Verteidigungsausgaben steigern (sich am Rüstungswettlauf beteiligen und das »militärische Gleichgewicht« mit dem Westen herstellen und halten) und den allgemeinen Lebensstandard heben. Sinkt die Wachstumsrate unter 3 Prozent, sind diese drei seit dem Tod Stalins verfolgten Ziele nicht gleichzeitig erreichbar.

Die Verlangsamung des Wirtschaftswachstums geht mit einem noch stärkeren Rückgang der Verbraucherausgaben einher:

Jährliche Wachstumsraten der Verbraucherausgaben pro Kopf in Prozent

	1966-70	*1971-75*	*1976-80*	*1981*
Gesamtverbrauch	5,1	2,9	2,2	1,8
Konsumgüter	5,4	2,8	2,1	1,8
Lebensmittel	4,3	1,6	1,0	1,4
kurzlebige K.	7,1	3,0	3,1	2,1
langlebige K.	9,1	10,0	5,4	2,7
Dienstleistungen	4,3	3,0	2,5	1,9
persönliche	5,8	4,6	3,4	2,1
Ausbildung	2,9	1,5	1,6	1,3
Gesundheitswesen	3,2	1,4	1,4	−0,2

Quelle: G. Schroeder, »Soviet Living Standards«, in: *Soviet Economy in the '80s*, II. Teil

Allerdings stellt sich die Lage bei den langlebigen Konsumgütern besser dar:

Haushaltsgeräte in Einheiten pro 100 Familien

	1965	*1975*	*1984*
Radiogeräte	59	79	96
Fernsehgeräte	24	74	96
Kühlschränke	11	61	91
Waschmaschinen	21	65	70
Staubsauger	7	18	37

Das Sinken der Wachstumsrate bei der Produktion dieser Güter zeigt deshalb auch, daß die Bedürfnisse weitgehend befriedigt sind und man sich nun auf neue Produkte konzentriert. Allerdings führen die schlechte Qualität der meisten dieser Produkte und der Mangel an Ersatzteilen bei den Verbrauchern zu Unzufriedenheit.

Die Krise im Wohnungswesen bleibt akut:

Wohnfläche pro Person in den Städten

1965	10,2 m^2
1970	11,2 m^2
1975	12,2 m^2
1980	13,1 m^2
1984	13,9 m^2

Etwa 14 Prozent der Haushalte haben ein Auto, aber die Jahresproduktion stagniert bei etwa 1,3 Millionen Stück. Die Lieferzeiten betragen durchschnittlich acht Jahre.

Diese relative Stagnation des Lebensstandards ist der Bevölkerung schmerzlich bewußt. Nach einer Meinungsumfrage des Soziologischen Instituts der Akadamie der Wissenschaften von 1985, die in den *Moscow News* (aber nicht in der russischsprachigen Sowjetpresse) veröffentlicht wurde, gaben 45 Prozent der Befragten an, die medizinische Versorgung habe sich gegenüber dem Zustand zehn Jahre zuvor verschlechtert, 52 Prozent von ihnen meinten, die Geschäfte würden schlechter beliefert, und 54 Prozent äußerten, die öffentlichen Verkehrsmittel funktionierten nicht mehr so gut wie früher.

Am krassesten äußert sich diese Verlangsamung in einem fast völligen Stillstand der Getreideproduktion, besonders beim Futtergetreide, so daß die UdSSR seit Jahren große Mengen an landwirtschaftlichen Erzeugnissen aus kapitalistischen Ländern importieren muß (vor allem aus Argentinien, Kanada, Frankreich, den USA und Australien).

Die lange Rezession in den kapitalistischen Ländern hatte auch starke Rückwirkungen auf die sowjetische Wirtschaft. Ihre Exportartikel (vor allem Erdöl, Gas, Holz und Gold) waren heftigen Preisschwankungen unterworfen, so daß es oft an den notwendigen Mitteln für den Import von High-Tech-Produkten fehlte. Die Rezession zwang den Imperialismus zu gesteigerter Aufrüstung, was wiederum den Druck auf die UdSSR verstärkte, viele für die wirtschaftliche Entwicklung verfügbaren Mittel bei Militärprojekten einzusetzen. Hier zeigt sich eine gemeinsame, verschränkte Krise des Kapitalismus und des bürokratischen Machtsystems.

Das Sinken der Wachstumsraten in der sowjetischen Wirtschaft entspricht einer regelmäßigen Steigerung dessen, was man im kapitalistischen System als »Kapitalkoeffizienten« bezeichnet. Die Summe der für eine Erhöhung des Volkseinkommens um 1 Prozent erforderlichen Investitionen steigt von einem Fünfjahresplan zum anderen. Verantwortlich hierfür sind die nachlassende Nutzung der materiellen Ressourcen aufgrund mangelhafter Organisation der Wirtschaft sowie die zu geringe Produktivität:

Jährliche Steigerung der Produktivität

	1966-70	*1971-75*	*1976-80*	*1981-85*
Industrie	5,7	6,0	3,2	3,2
Landwirtschaft	6,6	1,3	2,9	2,6
Bauwesen	3,9	5,0	1,9	1,6

Andropow faßte die Gesamtwirkung dieser Mängel in einer lapidaren Formel zusammen, der auch Gorbatschow zustimmt: Ein Drittel aller in der UdSSR bezahlten Arbeitsstunden sind vergeudete Zeit.

Entgegen den Beteuerungen östlicher und westlicher Technokraten liegt das nicht primär an der »Faulheit« oder »mangelnden Ausbildung« der Arbeiter (Stalin sprach schlicht von »Sabotage«), sondern an der Unfähigkeit der Bürokratie zu rationalem Wirtschaften. Daraus folgen eine unregelmäßige

Versorgung mit Rohstoffen, ein Mißverhältnis zwischen Produktion, Distribution und Transport (in die man jahrzehntelang zu wenig investiert hat), ein Mangel an Ersatzteilen und zahllose Verschwendungen, die Überalterung der Maschinenparks sowie ein chaotisches Preis- und Prämiensystem, das technische Fortschritte verhindert.

Die Hauptmängel der sowjetischen Wirtschaft, von Gorbatschow in der Plenarsitzung des Zentralkomitees vom 11. Juni 1985 angeprangert, sind der technische Rückstand, die schlechte Qualität zahlreicher Industrieprodukte (beides beeinflußt die geringe Wettbewerbsfähigkeit sowjetischer Produkte, darunter Maschinen, auf dem Weltmarkt), die niedrige Rendite der oft übereilten und dann nicht voll zugeteilten (eingefrorenen) Investitionen, die mangelhaft koordinierte und zunehmend konzeptlose Planung, die wachsende Verschwendung von Energie und Rohstoffen.

Ein Bericht der Polnischen Akademie der Wissenschaften, am 6. Juli 1985 von *The Economist* zitiert, errechnet die durchschnittlichen Kosten für Energie (in Kilogramm Kohle) und Hüttenprodukte (in Kilogramm Stahl) pro 1.000 Dollar des Bruttosozialprodukts (in amtlichen Wechselkursen) für 1979/80:

Land	*Energie*	*Hüttenprod.*
UdSSR	1.490	135
DDR	1.356	88
Tschechoslowakei	1.290	132
Ungarn	1.058	88
Großbritannien	820	38
BR Deutschland	585	52
Frankreich	502*	42*
Schweiz	371*	26*

* Diese Zahlen sind eigentlich nicht mit den anderen vergleichbar: Die Produktion von Fertigwaren spielt für das Bruttosozialprodukt dieser beiden Länder eine geringere Rolle als in den anderen genannten Staaten.

Die folgende Tabelle zeigt jedoch, daß man sich kein zu simples Bild von der Entwicklung der Sowjetunion machen darf. Bei den aufgeführten Produkten waren zwischen 1970 und 1987 erhebliche Zuwachsraten zu verzeichnen:

	1970	*1975*	*1980*	*1985*	*1987*
Turbinen (Mio kW/h)	16,2	18,9	19,6	21,6	22,5
Elektromotoren (Mio kW)	36,3	45,9	51,8	54,7	54,6
Automaten (Mrd Rubel)	741	1039	1294	1545	1665
Plastikröhren (Mio Tonnen)	1,5	2,7	4,6	3,8	5,5
Stahlröhren (Mio Tonnen)	12,4	16,0	18,2	19,3	20,3
Mineraldünger (Mio Tonnen)	13,1	20,0	24,8	33,2	36,3
Stoffe (Mrd qm)	8,9	10,0	10,7	12,1	12,7
Uhren (Mio Stück)	40,0	55,0	67,0	67,0	71,0
Farbfernseher (Mio Stück)	–	0,6	2,3	4,0	4,6
Tonbandgeräte (Mio Stück)	1,2	2,5	3,0	4,7	5,0
Kühlschränke (Mio Stück)	4,1	5,6	5,9	5,9	6,0
Waschmaschinen (Mio Stück)	5,2	3,3	3,8	5,1	5,8

Quelle: Enrique Palazuelo Manso, ICE, 9. Januar 1989

Der Testfall Computer

Der sowjetische Rückstand in den Bereichen Vertrieb und Nutzung von Computern zeigt, vor welchen wissenschaftlichen, technischen, wirtschaftlichen, sozialen und politischen Problemen die UdSSR heute steht.

Im Bereich der wissenschaftlichen Grundlagenforschung kann man kaum von einem Rückstand der Sowjetunion gegenüber den USA, Europa oder Japan sprechen. Die sowjetischen Mathematiker gehören zu den besten der Welt. Wladimir Gurewitsch hat am 20. Januar 1985 in Radio Moskau sogar behauptet, die UdSSR plane in Sewerodwinsk den modernsten Großrechner der Welt. Doch besteht eine folgenreiche Kluft zwischen Planung, Entwicklung von Prototypen auf der einen und Serienproduktion, das heißt allgemeiner Nutzung, auf der anderen Seite.

Der einzige Computertyp, der Unternehmen, Verwaltungsstellen und Schulen zur Verfügung steht, ist einer der sogenannten dritten Generation. Die Produktion von Computern der vierten Generation – im Westen allgemein verbreitet – steckt noch in der Anfangsphase. Nur 35 Prozent der sowjetischen Großbetriebe (mit über 500 Beschäftigten) sind mit Computern ausgestattet, in den USA oder in Japan fast 100 Prozent. Im Plan für 1981 bis 1985 war eine jährliche Software-Produktion für 2,5 bis 3 Milliarden Rubel vorgesehen; 1983 und 1984 erreichte die tatsächliche Produktion kaum 1 Prozent dieser Vorgabe. Die Computer werden im Schnitt nur zwölf Stunden täglich genutzt, bei einer Planvorgabe von fünfzehn bis zwanzig Stunden.

Die Ausstattung der Schulen mit Computern ist

dringend notwendig, um die junge Sowjetgeneration auf die allgemeine Nutzung dieses neuen Arbeits- und Forschungsgeräts vorzubereiten. Angesichts der unzureichenden Produktion in der UdSSR und der begrenzten Exportkapazitäten der DDR haben die sowjetischen Behörden bei britischen und amerikanischen Unternehmen größere Mengen PCs der Marken Apple-Macintosh und IBM-AT bestellt. Doch der qualitative und quantitative Rückstand auf dem Computersektor bleibt; er wird auf zehn bis fünfzehn Jahre gegenüber den USA und fünf bis zehn Jahre gegenüber Japan und Großbritannien geschätzt.

Noch gravierender ist dieser Rückstand bei der Anwendung. Anfang der siebziger Jahre dachte man in der Sowjetunion und in der DDR, das Plansystem biete sinnvollere Möglichkeiten für den Computereinsatz als die Marktwirtschaft. Man entwarf ein zentrales Informationsnetz für die sowjetische Volkswirtschaft. Heute müssen die sowjetischen Ideologen, Ökonomen, Manager und *Apparatschiks* jedoch erkennen, daß der allgemeine, rationelle Einsatz von Computern in der Betriebsverwaltung und in der Volkswirtschaft auf wachsende Schwierigkeiten stößt.

Einige dieser Probleme sind zwar rein technischer Natur, aber kurz- bis mittelfristig kaum lösbar: unzureichende Infrastruktur (vor allem das Telefon- und Fernmeldesystem betreffend), Mangel an Elektronikern und besonders Softwarespezialisten, Unfähigkeit, die Vorteile der Informatik im Finanzwesen und in der Produktion zu nutzen (trotz der Einführung von Computern hält man an mechanischer oder manueller Buchhaltung bzw. Korrespondenz fest etc.).

Die Hauptprobleme sind allerdings sozio-ökonomischer und sozio-politischer Natur. Allgemeine

Nutzung des Computers bedeutet, daß Informationen transparent gemacht und frei verbreitet werden können. In der sowjetischen Wirtschaft ist die Transparenz der Informationen angesichts des starken Interesses der Bürokraten, möglichst viele Mittel für möglichst niedrige Planziele zu erhalten, zwischen Betrieben und übergeordneten Stellen nicht nur ungesichert, sondern nahezu ausgeschlossen. Sogar innerhalb der Betriebe sind ihr enge Grenzen gesetzt. Das bürokratische Verwaltungssystem arbeitet weitgehend mit Fehlinformationen, was alle Bürokraten wissen – der ehemalige kommunistische Premierminister Ungarns, Andras Hegedus, nannte das »die allgemeine Verantwortungslosigkeit«.

Wie läßt sich unter diesen Bedingungen ein zentrales Computersystem rationell nutzen? PCs sind in der Regel mit Druckern ausgestattet. PCs in Schulen, Universitäten und Betrieben ermöglichen zahllose Veröffentlichungen, die der Zensur entgehen (*Samisdats*). Welch ein Alptraum für den KGB und welch eine Chance für das, was die »Organe« als »antisowjetische Agitation« bezeichnen, die aber nichts anderes ist als die Ausübung des elementaren, demokratischen Rechts, Meinungen frei und öffentlich zu bekunden.

Krise der gesellschaftlichen Strukturen

Die Systemkrise griff auch auf die gesellschaftlichen Strukturen über, die Stalin und Chruschtschow verfestigen wollten. Allgemeine Enttäuschung über mangelnde Selbstbestimmung, Selbstverwaltung und Freiheit sowie das Bestreben, fehlende kollektive Lösungen durch individuelle zu ersetzen, durchbrachen die verkrusteten gesellschaftlichen Strukturen.

Dreißig Jahre nahezu kontinuierlichen, wenn auch langsamen Wachstums des allgemeinen Lebensstandards gingen mit einem skandalösen Abbau der Sozialleistungen einher, was unter anderem eine »neue Armut« zur Folge hatte. Millionen von Menschen leben weit unter der Armutsgrenze. Laut Professor Leonid Gordon (Interview in den *Moscow News* vom 3. Januar 1988) liegt das Lebensminimum derzeit bei monatlich etwa 100 Rubel pro Person. Im Dienstleistungssektor beträgt das monatliche Durchschnittsgehalt nur 117,30 Rubel, wobei oft drei, vier Personen von zwei Gehältern leben müssen.

Nach realistischen Schätzungen gibt es in der Sowjetunion über fünfzig Millionen Arme, einschließlich der mitbetroffenen Kinder, was rund 20 Prozent der Bevölkerung entspricht. Ihr Einkommen beträgt kaum 50 Rubel pro Monat und Haushalt, wobei der Lohn eines hochqualifizierten Facharbeiters bei etwa 300, das Durchschnittsgehalt bei etwa 200 Rubel liegt. Die Ausgrenzung der Armen führte zu Demoralisierung, einem raschen Anstieg des Alkoholismus, der Kriminalität und – in geringerem Maße – der Drogensucht.

In Moskau gibt es pro Woche 5 Morde, 60 Einbrüche und 750 Brandstiftungen, verglichen mit 30, 2.391 bzw. 1.806 in New York. Doch in den Metropolen der Länder Nordeuropas mit besseren Sicherheitssystemen ist die Kriminalitätsrate, im Verhältnis gesehen, nicht höher als in der sowjetischen Hauptstadt. Auf diese sozialen Verfallserscheinungen hat die Bürokratie nur mit Mitteln der Staatsgewalt reagiert.

Nahezu allgemein verbreitet ist die Korruption, die sich unter Breschnew sogar an der Spitze der Wirtschaftsverwaltung zeigte. Durch privilegierte Beziehungen, Mittelsmänner (»Tolkatschi«) und das System des »Blat« (Protektion, Bestechung) sollen Mißerfolge beim Erfüllen der Planziele kaschiert werden.

Die schlechte Qualität der Konsumgüter, die großen Lücken des offiziellen Vertriebsnetzes und die Versorgungsmängel werden teilweise durch den Schwarzmarkt, den illegalen Handel und die Schattenwirtschaft kompensiert. Das erzeugt ein vom Streben nach persönlichen Vorteilen, nach Geld und nach persönlicher Bereicherung geprägtes Klima.

Dem langsamen Verfall der gesellschaftlichen Beziehungen zwischen 1965 und 1985 entspricht die Entwicklung der Lebenserwartung und der Säuglingssterblichkeit. Nach offiziellen sowjetischen Statistiken war die durchschnittliche Lebenserwartung zwischen 1955 und 1959 von 67 auf 70 Jahre gestiegen, hatte sich bis 1971 stabilisiert und war 1978 auf 68 Jahre gesunken, um 1984/85 wieder auf 69 Jahre zu steigen. Die Lebenserwartung der Männer, zwischen 1965/66 und 1978/79 von 66 auf 62 Jahre gesunken, ist wieder auf das Niveau von 1971 – 64 Jahre – gestiegen. Demgegenüber behauptet Abel Aganbegjan in seinem neuen Buch *(Perestroika, Le double défi soviétique*, Paris 1987), die Lebenserwartung in der UdSSR sei zwanzig Jahre lang (1966-1986) nicht gestiegen.

Diese Zahlen muß man mit denen der USA (Lebenserwartung der Männer 70,9 Jahre, der Frauen 78,4 Jahre), Großbritanniens (71,3 bzw. 77,3 Jahre) und Frankreichs (70,9 bzw. 79,1 Jahre) vergleichen. Es ist aber auch daran zu erinnern, daß die mittlere Lebenserwartung, die in der UdSSR heute bei fast 70 Jahren liegt, unter dem Zarismus 32 Jahre betrug.

Noch beunruhigender ist die Zunahme der Säuglingssterblichkeit. Nachdem die Rate 1971 bei 22,9 pro Tausend gelegen hatte, stieg sie bis 1985 auf 26 pro Tausend. Damit erreichte sie den höchsten Wert innerhalb Osteuropas; in der Tschechoslowakei lag sie 1985 bei 11, in Ungarn, Bulgarien und Polen bei 18 und in Rumänien bei 22 pro Tausend. Die Vergleichszahlen für die USA, Großbritannien und Frankreich lauteten 11,5, 10,8 bzw. 9,7 pro Tausend.

Mitverantwortlich für die hohe Säuglingssterblichkeit sind die verheerenden hygienischen Verhältnisse in den Entbindungsheimen. Die *Prawda* enthüllte am 11. Oktober 1986, daß die im Anschluß an eine Infektionsepidemie, von der über 60 Neugeborene betroffen waren (die zum Teil starben), durchgeführte Untersuchung zahllose Verletzungen elementarer sanitärer Regeln ans Licht brachte: fehlende Sterilisation der Windeln, nicht-pasteurisierte Milch, Überbelegung des Heims (155 Personen auf 70 vorgesehene Betten).

Die sowjetischen Machthaber und Propagandisten sind zu Recht stolz darauf, daß in der UdSSR auf je tausend Einwohner mehr Ärzte kommen als in den USA. Dabei erwähnen sie jedoch nicht, daß diese Ärzte einen Großteil ihrer Zeit damit verbringen, Formulare auszufüllen. Die Bürokratisierung der Medizin hat erschreckende Ausmaße angenommen und bewirkt, daß sich neben dem öffentlichen Versorgungsnetz ein privates ausbreitet, das dem Schwarzmarkt und der Schattenwirtschaft für Konsumgüter und Dienstleistungen entspricht.

Nach der *Iswestija* vom 21. Januar 1986 gibt es in Moskau zwanzig kostenpflichtige Polikliniken. Der laufende Fünfjahresplan sah ihren Ausbau um 60 Prozent vor. Danach müßte sich ihre Zahl bis zum Jahr 2000 verfünffachen (*Prawda* vom 15. August 1987). Die Schmiergeldpraxis, wie sie in den »kostenlosen« Hospitälern herrscht, verstärkt diese Tendenz noch. So schrieb ein Redakteur in der *Iswestija* vom 11. Juli 1986: »Der Brauch, sich mit einer runden Summe beim behandelnden Arzt zu ›bedanken‹, ist so weit verbreitet, daß der Ausbau kostenpflichtiger Kliniken fast zu einer Wohltat wird.«

Zweifellos verschärft die Ausbreitung des »privaten« und »grauen Marktes« im Bereich des Gesundheitswesens die gesellschaftlichen Ungleichheiten. Als im September 1987 in Moskau das erste voll kostenpflichtige Krankenhaus eröffnet wurde, setzte man den Tagessatz auf 5,70 Rubel plus 2,50 Rubel Verpflegungspauschale fest. Für einen einwöchigen Krankenhausaufenthalt mußte somit ein durchschnittlicher Zweiwochenlohn aufgewandt werden. Dominique Legrand kommentiert:

»Orientiert man sich an einem zweistufigen Gesundheitssystem, bei dem der Staat allen eine (feste) Mindestsumme garantiert und der Rest von den Patienten zu tragen ist? Wiederholen wir: Davon sind wir noch weit entfernt. Aber die Erklärungen des neuen Gesundheitsministers Jewgeni Tschasow, der seit sieben Monaten im Amt ist, zeigen, daß Veränderungen im Gange sind. Nach seinen Worten müssen die Bürger mehr individuelle Verantwortung übernehmen, vielleicht auf die Gefahr hin, daß wir sie ein wenig bevormunden: ›Kostenlose medizinische Versorgung bewirkt, daß die Menschen das Interesse an ihrer Gesundheit verlieren.‹« (*Nedelja*, Nr. 34, 1987).

Dieser Kommentar spricht für sich. Er klingt wie ein Echo des neo-konservativen Kredos im Westen.

ZWEITES KAPITEL

Das Wiederaufkommen einer selbständigen öffentlichen Meinung in der UdSSR

In den Jahren vor Gorbatschow war die Entwicklung der UdSSR durch eine Verschärfung der gesellschaftlichen Widersprüche geprägt, die in verschiedenen Bereichen der Gesellschaft zunehmend bewußt wurden. Daher ist es zulässig, von der allmählichen Herausbildung einer selbständigen öffentlichen Meinung in der Sowjetunion zu sprechen.

Doch diese Öffentlichkeit entstand zunächst nur in verschiedenen Kleinstmilieus. Eine gesamtgesellschaftliche Reflexion der Misere setzt politisches Bewußtsein voraus, dessen Entstehung die fast sechzigjährige bürokratische Diktatur verhindert hatte.

Unterdessen veränderte das Erwachen einer vom Kreml unabhängigen öffentlichen Meinung die Situation der UdSSR grundlegend. Teils ging diese Entwicklung auf die Systemkrise selbst zurück, teils war sie Folge des nachlassenden Terrors, der abnehmenden Furcht, des allmählichen Rückgangs von Repressionen gegen die Bürger, mit Ausnahme der politischen Oppositionellen, die seit 1968 verstärktem Druck ausgesetzt sind.

Schematisch lassen sich folgende Kleinstmilieus unterscheiden, in denen die Unzufriedenheit über die gesellschaftliche Lage während der Breschnew-Ära zum Ausdruck kam.

Die nonkonformistischen Intellektuellen

In den siebziger und achtziger Jahren ist die Zahl der Forscher (Philosophen, Soziologen, Historiker, Ökonomen), Schriftsteller, Kino- und Theaterleute, Maler und Bildhauer, die von der Parteilinie abwichen, erheblich gestiegen. Trotz der scharfen Zensur konnten sich diese Abweichler auch außerhalb der *Samisdats* und der nicht genehmigten Ausstellungen abstrakter Kunst in immer mehr Zeitschriftenartikeln und Büchern zu Wort melden. Themen, die einst als tabu galten, wurden angesprochen: der Übergang zum Kommunismus; die wirtschaftliche Ungerechtigkeit; die inneren Widersprüche des Sozialismus; die unterschiedlichen Interessen von Klassen und gesellschaftlichen Gruppierungen; die Bedeutung dieser Interessenunterschiede für das gesellschaftliche Leben und die politischen Entscheidungen; Armut in der UdSSR; die ersten Monate des Sowjetregimes, aus Archiven der Zeit rekonstruiert, etc.

Meist nur in kleinen Auflagen verbreitet – wie zum Beispiel die Romane und Erzählungen Trifanows –, dokumentieren die vom Einfluß der *Nomenklatura* unabhängigen Werke einen Mentalitätswandel. Der stalinistische Dogmatismus war schon vor der sensationellen Öffnungspolitik Gorbatschows durchbrochen.

Einige der »verfemten« Romane, die nach Gorbatschows Amtsantritt erscheinen konnten, waren lange vor 1985 geschrieben worden – etwa *Leben und Schicksal*, einer der größten Romane des zwanzigsten Jahrhunderts, von Wassili Grossman, Anfang der sechziger Jahre abgeschlossen; auch die wichtigsten nach 1985 gezeigten Filme sind weit früher entstanden. Zudem beantragte eine Gruppe von sieben Moskauer Schriftstellern (darunter Jewgeni Popow) schon im November 1980 offiziell, einen literarischen Klub gründen zu dürfen, der eine experimentelle Literaturzeitschrift herausgeben und in begrenzter Auflage von 500 Stück verbreiten wollte (*New York Times* vom 22. 12. 1980). Vorausgegangen war im Januar 1979 der Antrag einer Gruppe von 23 Autoren um Wassili Aksjonow, den Almanach *Metropol* unzensiert veröffentlichen zu dürfen.

Boris Kagarlitski hat ein Buch über die Rolle der sowjetischen Intellektuellen seit der Oktoberrevolution geschrieben (*The Thinking Reed*, London 1988), das auch vom intellektuellen Aufbruch der siebziger Jahre handelt.

Aus dem Ende des Stalinismus folgte nicht automatisch die Wiederkehr des goldenen Zeitalters der sowjetischen Kunst und Wissenschaft, wie es in den zwanziger Jahren blühte. Die Erhebung des Marxismus zur Staatsdoktrin, wenn nicht zur Staatsreligion, Stalinismus und Breschnew-Ära, die Kluft zwischen Realität und offizieller Ideologie haben Kommunismus, Sozialismus und Marxismus diskreditiert. Daher läßt die neue Vielfalt des Denkens ebenso reaktionäre, rassistische, antisemitische, ja sogar faschistische Strömungen aufkommen wie liberale, sozialdemokratische, anarchistische oder oppositionell-kommunistische. So haben die russischen und slawophilen Nationalisten eigene Zeitschriften und Verlage – etwa *Nach Sowremennik* und *Oktjabr* –, die von der Zensur verschont bleiben.

In diesem Kontext steht auch die Entwicklung des Antisemitismus zur öffentlich tolerierten Doktrin, die von Teilen der Bürokratie sogar gefördert wird. Am meisten erschreckt die hohe Zahl der heute veröffentlichten scheinbar Religion oder Zionismus angreifenden Bücher, in denen ein Vokabular und

»Argumente« benutzt werden, die sich kaum vom Antisemitismus der zaristischen Epoche unterscheiden. Zu den Unterstellungen gehört auch die einer »weltweiten Verschwörung« der Zionisten, die angeblich den Waffenhandel kontrollieren (L. Korneijew im Magazin *Ogonjok*). V. Begun behauptet in *Die offene Konterrevolution*, die Pogrome im zaristischen Rußland hätten dem Klassenkampf des russischen Volkes gegen die »zionistischen Ausbeuter« gedient. Im Roman *Die verheißene Erde* deutet J. Koschewnikow an, Eichmann sei zionistischer Agent, und die Vernichtungslager seien das Werk des Zionismus gewesen! Auch fehlt es nicht an offiziell geduldeten Autoren, die den Unsinn verbreiten, »Imperialismus und internationaler Zionismus seien die Hauptfeinde der Arbeiterklasse«.

Das Wiederaufkommen des Antisemitismus in einem Teil der sowjetischen *Intelligenzija* hängt mit der Politik der »Kaderstabilität« unter Breschnew zusammen. Diese Stabilität hemmte die gesellschaftliche Mobilität. V. Saslawski hat errechnet, daß das Durchschnittsalter der Filmpreisgewinner Mitte der dreißiger Jahre bei höchstens 30 lag und bis 1974 auf über 60 gestiegen war. Entsprechend wurde das Kriterium der Klassenherkunft bei der Auswahl der Kader immer mehr durch das der nationalen Abstammung ersetzt. Zwischen 1976 und 1981 unterließ man in den internen Ausweisen die Angabe der gesellschaftlichen Herkunft. Unter diesen Bedingungen förderte die Rangelei um Posten in der Lehre, in der Verwaltung und in den »freien« Berufen bei einem Teil der Intellektuellen antisemitische Einstellungen.

So verwies der stellvertretende Direktor des Instituts für Philosophie bei der sowjetischen Akademie der Wissenschaften in den siebziger Jahren auf den Anteil der Juden in Lehre und Forschung und anderen »prestigereichen Berufen«. Er behauptete, ihr hoher Anteil sei aus der Sicht der anderen Nationalitäten empörend und ungerecht; daher forderte er, die Zahl der Juden in diesen Berufen zu beschränken.

Die Zahl der an sowjetischen Universitäten studierenden Juden wurde zwischen 1969 und 1977 um 40 Prozent gesenkt und ging von 112.000 auf 67.000 zurück. Die Zahl der Doktoranden mit dem Vermerk »jüdischer Nationalität« sank von 5.000 im Jahr 1970 auf weniger als 3.000 im Jahr 1975. Diese diskriminierenden antisemitischen Maßnahmen erklären, warum damals große Teile der sowjetischen *Intelligenzija* jüdischer Abstammung Ausreiseanträge stellten.

Neben diesen reaktionären Ideologien entstanden, wenngleich in geringerem Maße, auch nonkonformistische linke Ansätze. Zu erwähnen ist das im *Samisdat* hergestellte Magazin *XX. Jahrhundert*, 1975 in Moskau veröffentlicht, in dem Roy Medwedew als Chefredakteur, Raissa Lert als Redaktionssekretärin fungierten. Es brachte überwiegend linksorientierte Texte, nicht nur von Raissa Lert und Roy Medwedew, sondern auch von Lev Kopelew, P. Egorow, S. Elaguin und A. Krassikow. Erwähnenswert sind außerdem der inzwischen emigrierte Sozialdemokrat Juri Orlow und die oppositionellen Kommunisten, die 1968 einen »Appell an die sowjetischen Bürger« veröffentlicht hatten.

Am wichtigsten war die Entstehung der Gruppe *Linkswende*, deren sechs führenden Köpfe im Januar 1982 verhaftet wurden. Sie unterhielt Kontakte zur italienischen KP und zu anderen eurokommunistischen Gruppen. Einer der verhafteten und verurteilten Anführer war Boris Kagarlitzki, der später eine wichtige Rolle im 1987 gegründeten Verband der sozialistischen Klubs spielte.

Zusammenfassend ließe sich sagen: Die Unzufriedenheit eines Teils der Intellektuellen und ihre manchmal kühnen Initiativen spielen seit dem Ende der Ära Breschnew eine wichtige Rolle für das »Tauwetter« und die »Liberalisierung«, die mit dem Beginn der Ära Gorbatschow eingesetzt haben.

Die jungen Technokraten

Die gravierenden Mängel der sowjetischen Wirtschaft veranlaßten ein Teil der jungen Betriebskader zu Reformvorschlägen. Der grundlegende Widerspruch zwischen Planvorgaben und Ergebnissen war seit dem Beginn der stalinistischen Ära im offiziellen Denken, vom oppositionellen ganz zu schweigen, stets präsent. Das Problem liegt im notwendigen Übergang von *extensiver* Industrialisierung (Wirtschaftswachstum) zu *intensiver* Industrialisierung und in der Nutzung aller verfügbaren Ressourcen. O. Lacis hat daran erinnert (*Kommunist*, Nr. 13, 1986, S. 32-41), daß sich das Problem und die Vorschläge gegenüber denen Nemschinows, Kantorowitschs und Nowoschilows von Anfang der sechziger Jahre kaum verändert haben. Er hätte auch auf die Vorschläge Kossygins zehn Jahre später hinweisen können.

Das Problem liegt nicht im Fehlen von Diagnosen, vielmehr darin, die Vorschläge systematisch auf das Gesamtsystem der Wirtschaft anzuwenden. Teilreformen reichen nicht aus; alle »ökonomischen Mechanismen« müssen von Grund auf verändert werden. Diese Maßnahmen sind aber ohne Eingriffe in das politische System undenkbar.

Unter den Ideologen und jungen Technokraten, die eine radikale Reform der sowjetischen Wirtschaft fordern, spielte die Ökonomin Tatiana Saslawaskaja mit ihrem »Nowosibirsk-Bericht« eine wichtige Rolle. Sie wurde unterstützt von Aganbegjan, der bereits Hauptberater bei den Reformen Kossygins war und die gleiche Funktion auch für Gorbatschow erfüllt. Doch das Scheitern der Reformen Libermans in den sechziger und das der Reformen Kossygins in den siebziger Jahren hat die Technokraten vorsichtig gegenüber konkreten Vorschlägen werden lassen, obwohl ihre Diagnosen klar genug sind.

Die nicht-russischen Nationalitäten

Aufgrund der ausgeprägten demographischen Dynamik entwickelt sich die UdSSR heute auf ein Föderalsystem hin, in dem die Russen eine Minderheit sein werden. Unter Breschnew hat die Bürokratie mit einer Doppelstrategie darauf reagiert: Zum einen sorgte sie für interne Kolonisierung und »Mischung der Nationalitäten«, wodurch sich die nationale Unterdrückung verschärfte; zum anderen schuf sie in allen von Nichtrussen bewohnten Gebieten autochthone bürokratische Verwaltungsapparate zur Verteidigung des *status quo*.

Nationale Unterdrückung und Diskriminierung dauern an und nehmen sogar zu. Nach amtlichen sowjetischen Statistiken ist die Auflage der russischsprachigen Tageszeitungen dreieinhalb Mal so hoch wie die aller übrigen, die gleichwohl 50 Prozent der Bevölkerung erreichen. Von den in der UdSSR veröffentlichten Büchern sind nur 18 Prozent in nichtrussischen Sprachen abgefaßt. In der Ukraine sind 70 Prozent der veröffentlichten Bücher und Broschüren auf Russisch geschrieben, obwohl Russisch die Muttersprache von nur 20 Prozent der dortigen Einwohner ist.

In den Republiken Tadschikisian, Turkmenistan und Usbekistan kommen 24,2, 28,6 bzw. 29,7 Ärzte auf je 10.000 Einwohner, verglichen mit 41,4 in Rußland, 42,4 in Estland und 44,9 in Litauen. Das Sozialprodukt pro Kopf liegt dort nur bei 51, 71 bzw. 58 Prozent des Sozialproduktes der Sowjetunion, allerdings 13 Prozent höher als das Rußlands und Litauens und 33 Prozent über dem Estlands.

Gegen die nationale Unterdrückung und den Versuch, das Prinzip der »Einsprachigkeit« in den Verwaltungen der vierzehn nichtrussischen Republiken abzuschaffen, gab es vielfältige Proteste, besonders der einheimischen Intellektuellen und Studenten in den baltischen Republiken, in der Ukraine, in den kaukasischen und zentralasiatischen Republiken, wo auch die islamische Integrationsbewegung wiederauflebt. Am schärfsten waren die Proteste in Georgien, wo in der Breschnew-Ära Zehntausende gegen die letzte entsprechende Verfassungsänderung demonstrierten.

Protestierende Jugend

Später als in Westeuropa, in den USA und in China, aber analog zu ihr, hat die Protestbewegung der sowjetischen Jugend erst gegen Ende der siebziger Jahre begonnen. Sie äußerte sich vor allem in Pop-Musik, Jazz und Chansons. Einige ihrer Ausdrucksformen waren und sind politisch, richten sich gegen die Zensur.

In diesem Protest spielt die moderne Technik eine wichtige Rolle, etwa bei der Herstellung von Kassetten mit Hilfe importierter Aufnahmegeräte. In Estland hat diese Aufnahmepraxis fast das Ausmaß einer »Heimindustrie« angenommen und greift vor allem auf finnische Radiosendungen zurück.

Ein Hauptvertreter dieses kulturellen Jugendprotestes war der Dichter und Chansonnier Wladimir Vyssotski, der 1980 im Alter von 42 Jahren starb. Vyssotski wurde zum Idol der sowjetischen Jugend. Seine bitteren Protestchansons spielten eine ähnliche Rolle wie die Lieder Bob Dylans in den USA. Sie wurden von den Behörden unterdrückt, zumal Jugendliche sie auch illegal vervielfältigten; Nicole Zand spricht von »Millionen Raubkopien« (*Le Monde* vom 16. Oktober 1987). Vyssotski wurde zum Sprachrohr der Benachteiligten und Diskriminierten; ein Chanson widmete er den Lagerinsassen. Am Tag seiner Beisetzung versammelten sich spontan Tausende zu einer Kundgebung, wie Moskau seit 1927 keine mehr gesehen hatte; die in großer Zahl aufmarschierte Polizei griff nicht ein.

Der »Moskauer Klub des unabhängigen Chansons« (KSP), der »Versammlungen«, das heißt musikalische, literarische und poetische Veranstaltungen organisierte sowie heimlich verbotene Werke, etwa die Vyssotskis, zirkulieren ließ, spielte für die Artikulation dieser Jugendproteste eine bedeutende Rolle. 1975 wurde der KSP von den Behörden aufgelöst. Dennoch setzten einige Mitglieder ihre Aktionen fort.

Seinerzeit führte der Moskauer Studentenklub eine Pantomime auf und prangerte darin die klassische Ausrede an, mit der viele sowjetische Bürger ihre unpolitische Haltung rechtfertigen:

»Ein Mann trat auf die Bühne. Er lief stumpfsinnig im Kreis und wiederholte immer wieder: ›Allein kann ich nichts machen‹. Ein zweiter kam hinzu und fiel in sein Lamento ein. Es folgten ein Dritter und ein Vierter . . . bis sich die Bühne mit Menschen füllte, die im Gleichschritt marschierten und unisono riefen: ›Allein kann ich nichts machen‹. Das Stück wurde verboten« (zitiert nach Mark Popowski, *L'URSS – La Science Manipulée*, Paris 1979, S. 256).

Neben diesen »Anarchisten« gibt es auch junge Randalierer, die an britische Skinheads erinnern, etwa die Moskauer »Ljuberi«.

Die ökologischen Aktivisten

Das Umweltproblem hat in bestimmten Intellektuellenkreisen – die von einigen örtlichen Partei- und Staatskadern sowie von Bürgerinitiativen unterstützt werden – zunehmend an Bedeutung gewonnen. Ihr prominentester Vertreter ist der Schriftsteller Sergej Salygin. Er hatte bereits mit seiner Kampagne gegen die Verschmutzung des Baikal-Sees durch die chemische Industrie Aufsehen erregt. (Der Baikal-See ist das wichtigste Süßwasservorkommen Eurasiens.) Auch beim Kampf gegen Pläne zur Umleitung der sibirischen Flüsse Ob und Irtych nach Zentralasien stand er an vorderster Front. Mit diesem Projekt sollten vor allem die Getreide-, Reis- und Obsternten in Kasachstan und Usbekistan um mindestens 35 Millionen Tonnen jährlich gesteigert werden. Bis zum Beginn des XXVII. Parteitages der KPdSU hielt man trotz aller Proteste der Ökologen an diesem Plan fest; am Ende des Parteitages ließ man ihn ohne Abstimmung oder Aussprache fallen.

Salygin kam beim VI. Schriftstellerkongreß der SSR Rußland erneut darauf zu sprechen. Seine Rede wurde in der *Literaturnaja Gazeta* vom 18. Dezember 1985 abgedruckt. Sein großer Erfolg bewirkte heftigste Kritik Gorbatschows und seines Teams an dem zuständigen Ministerium (vgl. *Literatur und Perestrojka*, Köln 1987, S. 83 ff.).

Mark Popowski berichtet über Proteste gegen die Verklappung von Salz aus der atomaren Entsalzungsanlage in Fort Schewtschenko am Kaspischen Meer; dadurch sind auf einer großen Fläche alle Fische und Meerespflanzen vernichtet worden. Außerdem wurde infolge übermäßiger Goldsuche und -förderung die dünne polare Erdschicht in Magadan zerstört.

Die Chemiefabrik in Kuskowa, einem Vorort Moskaus, geriet ins Kreuzfeuer der Kritik, weil sie die Umwelt durch ihre Produktion von synthetischen Fasern und Polyethylenfilmen stark belastete. Ökologen forderten seit 1979 ihre Schließung, vor allem wegen der ökologischen Risiken ihrer Abfälle. Doch sie wurde erst 1987 stillgelegt. Die *Moscow News* kommentieren (in der Ausgabe vom 1. November 1987): Für die Entwicklung Moskaus gäbe es seit den dreißiger Jahren großzügige Pläne; allerdings stießen dort, wo sich nach diesen Plänen Grünflächen erstrecken müßten, kleine und große Fabriken ihren Rauch aus.

Zu den größten Protesten gegen die Umweltverschmutzung kam es nach der Katastrophe von Tschernobyl. Zwei Mitglieder der Moskauer *Vertrauensgruppe* verloren ihre Posten in der Akademie der Wissenschaften, weil sie sich öffentlich zu der Katastrophe von Tschernobyl geäußert hatten.

Die feministische Problematik

In der Sowjetunion werden die Frauen nach wie vor diskriminiert. Auf dem XXVII. Parteitag der KPdSU stellten sie zwar 27 Prozent der Delegierten, aber nur sieben von ihnen kamen zu Wort, was 8 Prozent aller Redner entsprach. Fünfzehn Frauen, also weniger als 5 Prozent, wurden in das aus 307 Mitgliedern bestehende Zentralkomitee gewählt, eine einzige gelangte ins Sekretariat, ohne jedoch Mitglied des Politbüros zu werden. Addiert man die Mitglieder des Sekretariats und des Politbüros, entspricht das einem Verhältnis von eins zu sechsundzwanzig (weniger als 4 Prozent) an der Spitze der Bürokratie.

Die Struktur des Gesundheitswesens spiegelt eine ähnliche Diskriminierung wider:

	weibliche Beschäftigte (in Prozent)
Ärzte für Allgemeinmedizin	50
Verwaltungspersonal	50
Chirurgen	30
Professoren	20
Mitglieder der Akademie der Wissenschaften	10

(V. Navarro, *Social Security and Medicine in the USSR*, Boston 1977)

Seinen ersten öffentlichen Ausdruck fand der Feminismus Ende 1979 in dem von Leningrader Frauen unter dem Titel *Frauen in Rußland* herausgegebenen *Samisdat*. Diese Publikation hatte größeren Erfolg als andere *Samisdat*-Veröffentlichungen.

Die Enthüllungen von *Frauen in Rußland* waren sensationell. Der Band enthielt neben Gedichten auch Informationen über den Alltag, die Arbeitsbedingungen und die Entlohnung von Frauen, Zahlen über ihren »zweiten (häuslichen) Arbeitstag«, neben dem »ersten« von acht Stunden auf zusätzlich 4-5 Stunden geschätzt; über die Tatsache, daß es im Verhältnis zu 270 Millionen Einwohnern nur 1,5 Millionen Plätze in Kindertagesstätten gibt; über die Diskrimierung der Frauen im Bauwesen (70 Prozent der Frauen üben hier Hilfsarbeiten aus; nur 1,3 Prozent der weiblichen Beschäftigten haben verantwortliche Positionen inne); über die katastrophalen Bedingungen in manchen Frauenkliniken etc. Zu den Autorinnen gehörten Sozialisten wie Tatiana Mamonowa, religiöse und anti-marxistisch denkende Frauen. Die Gruppe wurde ab 1980 unterdrückt.

Kritik an der gesellschaftlichen Misere

Die »neue Armut«, die Kriminalität, die Unterdrükkung der »Asozialen« und der Alkoholismus sind von Schriftstellern, Gelehrten und Journalisten angeprangert worden, obwohl die Behörden versucht haben, diese Kritik zu unterbinden, da sie angeblich der antisowjetischen ausländischen Propaganda in die Hände arbeite.

Nach einem Bericht A. Krassikows betrugen die Ausgaben sowjetischer Verbraucher für alkoholische Getränke 1972 im Vertriebsnetz des Staates und der Genossenschaften etwa 27-28 Prozent der gesamten Lebensmittelausgaben und 15 Prozent aller Konsumausgaben in Geschäften. Davon flossen dem Staat 19,2 Milliarden, also 74 Prozent der 27 Milliarden für diese Getränke ausgegebenen Rubel, als Nettoeinnahmen zu. Das waren mehr als 10 Prozent der gesamten Staatseinkünfte, und dieser Anteil blieb seit 1927, als Stalin ein »vorläufiges« Wodka-Monopol des Staates verkündet hatte, mehr oder weniger konstant. Zwischen 1960 und 1973 war der Verkauf alkoholischer Getränke vom Grundindex 100 auf den Wert 267 gestiegen, der für Bekleidung und Wäsche auf 251, der für Fleischprodukte auf 224 und der Durchschnittswert aller Waren auf 238.

Widerstand der Arbeiter

Verglichen mit den Protestaktionen der erwähnten Gruppen, kam es in der Arbeiterschaft nicht zu einer großen Welle von Streiks und Kundgebungen. Allerdings wäre es falsch, daraus zu schließen, die Arbeiterklasse sei mit dem Breschnew-Regime einverstanden gewesen oder habe gar nicht auf die vielen Probleme der beginnenden Systemkrise reagiert.

Zu vereinzelten Streiks kam es im Wasserkraftwerk von Vychgordo nahe Kiew, in der Rüstungsfabrik von Gorki, in der Gummifabrik von Swerdlowsk (1969), in Vladimir (1970), in der Maschinenfabrik Kirow in Kopëiske (Anfang der siebziger Jahre), in mehreren Fabriken von Dnjepropetrowsk (September 1972), in der größten Fabrik von Vitebsk (Februar 1973), in der Busfabrik von Togliattigrad (August 1979), im Werk von Bilschowsk und in der Motorradfabrik von Kiew (1981).

Diese Reaktionen folgten vor allem aus einer Verschiebung der betrieblichen Machtverhältnisse zugunsten der Arbeiter nach einer langen Zeit der Vollbeschäftigung, verbunden mit stetigem Anstieg des Lebensstandards. In den Betrieben wuchs der Druck gegen die Beschleunigung des Produktionstempos, gegen Überstunden (besonders unbezahlte), gegen mangelnde Sicherheits- und Hygienemaßnahmen, gegen die Häufung von Betriebsunfällen, gegen die Manipulation der Prämien etc.

Die Steigerung des Lebensstandards hat sich seit 1975 deutlich verlangsamt, und bei der Versorgung mit Lebensmitteln trat eine Stagnation ein. Das ergibt sich aus den folgenden Zahlen, die den amtlichen Jahresstatistiken der UdSSR entnommen sind:

Konsum von Nahrungsmitteln pro Kopf und Jahr (in kg)

	1964	*1975*	*1980*	*1984*
Fleisch und Speck	41	56,7	57,6	60,4
Milchprodukte	251	316	314	317
Eier (in Stück)	124	216	239	256
Fischprodukte	12,6	16,8	17,6	17,5
Obst und Gemüse	28	39	38	45

Zum Verständnis dieser Zahlen muß man wissen, daß sowjetische Wissenschaftler den Bedarf und die Kaufkraft der Bevölkerung seit 1981 auf 75 Kilo Fleisch pro Kopf und Jahr schätzen (V. Tichonow in *Voprossi Ekonomiki*, Nr. 7, 1982).

Gewiß liegt die UdSSR mit einem täglichen Konsum von 3.400 Kalorien pro Kopf heute auf dem Versorgungsniveau westlicher Länder (dieser »Durchschnittswert« verdeckt jedoch Ungleichheiten zwischen den Republiken, den gesellschaftlichen Gruppen und Einkommensschichten). Allerdings ist die Versorgung in der UdSSR nach wie vor durch zu viele Kohlehydrate (Brot, Kartoffeln) und zu wenig Fleisch, Milch, Obst und Gemüse geprägt. Tierische Produkte machen nur etwa ein Viertel der täglichen Kalorienzufuhr aus; in Westeuropa und in den »sozialistischen« Industrieländern liegt ihr Anteil bei einem Drittel.

Bei den Elektrogeräten hat sich die Lage rasch verbessert. Doch in diesem Bereich spielen die schlechte Qualität und das Problem mangelnder Reparaturmöglichkeiten eine ähnliche Rolle wie die Versorgungsengpässe bei den Nahrungsmitteln. In beiden Bereichen griffen die Arbeiter zunehmend auf Schwarzmarkt und Schwarzarbeit zurück. In der Sowjetunion schätzt man, daß 17 bis 20 Millionen Menschen in ihrer Freizeit nebenberuflich Dienstleistungen erbringen. Die *Iswestija* (vom 19. August 1985) setzt den »Wert« dieser Dienstleistungen bei jährlich 5 bis 6 Milliarden Rubel an, wobei die Umsätze der Staatsbetriebe in diesem Sektor 1984 nur bei 9,8 Milliarden Rubel lagen. 60 Prozent der Wartungs- und Reparaturkosten für Autos fließen über den privaten Schwarzmarkt und grauen Markt (geldloser Tausch).

Diese Ausgaben verteilen sich jedoch immer ungleicher. Nur wenige Arbeiter können sich ein Auto leisten. Deswegen greifen sie kaum auf private Werkstätten zurück. Verstärkt gilt dies auch für Käufe auf dem schwarzen oder grauen Bekleidungs- und Schuhmarkt, wo die Preise für durchschnittliche Arbeiterlöhne meist zu hoch sind.

Die unzureichende Versorgung mit Textil- und Lederprodukten, ihre schlechte Qualität und ihre wegen der Umsatzsteuer (Luxussatz der Mehrwertsteuer) überhöhten Preise sind eine ständige Quelle der Unzufriedenheit. Davon zeugen folgende Zahlen:

Entwicklung der Produktion wichtiger Textil- und Lederwaren pro Kopf (in Quadratmeter bzw. Paar)

	Bulg.	*Ung.*	*Polen*	*DDR*	*Rum.*	*CSSR*	*UdSSR*
Baumwollstoffe							
1975	39,1	33,4	28,0	28,1	27,3	37,3	26,1
1980	38,3	31,0	27,0	29,0	33,0	35,8	26,6
1985	39,2	29,1	23,8	28,2	30,0	37,4	27,7
Leinenstoffe							
1975	6,3	3,4	5,3	6,3	3,7	5,7	2,9
1980	6,7	3,7	5,1	6,4	4,3	5,9	2,9
1985	6,9	3,1	4,2	5,5	4,0	6,2	2,4
Lederschuhe							
1975	2,7	4,1	4,0	4,7	3,3	7,7	2,7
1980	2,8	4,0	4,0	4,7	–	7,8	2,8
1985	3,3	4,2	4,0	5,0	–	8,1	2,8

Quelle: Jahresstatistik der RGW-Länder, 1986, S. 115 f.

Einige dieser Zahlen sind korrekturbedürftig, weil sich innerhalb des RGW eine Arbeitsteilung herausgebildet hat. Gleichwohl sind die Abweichungen zu stark, um daraus nicht auf eine knappe und mangelhafte Versorgung schließen zu können. Die Lage verschärft sich noch dadurch, daß die sowjetischen Arbeiter, um diese minderwertigen Produkte zu kaufen, einen viel höheren Anteil ihres Lohns aufwenden müssen als ihre westlichen Kollegen: 15,9 Prozent in Moskau, 10,3 Prozent in der DDR, 8,8 Prozent in Ungarn, gegenüber 7,4 Prozent in den westeuropäischen Ländern.

Der Widerstand und die Unzufriedenheit der Arbeiter äußern sich daher in ihrer Eigenschaft als Produzenten und als Verbraucher. Sie hoffen auf einen Lebensstandard, wie ihn das Proletariat in den westlichen Ländern hat, von dem sie noch weit entfernt sind.

Zwar schlägt diese Unzufriedenheit heute selten in kollektive Aktionen um, aber die Zahl kritischer Leserbriefe an die Tageszeitungen wächst. Die offiziell bei *Prawda, Iswestija* und *Trud* registrierte Zahl dieser Briefe ist von 300.000 (1955) über 720.000 (1960), 1,14 Millionen (1965), 1,26 Millionen (1970), 1,47 Millionen (1975) auf über 1,5 Millionen Anfang der achtziger Jahre gestiegen.

Z. Medwedjew wies (in: *Andropov au pouvoir*, Paris 1983) darauf hin, daß Politbüro, Zentralkomitee und andere Organe nach den ersten öffentlichen Äußerungen Andropows zur allgemeinen Korruption mit Protestbriefen überschwemmt wurden. Beim Politbüro gingen Tausende von Beschwerdebriefen über illegale Polizeiaktionen ein; da das Politbüro im Dezember (1982) begonnen hatte, die Briefe zu beantworten, war es plötzlich überlastet.

Die gesamtpolitische Opposition

Diese Protestkundgebungen treten punktuell auf, doch gibt es Hinweise auf eine gesamtpolitische Opposition. Gemeint ist das Wahlverhalten, das in einer *Samisdat*-Studie der *Gruppe 68-80* anhand der Ergebnisse mehrerer Wahllokale bei drei verschiedenen Wahlen analysiert wurde. Es ging um die Wahlen des Obersten Sowjet 1979, des Obersten Sowjet der SSR Rußland 1980 und der örtlichen Sowjets 1982. Nach der Untersuchung haben sich 10 bis 12 Prozent der Wahlberechtigten von den Wählerlisten streichen lassen. Viele Wahlberechtigte ließen sich bei der Stimmabgabe vertreten. Offen weigerten sich 8 bis 10 Prozent der Wahlberechtigten zu wählen.

Auch wenn man diese drei Gruppen von Wahlberechtigten nicht zusammenfassen und global als Gegner der offiziellen Kandidaten einstufen kann, stehen sie für die Weigerung, die Farce der Wahl unter dem Regime der Einheitspartei mitzumachen.

DRITTES KAPITEL

Die Systemkrise spitzt sich zu

Mißstände wie die oben beschriebenen können nicht allein aus politischen oder ideologischen Fehlorientierungen wie Bürokratismus, Konformismus, Konservatismus oder Furcht vor Verantwortung resultieren. Die eigentlichen Ursachen liegen in den unterschiedlichen materiellen Interessen und den entsprechenden Konflikten zwischen gesellschaftlichen Gruppen, das heißt Klassen und entscheidenden Klassenfraktionen. Die materiellen Interessenkonflikte erklären sich aus den gegebenen Produktionsverhältnissen als Basis der Machtstrukturen.

Im folgenden versuche ich, die gesellschaftlichen Ursachen der Systemkrise in der UdSSR auf den Begriff zu bringen. Nehmen wir an, es sei eine kapitalistische Krise. Um diese Hypothese verteidigen zu können, müßten wir vorab zeigen, daß der Kapitalismus in der UdSSR restauriert wurde – nur wann? Im Jahre 1921 oder 1923 oder 1928 oder 1934 oder 1954? Und wie kommt es, daß eine solche Restauration nicht das Wirtschaftssystem umgestülpt und die sowjetische Wirtschaft den Gesetzen und Widersprüchen der kapitalistischen Produktionsweise unterworfen hat? Die Krise dort müßte den Krisen hier entsprechen. Die Wirtschaftskrise des Westens ist jedoch durch Überproduktion an Waren (Tauschwerten) und Überakkumulation von Kapital geprägt, die der UdSSR durch Unterproduktion von Gebrauchswerten. Es handelt sich also um den großen Unterschied zwischen relativ überfüllten und relativ leeren Geschäften.

Nehmen wir an, es sei eine Krise des Sozialismus. Dann müßte man zeigen können, daß der Sozialismus in der UdSSR schon realisiert ist und daß es bereits eine klassenlose Gesellschaft ohne soziale Grundwidersprüche gibt. Eine solche Einschätzung setzt voraus, daß man die marxistische (und vormarxistische) Sozialismustheorie aufgibt.

Es hilft auch nicht, sich hinter dem Begriff »real existierender Sozialismus« zu verstecken. Pfarrer, die gerne essen, umgehen freitags die Fastenpflicht, indem sie den Hasen einfach Karpfen nennen. Zweifellos hatte der Hase »real existiert«; ihn jedoch als »Karpfen« zu bezeichnen ist reine Kasuistik.

Vom »real existierenden Sozialismus« zu sprechen, ist außerdem eine apologetische Mystifizierung, die gesellschaftlichen Zwang und Unterdrückung mit Sozialismus gleichsetzt.

Kehren wir also das Theorem um. Die Systemkrise der UdSSR ist der beste Beweis dafür, daß der Aufbau des Sozialismus im Sinne einer klassenlosen Gesellschaft noch weit von seiner Vollendung entfernt ist. Selbst Michail Gorbatschow erkennt die gegenwärtige Systemkrise an. Der Generalsekretär der KPdSU schreibt:

»Jeder Aufschub der Perestroika hätte in naher Zukunft zu einer Verschlechterung der Situation im Innern führen können und, um es unverblümt zu sagen, eine ernste soziale, wirtschaftliche und politische Krise heraufbeschworen.

Perestroika ist eine Revolution. ... Warum sprechen wir siebzig Jahre nach der Oktoberrevolution von einer neuen Revolution? Historische Analogien mögen bei der Beantwortung dieser Frage hilfreich sein. Lenin schrieb einmal, daß es in Frankreich, dem Land der klassischen bürgerlichen Revolution, nach der großen Revolution von 1789-1793 dreier weiterer Revolutionen (1830, 1848 und 1871) bedurfte, um ihre Ziele zu verwirklichen.

Die geschichtliche Erfahrung hat gezeigt, daß die sozialistische Gesellschaft nicht gefeit ist gegen das Entstehen und auch die Häufung stagnierender Tendenzen, nicht einmal gegen ernsthafte sozialpolitische Krisen. Aber gerade dann sind Maßnahmen von revolutionärem Zuschnitt notwendig, um Krisen- oder Vorkrisensituationen zu überwinden« (Gorbatschow, *Perestroika*, S. 17 und 59 ff.).

Ist die Systemkrise also weder eine kapitalistische noch eine sozialistische, handelt es sich vielleicht um die Krise einer neuen Produktionsweise oder des Machtsystems einer neuen herrschenden Klasse? Bisher war kein Theoretiker in der Lage, eine zutreffende Analyse dieser angeblich neuen Produktionsweise zu geben. Das Kennzeichnende an der heutigen Krise ist, daß sie die Hypothese einer neuen herrschenden Klasse widerlegt. Die führende Schicht dieser Klasse scheint nicht fähig und nicht einmal daran interessiert zu sein, das System zu konsolidieren und weiterzuentwickeln. Die historische Rolle einer herrschenden Klasse ist aber gerade durch eine solche Funktion determiniert. Der parasitäre Charakter der Sowjetbürokratie zeigte sich noch nie so deutlich wie heute!

Die Systemkrise der UdSSR ist die spezifische Krise einer Gesellschaft, die sich im Übergang vom Kapitalismus zum Sozialismus befindet und noch nicht zu spontaner Reproduktion in der Lage ist. Die wichtigsten Gründe und Ursachen dieser Systemkrise lassen sich wie folgt zusammenfassen:

1) Im Bereich der Staatswirtschaft (die mehr als 80 Prozent des Sozialproduktes erzeugt) herrscht ein

Verwaltungsmonopol, das in den Händen einer Bürokratenschicht liegt; diese hält sich primär über das System der *Nomenklatura* an der Macht. Die Auswahl der Führungskräfte behält das System in allen Bereichen Organen vor, die von der KPdSU eingesetzt werden. Die Masse der unmittelbaren Produzenten, Arbeiter und Bauern (die in den *Kolchosen* genossenschaftlich, in den *Sowchosen* staatlich organisiert sind), bleiben von allen Entscheidungen über die Gesamtverwaltung ausgeschlossen. Daher sind ihre Interessen denen der Führer/Bürokraten entgegengesetzt, auch wenn diese keine neue herrschende Klasse bilden.

2) Diese Bürokratenschicht monopolisiert die politische Macht und die Wirtschaftsverwaltung, verfügt also über das gesellschaftliche Mehrprodukt. Das politische Machtmonopol bildet die Grundlage ihrer materiellen Privilegien. Hohe Bürokraten, schätzungsweise 400.000 Personen, verdienen das Vier- bis Fünffache des Durchschnittsgehaltes. Hinzu kommen zahlreiche andere Vorteile: Sondergeschäfte, eigene Plätze in Ferienheimen und Sanatorien, Einbettzimmer in den Krankenhäusern, bevorzugter Zugang der Kinder zu Eliteschulen, Sondererlaubnisse für Auslandsreisen etc. Angesehene Gelehrte, Schriftsteller und Künstler verdienen mindestens das Dreifache des Normalgehalts.

»Stalin institutionalisierte insgeheim ein System zusätzlicher Vergütungen, die allen hohen Funktionären, ob Parteisekretären, *Obkom* oder gutgestellten Angehörigen der politischen Hierarchie, neben ihrem Gehalt ausgezahlt wurden. Die Banknoten wurden in speziellen Umschlägen verteilt, und diese monatlichen Zahlungen galten als vertraulich: Der Nutznießer durfte also nicht darüber sprechen. Gewiß waren diese Zahlungen unrechtmäßig, doch die Regierung hatte sie während des Krieges als ›Sondermaßnahme‹ eingeführt und danach beibehalten. Chruschtschow schaffte sie 1956 ab, führte aber bald Sondergeschäfte ein, wo die hohen Funktionäre preiswert oder gar umsonst bestellen konnten. Die Privilegien nahmen unvermindert zu« (Z. Medwedjew, *Andropov au pouvoir*, S. 159 f.).

In einem System sozialistischer Demokratie – wo die arbeitenden Massen demokratische Rechte und Entscheidungsgewalt hätten – würden diese Privilegien, die den 400.000 hohen Bürokraten einen Lebensstandard sichern, der den durchschnittlichen etwa um ein Acht- bis Zehnfaches übertrifft, sofort abgeschafft. Am 13. Februar 1986 veröffentlichte die *Prawda* einen Leserbrief des Arbeiters V. Iwanow, der schrieb: »Zwischen dem Zentralkomitee der Partei und der Arbeiterklasse gibt es nach wie vor eine träge Schicht, die sich nicht für radikale Veränderungen interessiert. Sie erwartet von der Partei nur Privilegien.«

Im Gegensatz zu einer herrschenden Klasse stützt die Bürokratie ihre materiellen Privilegien nicht auf das Funktionieren des Wirtschaftssystems oder auf ihre Rolle im Produktionsprozeß. Eine Planwirtschaft, selbst eine staatliche – die nichts anderes ist als die primitivste Form einer vergesellschafteten Ökonomie –, kann ohne bürokratische Privilegien und Verwaltung bestehen, wobei Verwaltung *Verfügungsgewalt* über die Produktionsmittel, die Produkte und den gesellschaftlichen Mehrwert heißt.

Die Besonderheit der Produktions- und Distributionsverhältnisse in der UdSSR zeigt sich in den Grundlagen und Formen der bürokratischen Privilegien, die mit dem Status der Bürokratie und mit der Stellung jedes einzelnen Bürokraten in der Hierarchie verbunden sind und nicht auf Kapitaleigentum beruhen.

3) Das materielle Interesse der Bürokratie wird zur wichtigsten, wenn nicht gar einzigen Triebkraft für die Planerfüllung und für das Funktionieren des Systems. Dies macht jede Rationalität der Wirtschaft unmöglich. Das materielle Interesse der Bürokraten bringt sie dazu, an erster Stelle ihren privaten Zugang zu Konsumgütern sowie Dienstleistungen – und nicht optimale Produktionsergebnisse in den von ihnen verwalteten Betrieben, um nicht zu sagen, in der Gesamtwirtschaft – anzustreben. Da ihr Konsumniveau aber von der Planerfüllung abhängt und diese wiederum durch die Planziele bedingt ist, sind sie daran interessiert, die den Planbehörden übermittelten Produktionskapazitäten so niedrig wie möglich anzusetzen, um niedrigere Planziele zu erhalten. Überall in der Sowjetwirtschaft häufen sich deshalb ungenutzte Reserven. Die Planbehörden wissen dies und erhöhen infolgedessen systematisch die eingehenden Bestandsangaben. Aus dieser Kombination von Planung und Planlosigkeit resultiert die Irrationalität des Systems.

4) Extreme Zentralisierung und Eingriffe der staatlichen Behörden in die Verwaltung der Betriebe sind wirkungslose Reaktionen der »Planer« auf diesen Grundwiderspruch des Systems. Beide ergeben sich aus den materiellen Interessen einzelner, in getrennten »Kasten« zusammengeschlossener Bürokraten. Parallel sich wiederholende Versuche, die Marktmechanismen zu stärken, um die Auswüchse der bürokratischen Zentralisierung zu beseitigen, können die endemische Krise des Systems nicht überwinden, solange das materielle Interesse der Bürokraten nicht in Frage gestellt wird.

5) Das Machtmonopol der Bürokratie beruht auf

der Atomisierung und Entpolitisierung der Arbeiterklasse. Die Entpolitisierung erreichte unter der Diktatur Stalins ihren Höhepunkt und hielt unter Chruschtschow und Breschnew an. Deshalb sind die Eroberung demokratischer Rechte für die Arbeiterklasse, politischer und ideologischer Pluralismus, Rede- und Meinungsfreiheit, freie horizontale und vertikale Verbindungen zwischen den Betriebskollektiven unverzichtbare Voraussetzungen für die Wiederherstellung einer wirklichen Kontrolle der Arbeiter über die Wirtschaft und für die Entwicklung einer geplanten Arbeiterselbstverwaltung.

6) Die Entpolitisierung der Arbeiterklasse wurde durch das Fortbestehen von Klassensolidarität auf betrieblicher Ebene gemildert. In der Ära Breschnew wurde dieser Zusammenhang wieder gestärkt, was besonders an der langen Phase gesicherter Arbeitsplätze und stetiger Steigerungen des Lebensstandards sowie der beruflichen Qualifikation der Massen lag. Für die Arbeiter ist Vollbeschäftigung die wichtigste Errungenschaft. Daher wehren sie sich gegen alle Versuche der Bürokratie, mehr Entscheidungsmacht für die Verwaltungsorgane durchzusetzen.

Die Verjüngung der Arbeiterklasse wirkte sich ähnlich aus wie ihre zunehmende Qualifikation. 1970 war die Hälfte der sowjetischen Arbeiter unter 30 Jahre alt. Während des Fünfjahresplanes 1971-1975 besetzte man 90 Prozent der neuen Industriestellen mit Jugendlichen. Trotz ihres heute hohen Qualifikationsniveaus bleiben ihnen Aufstiegsmöglichkeiten verwehrt. Das ist einer der Hauptgründe für ihre Unzufriedenheit.

Eine in Leningrad durchgeführte Studie ergab, daß Mitte der sechziger Jahre 40 Prozent der jugendlichen Arbeiter mit ihrem Beruf unzufrieden waren. 1976/77 wurde in der UdSSR eine neue Studie veröffentlicht, derzufolge sich dieser Anteil auf 65 Prozent erhöht hatte. Die Ergebnisse der jüngst vollzogenen Reform des Ausbildungswesens bekräftigen diese Tendenz. Die Unzufriedenheit und Selbstsicherheit treiben die jungen Arbeiter in eine immer kritischere Haltung gegenüber den Funktionären und dem bürokratischen *Establishment*.

7) Neben den Vorteilen des Kollektiveigentums an den Produktionsmitteln – im wirtschaftlichen, nicht nur juristischen Sinne des Wortes – sorgten die umfassende Nutzung der menschlichen und materiellen Reserven sowie das Ausbleiben periodischer Krisen in der sowjetischen Wirtschaft für stabiles, langfristiges Wachstum. Die Produktivität konnte sich trotz aller Mängel des Systems, Vergeudung von Ressourcen und schlechter Produktqualität stetig entwikkeln.

Mel Leiman betont (in: *Some Theoretical Aspects of Socialism in the East and West*, MS.) zu Recht den grundlegenden Unterschied zwischen der mikroökonomisch (auf Betriebsebene) wirksamen Zuteilung von Mitteln und der optimalen Mittelzuweisung auf makroökonomischer Ebene. Diese entspricht keineswegs der Summe jener. Der Plan sichert – unabhängig davon, ob der Markt auf mikroökonomischer Ebene für bessere Zuteilung der Mittel sorgen kann oder nicht – eine höhere makroökonomische Effizienz.

Dennoch sollte man diese Aussage nicht verabsolutieren. Quantitatives Wachstum ist kein Ziel an sich, sondern ein Mittel zur optimalen Befriedigung menschlicher Bedürfnisse. Dabei soll das maximale Ergebnis mit geringstmöglichem Einsatz erzielt werden. Steigt die Produktion bei sinkender Versorgung der Konsumenten und geht dies mit erhöhter Verausgabung von Produktivkräften einher (Maschinen,

Rohstoffe und Energie), dann funktioniert das System irrational.

So haben sowjetische Politiker noch vor kurzem damit geprahlt, daß die UdSSR 80 Prozent mehr Stahl, 78 Prozent mehr Zement, 42 Prozent mehr Erdöl und 55 Prozent mehr Düngemittel produziert als die USA und darüber hinaus doppelt soviel Gußeisen und sechsmal soviel Eisenerz herstellt wie diese. Zu diesen Zahlen merkt Abel Aganbegjan an, die UdSSR produziere viereinhalb Mal so viele Traktoren wie die USA, fahre damit aber geringere Ernten ein, da in der Sowjetunion auf jeden Traktor fast nur halb so viele Anhänger und Nutzgeräte kämen.

Allerdings wäre es ein Irrtum, dieses Endergebnis der zentralen Kommandowirtschaft auf Probleme der technisch-organisatorischen Effizienz zu reduzieren. Das Phänomen hat gesellschaftliche Wurzeln.

Bezieht man die gesellschaftlichen Gesamtkosten dieses Wachstums, besonders in der ökologischen Sphäre, mit ein, wird das Bild noch düsterer. 1980 veröffentlichte Boris Komarow ein Buch (*The Destruction of Nature in the Soviet Union*, London 1980), in dem er enthüllte:

- daß 10 Prozent aller bewohnbaren Flächen der UdSSR, 1,45 Millionen Quadratkilometer (das entspricht der Gesamtfläche Frankreichs, Italiens, Großbritanniens, der Bundesrepublik Deutschland, der Benelux-Länder und der Schweiz), nicht mehr nutzbar sind;
- daß die Luft in zehn sowjetischen Städten das Hundertfache der erlaubten Giftgaskonzentration überschreitet und Moskau eine höhere Luftverschmutzung aufweist als London;
- daß sich die Zahl der Lungenkrebserkrankungen in der UdSSR im letzten Jahrzehnt verdoppelt hat

und daß jedes Jahr 5-6 Prozent der Neugeborenen an genetischen Mißbildungen leiden.

8) Je mehr sich die Rohstoffvorkommen und Arbeitskraftreserven erschöpfen und je notwendiger es wird, von der intensiven zur extensiven Industrialisierung überzugehen, desto mehr läßt das Wachstum nach. Je mehr die Mängel des bürokratischen Verwaltungssystems zum Hemmnis für die wirtschaftliche Entwicklung zu werden drohen, desto mehr neigt das System zur Stagnation. Diese Mängel äußern sich nicht so sehr durch Knappheit von Gütern wie durch ihre Hortung, ihre zunehmend ineffektive Nutzung und ihre schlechte Qualität.

9) Die Gesellschaft versucht, diese Mängel »spontan« durch Rückgriff auf Parallelkreisläufe (Schwarzmarkt, Schwarzarbeit, grauer Markt, das heißt Tauschhandel) auszugleichen, die zusammen mit dem privaten Agrarsektor in der UdSRR mindestens 20-25 Prozent der Güter- und Dienstleistungsproduktion ausmachen.

Der Übergang zur intensiven Industrialisierung gelingt der bürokratisch zentralisierten Verwaltung nur, indem sie gewisse Sektoren auf Kosten anderer bevorzugt. Die Gesellschaft als Ganzes kann diesen Übergang jedoch nur vollziehen, wenn Arbeiterverwaltung und das Interesse der Produzenten aufeinander abgestimmt werden. Sie alle sind daran interessiert, die Arbeitszeit zu verkürzen, weniger hart zu arbeiten sowie die Lebens- und Güterqualität kontinuierlich zu steigern, was nur im Rahmen einer an den Produktionskosten orientierten Ökonomie möglich ist.

10) Der Rückgang des Wirtschaftswachstums wirkt sich im gegebenen internationalen und nationalen Kontext unausweichlich negativ auf den Lebensstan-

dard aus. Die wirtschaftliche Stagnation hemmt den Fortschritt und löst sogar eine gesellschaftliche Regression aus (neue Armut, Verfall des Gesundheitswesens etc.).

11) Der Druck des kapitalistischen Weltmarktes auf die UdSSR verstärkt sich. Einerseits wird die Sowjetunion auf den Gebieten High-Tech und Rüstung zum Mithalten gezwungen. Andererseits übt das westliche Konsummodell große Anziehungskraft aus.

Den daraus resultierenden Zwängen könnte sich die UdSSR, wenigstens teilweise, durch ein alternatives Entwicklungsmodell entziehen. Doch ist dieses ohne institutionalisierte Arbeiterselbstverwaltung und pluralistische sozialistische Demokratie nicht zu verwirklichen.

12) Die Stellung der UdSSR im Welthandel hat sich in den letzten Jahren verschlechtert.

Anteile am weltweiten Bruttosozialprodukt (in Prozent):

	1960	*1980*	*2000*
Japan	3	10	12
USA	33	22	20
Übrige OECD	26	31	26
UdSSR	15	13	12
China	5	4	5
»Dritte Welt«	14	15	20

(Economic Planning Agency, Japan, zitiert in *Neue Zürcher Zeitung* vom 12. 5. 1987)

Der sowjetische Außenhandel hat die Struktur unterentwickelter Länder und läßt nicht erkennen, daß die UdSSR die zweitgrößte Industrienation der Welt ist. 62 Prozent ihrer Exporte sind Rohstoffe wie Erdöl, Erdgas, Mineralien, Holz und Gold. Ihre Importe bestehen zu 35 Prozent aus Maschinen und Verkehrsmitteln, zu über 20 Prozent aus Agrarerzeugnissen und zu etwa 12 Prozent aus Fertigwaren. Der massive Import westlicher Maschinen (meist High-Tech-Produkte), zwischen 1971 und 1981 von 0,9 auf 4,4 Milliarden Rubel gestiegen, schlug sich in der laufenden Produktion und im Export nicht wie erhofft nieder.

Da die Erdöl- und Erdgaspreise 1986 absackten, sank der Wert der sowjetischen Gesamtexporte in diesem Jahr um 8 Prozent und im ersten Halbjahr 1987 erneut um 4 Prozent. Dieser Rückgang konnte auch nicht durch eine Steigerung des Exports von Fertigwaren und Maschinen ausgeglichen werden, da die Qualität der sowjetischen Produkte unzureichend war.

Nach amtlichen sowjetischen Quellen ging der Handel mit kapitalistischen Ländern viel stärker zurück als der gesamte Außenhandel. So waren die Exporte in nicht-sozialistische Länder um 19,5 Prozent, die Importe aus diesen Ländern um 23 Prozent gesunken.

In den vorausgegangenen Jahren war die Expansion des Ost-West-Handels weitgehend mit Bankkrediten westlicher Länder finanziert worden. Die dadurch angewachsenen Auslandsschulden des RGW veranlaßten westliche Regierungen und Banken ab 1983 zu größerer Vorsicht, was eine weitere Expansion des Ost-West-Handels verhinderte.

Durch den raschen Verfall der Erdöl- und Erdgaspreise zog die Nettoverschuldung der UdSSR stark an. Die Verschuldung des RGW hatte demnach aufsteigende Tendenz:

Nettoverschuldung des RGW in Devisen (Mrd. US $)

	1984	*1985*	*1986*
Bulgarien	0,74	1,55	3,69
Tschechoslowakei	2,13	2,50	3,04
DDR	6,80	7,04	9,15
Ungarn	7,30	9,47	12,99
Polen	25,25	28,10	31,80
Rumänien	6,56	6,26	5,76
UdSSR	11,17	15,40	19,23
Summe	59,95	70,33	85,58

(*Neue Zürcher Zeitung* vom 3. Dezember 1987)

13) In der UdSSR arbeiten heute 1,5 Millionen Akademiker; das sind ein Viertel aller Wissenschaftler und fast die Hälfte aller Ingenieure der Welt. Dennoch hinkt die UdSSR seit mindestens einem Jahrzehnt im Bereich der High-Tech-Produktion mehr und mehr hinter dem Westen her. Der Übergang vom Prototyp zur Massen- oder Serienproduktion dauert zu lange. Viele Sektoren sind unterentwickelt und rückständig organisiert – wovon besonders das zivile Fernmeldewesen und die Informatik zeugen.

Einige Autoren behaupten, die Ursachen dieser Rückständigkeit lägen in der mangelnden akademischen Qualifikation. Mark Popowski, einer der Hauptverfechter dieser These, zeichnet ein düsteres Bild von der berühmten sibirischen »Gelehrtenrepublik« Akademgorodok.

1914 gab es in der UdSSR 11.600 Forscher; ihre Zahl stieg 1940 auf über 100.000, 1973 auf eine Million, 1981 auf 1,2 Millionen und 1987 schließlich auf 1,5 Millionen. Diese Zahlen beweisen, daß der wissenschaftlich-technische Rückstand der UdSSR weder durch die zentrale Planwirtschaft – wie Marshall Goldman behauptet (in: *Gorbatschev's Challenge*, Norton 1987) – noch durch die kommunistische

Ideologie – wie Mark Popowski meint – verursacht wurde, sondern durch bürokratische Machtstrukturen.

Sowjetische Wissenschaftler und Techniker haben auch zahlreiche Entdeckungen und Erfindungen gemacht, die aber eher im Ausland als in der UdSSR selbst angewandt werden. Daß manche Patente in der UdSSR selten genutzt werden, hängt mit den Mechanismen der bürokratischen Unternehmensführung zusammen. John Maddox, der Chefredakteur von *Nature*, nannte (in der Ausgabe vom 29. Oktober 1987) nach einer Reise durch die UdSSR fünf Hauptursachen für den Forschungsrückstand: Immobilität des wissenschaftlichen Personals, schlechte Bezahlung des Nachwuchses, knappe Forschungsetats, schikanöse Behandlung, Koordinations- und Planungsmängel in der Verwaltung.

14) Die Systemkrise fördert kritisches Denken, ideologische Debatten und politische Aktionen. Mit der Schaffung relativ freier Diskussions- und Handlungsräume werden sich für die Arbeiterklasse neue Möglichkeiten ergeben, ihre Atomisierung zu überwinden und auf den Weg der Eigenverantwortung und Selbstorganisation zu gelangen.

Der Ausdruck »spezifische Regimekrise« der UdSSR besagt nicht, daß die dortigen Vorgänge der letzten Jahrzehnte unabhängig vom Schicksal des internationalen Kapitalismus und von den Krisen der bürgerlichen Gesellschaft gewesen wären. Die lange Rezession in der kapitalistischen Welt sowie die wachsenden Schwierigkeiten der UdSSR und Osteuropas, westliche Märkte zu erobern; ihre hohe Verschuldung bei den westlichen Banken; die Forderung dieser Banken, zur Sanierung der Zahlungsbilanzen mehr »Haushalts- und Finanzdisziplin« durchzusetzen; die Tendenz einiger Teile der Bürokratie, die UdSSR mit allen daraus resultierenden Zwängen an den Internationalen Währungsfonds zu binden: dies alles veranschaulicht Aspekte dieser Wechselwirkung.

So hatte die Verschärfung der Agrarkrise in den USA zur Folge, daß die Überproduktion des Westens und die Unterproduktion der UdSSR einander kompensierten. Die Misere der sowjetischen Wirtschaft zeigt sich in ihrer Abhängigkeit von westlichen Weizenexporten. Andererseits bewirkt die Agrarkrise der stark landwirtschaftlich orientierten westlichen Länder, daß diese von »sozialistischen« Absatzmärkten abhängig werden.

Fast als einzige der englischsprachigen »Sowjetologen« haben Stephen F. Cohen (*Rethinking the Soviet Experience*, Oxford 1985) und Moshe Lewin (*Gorbatschows neue Politik. Die reformierte Realität und die Wirklichkeit der Reformen*, Frankfurt/Main 1988) die manichäische Sicht der sowjetischen Entwicklung abgelehnt. Sie erkannten die treibenden Widersprüche der Sowjetgesellschaft und sagten vor dem Amtsantritt Gorbatschows mehrere Aspekte des »Gorbatschowismus« voraus.

Eine Konsequenz der Systemkrise ist die Spaltung der Bürokratie und größerer Gesellschaftsschichten in Reformer und Konservative. Cohen und Lewin unterstreichen zwar zu Recht, daß es sich dabei nicht um ein konjunkturelles, sondern um ein strukturelles Phänomen handelt. Cohen erklärt die Spaltung aber im wesentlichen psychologisch und politisch. Allenfalls erkennt er den Willen des reformistischen Flügels an, Sicherheitsmaßnahmen gegen eine Rückkehr zum Terror zu ergreifen. Doch werden die Konservativen nicht durch die gleichen Motive dazu bewegt, für »sichere Arbeitsplätze« zu sorgen? Offenbar muß man tieferliegende Gruppeninteressen, darunter auch materielle, berücksichtigen, um diese Spaltung, die Gorbatschow zur Macht verhalf, erklären zu können. Lewins Analyse hebt die Rolle gesellschaftlicher Veränderungen wie die Urbanisierung stärker hervor.

VIERTES KAPITEL

Das Phänomen Gorbatschow

Gorbatschow ist das Produkt einer Aufwallung der sowjetischen Gesellschaft und treibt diese Gärung nun seinerseits voran.

Um die Spitze einer Hierarchie zu erklimmen, genügt es nicht, ehrgeizig und taktisch klug zu sein. In jeder Gesellschaft gibt es Selektionskanäle, wo Fäden der familialen, schulischen und institutionellen Sozialisation zusammenlaufen. Dort werden der Karriere förderliche oder abträgliche Eigenschaften festgestellt. Als wichtigstes Beurteilungskriterium gilt das Verhalten in Krisensituationen. Der Fall Gorbatschow ist in dieser Hinsicht besonders vielsagend.

Als Funktionär der Komsomolzen, der noch kaum von sich reden gemacht hat, wird er in seiner Provinzstadt für das Jurastudium an der prestigereichen Universität Moskau ausgewählt; er ist intelligent, zurückhaltend und ehrgeizig, ein begabter Taktiker.

In Moskau wird er Parteimitglied. In dieser letzten Phase von »Säuberungsaktionen« stalinistischen Stils soll er nach mehreren Zeitzeugen kein Freund von Disziplinlosigkeit gewesen sein.

Nachdem er das Studium erfolgreich abgeschlossen und an der Lomonossow-Universität geheiratet hat, wird er in den Komsomol-Apparat seiner Heimatstadt Stawropol geschickt. 1962 tritt er im Alter von 31 Jahren in den Parteiapparat ein und wird einer der zuständigen Funktionäre für Agrarfragen. Diese Position verstärkt er durch ein zweites Hochschuldiplom für Agrarwirtschaft. Gleichzeitig gewinnt er einen mächtigen Förderer: Kulakow, Parteichef in Stawropol, Mitglied des Zentralkomitees, dort bald verantwortlich für die Landwirtschaft und ab April 1971 Mitglied des Politbüros.

Kulakow ernennt ihn 1966 zum ersten Parteisekretär der Stadt, 1968 zum zweiten Sekretär des Bezirks Stawropol und 1970 zum ersten Bezirkssekretär. Er bereitet ihn offenbar für höhere Aufgaben vor. Daß Gorbatschow in dieser Zeit öfters Suslow, Breschnew und Andropow im Kurort Kislodowsk, der in seinem Bezirk liegt, begegnet, hilft ihm zweifellos. Er schätzt Breschnew zwar nicht besonders, erscheint aber einem Teil des Apparates als »Mann Breschnews«. Im November 1978 steigt er endgültig nach Moskau auf und ersetzt Kulakow nach dessen Tod im Zentralkomitee als zuständigen Funktionär für Agrarfragen.

Michail Gorbatschow stellte seine Fähigkeiten in den Dienst einer größeren gesellschaftlichen Gruppe – der Sowjetbürokratie – und paßte sein Verhalten ihren Regeln an. Für seine Karriere waren zwei Krisen mitentscheidend. Als der Parteiapparat gegen Chruschtschows Änderung der Parteisatzung opponierte, die seine Stellung zu erschüttern drohte, setzte Gorbatschow diesen Widerstand in Stawropol durch und unterstützte den Coup Suslows und Breschnews, an dem Kulakow beteiligt war. Dadurch gelangte er ins Zentralkomitee (1970-71). Als die sogenannte Ipatowo-Methode (massiver Einsatz von Traktoren), die er bei der Bewirtschaftung der Felder seines Bezirks eingeführt hatte, nach anfänglichen Erfolgen scheiterte, ließ er davon ab (1978) und befolgte die Anweisungen des Zentralkomitees.

Gorbatschow stammt aus einer Familie der »neuen Mittelschicht«, die sich im Zuge der »sozialistischen Industrialisierung« herausgebildet hat. Sein Großvater war als Kolchoseleiter mittlerer Funktionär, sein Vater mittlerer Funktionär im Traktorenbereich.

Gorbatschow ist Repräsentant einer Generation nachstalinistischer sowjetischer Kommunisten, auf der nicht mehr unmittelbar die Bürde der Vergangenheit lastet. Sie empfindet tiefe Abneigung gegen die Exzesse der Stalin-Ära oder zumindest gegen das, was man aus Büchern und Gesprächen mit Älteren darüber wissen kann. Nach dem Jahrzehnt der Hoffnung (1953-1963), dem eine Zeit tiefer Enttäuschung folgte, erscheint ihr die neuere Geschichte der UdSSR als fast ebenso entmutigend wie die Stalin-Ära. Daher strebt sie umsichtige, allmähliche Reformen an.

Trotz ihrer anfänglichen Erfolge im »Wettbewerb« mit dem Westen wird die UdSSR durch zahlreiche Handicaps beeinträchtigt. Deshalb träumen die ehrgeizigsten ihrer Bürokraten von Veränderungen, die das Land vom Schlendrian befreien sollen. Sie wollen die Macht und die Privilegien ihrer Bürokratenschicht festigen und erweitern. Ihnen geht es nicht darum, das System grundlegend zu ändern, sondern sein Getriebe zu ölen. Daher kann niemand an die Spitze kommen, der radikale Änderungen anstrebt und die Interessen der Bürokratie insgesamt aufs Spiel setzt.

Gorbatschow repräsentiert den technokratisch-modernistischen Flügel der Bürokratie. Diese Aussage darf man jedoch nicht zu funktional deuten. Im Apparat der UdSSR hat sich nämlich keine Abgrenzung der Akademiker oder Experten von den weniger gut ausgebildeten *Apparatschiks* vollzogen. Schon gar nicht kann von einer Spaltung in »Politiker« (staatlicher Parteiapparat) und »Techniker« (Apparat von Wirtschaft und wissenschaftlich-kulturellen Institutionen) die Rede sein. Der Riß geht durch alle sieben Hauptbereiche der Bürokratie: die Verwaltung der Betriebe, den Staatsapparat (darunter die zentralen Wirtschaftsorgane), den Militärapparat, den Apparat des KGB, den Apparat der kulturellen und gesellschaftlichen Organe (Erziehung, Gesundheitswesen etc.), den Apparat der Massenorganisationen (Gewerkschaften, Kosomols, Frauenverband) und den Parteiapparat.

Gewiß, der Parteiapparat prägt und kontrolliert alle sechs übrigen Zweige der Bürokratie. Aber in unterschiedlichen Phasen der bürokratischen Diktatur können sich die Machtverhältnisse zwischen den sieben Bereichen erheblich verschieben.

Die These, der Riß zwischen Konservativen und Modernisten durchziehe alle sieben Hauptsektoren der Bürokratie, besagt, daß es in allen Bereichen des Apparates, auch in der Partei, der Armee und dem KGB, Anhänger der Reformen gibt. Man darf nicht vergessen, daß auf den höheren Ebenen sämtliche Ernennungen für Schlüsselpositionen von *ad hoc* gebildeten Organen der Parteibürokratie vorgenommen werden, auch wenn die Auswahl zwischen Kandidaten stattfindet, die – mit Ausnahme des KGB-Chefs – in den betreffenden Sektoren vorgeprüft und ausgebildet wurden. Genau darin liegt das Wesen der *Nomenklatura*.

Andropow und Gorbatschow konnten nur deshalb Generalsekretäre der Partei werden, weil es innerhalb der Partei, zumindest aber im Politbüro und im Zentralkomitee, eine Mehrheit von *Apparatschiks* gab, die nach der Breschnew-Ära für bedeutsame Veränderungen eintraten, und weil die Technokraten den Politikern und Ideologen die Wahl dieser Kandidaten sozusagen aufdrängten.

Diese nicht funktionelle, sondern politische Entscheidung für Veränderungen hat tiefere Ursachen. Sie entspricht den Interessen der gesamten Bürokratie, wird aber nur von einem ihrer Flügel getragen.

Ein Teil der Bürokratie hatte die Realität des Landes aus dem Blick verloren. Ihre Regierungsweise war wenig effizient und, was Macht und Privilegien der Bürokratie anging, sogar gefährlich. So wurden Andropow und Gorbatschow zu Sprachrohren all jener Bürokraten, die diese Gefahr witterten.

In seinem Buch *Gorbatschows neue Politik* analysiert Moshe Lewin das Aufbegehren der neuen sowjetischen *Intelligenzija*, ihren Bildungsstand und ihre Interessen. Diese Analyse zeigt, in welchem Maße die sich herausbildende kritische Haltung der »Kleinstmilieus« in der veränderten Mentalität eines Teils der Bürokratie Widerhall fand.

Die Sorge über den Rückgang des Wachstums, über den Verfall der traditionellen, in der stalinistischen Zeit entstandenen sozio-politischen Verhältnisse, über drohenden Positionsverlust der UdSSR im globalen Rahmen äußerte sich im Ruf nach Reformen. Später verdichtete sich diese Sorge zu der Einsicht, daß die Kontrolle der Partei und des Staates über die neu aufkommende öffentliche Meinung immer mehr nachließ. Das weckte in der Bürokratie Furcht vor dem Verfall der Parteiautorität und vor unkontrollierbaren Massenaktionen. Daraus resultierte die Forderung der Bürokratie nach vorbeugenden »Reformen von oben«.

Die »Zersplitterung« der sowjetischen Gesellschaft ging nicht nur mit einer politischen Atomisierung der Arbeiterklasse einher, sondern auch mit der wachsenden Unfähigkeit des Apparates, die soziale Lage und Entwicklung in ihrer Gesamtheit zu erkennen. Daran hatten doktrinäre Verknöcherung und Fachidiotentum zwar großen Anteil, aber die Wurzel des Übels liegt im politisch-institutionellen Bereich.

Es kann somit nicht überraschen, daß nach wie vor nur der KGB noch annähernd in der Lage ist, die gesellschaftliche Realität der UdSSR in ihrer Gesamtheit zu überschauen. So erklärt sich die Paradoxie, daß Andropow und Gorbatschow mit Initiative, wenn nicht gar durch direkte Beihilfe des KGB an die Macht gelangten. Der Aufstieg Gorbatschows ergab eich aus einem Bündnis der Technokraten, bei denen die Liberalen dominieren, mit dem KGB.

Auch die Tatsache, daß Gorbatschow nach dem Tod Tschernenkos sofort zum Generalsekretär gewählt wurde, bestätigt die Intervention des KGB für den Reformer. Im Politbüro und dessen Sekretariat standen zwei potentielle Gegenkandidaten bereit: Romanow, Parteichef in Leningrad und sozusagen Leiter des militärisch-industriellen Komplexes, sowie Viktor Grichin, Parteichef in Moskau. Die Kandidatur Romanows wurde rasch fallengelassen, als hartnäckige Gerüchte über seine Trunksucht und Korruptheit zu kursieren begannen. Grichins Kandidatur endete am Vorabend der Wahl, als in der entscheidenden Sitzung des Politbüros ein Dossier über die Korruption in der Spitze des Moskauer Parteiapparats und in der Stadtverwaltung vorgelegt wurde. Diese Akte konnte nur vom KGB stammen. Damit war Grichin aus dem Rennen, und der Sieg Gorbatschows stand fest.

Bezeichnend ist auch, daß dessen Kandidatur von Gromyko, dem dienstältesten unter den Machthabern im Politbüro, angeregt wurde. Als dieser Gorbatschow in seiner Rede vom 11. März 1985 vor dem Plenum des Zentralkomitees als neuen Generalsekretär vorschlug, betonte er dessen Charakter- und Führungsstärke. Von ihm soll die Aussage stammen: »Hinter dem gewinnenden Lächeln dieses Mannes verbirgt sich ein eiserner Wille. Michail Sergejewitsch findet immer Lösungen, die der Parteilinie entsprechen.«

Dies überzeugte die konservativen Breschnew-Leute, mit einem gemäßigten Kurs rechnen zu können. Gorbatschow bedankte sich in seiner Antrittsrede mit Komplimenten an den KGB. Emphatisch betonte er die »führende Rolle der Partei«, die gerade aufgrund des Zwangs zu Reformen eine neue Dimension gewonnen habe.

Im ersten Jahr seiner Machtausübung, bis zum Ende des XXVII. Parteitages der KPdSU im Februar/März 1986, agierte Gorbatschow äußerst vorsichtig. Dazu war er durch seine relativ schmale Basis im Zentralkomitee und im Politbüro gezwungen.

Der XXVII. Parteitag lag mehr als alle früheren in der Hand der Bürokraten, nicht der Arbeiter und Bauern. Von den 88 Beiträgen stammten weniger als 10 Prozent von Arbeitern oder ihren Delegierten, was einmal mehr bestätigt, daß die heutige KPdSU eine Partei der Bürokratie und nicht der Arbeiterklasse ist.

In der Rede Gorbatschows hörte man allerdings neue neue Töne. Er sprach vom Aufbau »kollektiver Betriebsräte«, die aus Vertretern der Direktion, des Parteiausschusses, der Gewerkschaften, der Komsomolzen und der Brigaden bestehen sollten. »Man muß daran erinnern, daß die Macht der Sowjets für Lenin vor allem in der Selbstverwaltung der Arbeiter bestand«, sagte Gorbatschow, präzisierte aber sofort: »Die Selbstverwaltung entwickelt sich aber nicht außerhalb, sondern innerhalb der staatlichen Institutionen.« Es geht also nicht um neue Organe, vielmehr um solche, die bereits unter dem Regime der Bürokratie existieren.

Gorbatschow erwähnte auch die Macht der örtlichen Sowjets und die – nicht näher präzisierte – Stärkung der »direkten Demokratie«. Er räumte ein, daß diese Institutionen über zu wenig materielle Mittel verfügen. Der gesellschaftliche Mehrwert wird vom Staat, also von der Bürokratie, kontrolliert. Daß sich daran in Zukunft nichts ändern werde, hat Gorbatschow versichert. Der Apparat kann sich also in Sicherheit wiegen (vgl. *Gorbatschow. Die wichtigsten Reden*, Köln 1987, S. 25-162).

Sozialistische Demokratie ist aber weder eine normative Forderung noch ein Schritt für Schritt zu erreichendes »Ideal«. Vielmehr bildet sie eine Notwendigkeit für das rationale Funktionieren von Wirtschaft und Gesellschaft und setzt gleiche Rechte für alle gesellschaftlichen Gruppen voraus. Doch die Mobilisierung des Initiativ- und Kenntnispotentials der heutigen Arbeiterklasse bleibt eine Fata Morgana. Die Umsetzung des Gorbatschowschen Planes hängt also allein vom guten Willen der Bürokraten ab.

Was an den wenigen Beiträgen der Arbeiter und Arbeiterinnen auf dem Parteitag der KPdSU und an einigen in der sowjetischen Presse abgedruckten Leserbriefen von Arbeitern auffällt, ist die weitverbreitete Unzufriedenheit mit der Unternehmens- und Kombinatsverwaltung. Der Zusammenhang zwischen der materiellen Lage der Arbeiterklasse, ihrer Unzufriedenheit und den Reformen Gorbatschows liegt auf der Hand. Diese Reformen zielen darauf ab, die Einkünfte der Arbeiter an ihre individuelle Leistung zu binden. Doch diese Leistung hat weniger mit Fleiß, Disziplin und Qualifikation zu tun als mit wirtschaftlichen Faktoren, auf die die Arbeiter oder Kollektive keinen Einfluß haben: regelmäßige Versorgung mit Rohstoffen, Qualität der Maschinen, Reparatur von Schäden, Auswahl von Technologien, Organisation der Betriebe etc. Die Arbeiter werden bei der Entlohnung für Mängel der Wirtschaft und der Planung bestraft, die außerhalb ihrer Zuständigkeit liegen. Je mehr Gorbatschow auf individueller

Berechnung der Löhne insistiert, desto lauter wird die Forderung nach Kontrolle von Produktion und Verwaltung durch die Arbeiter.

Untersucht man den wirtschaftlichen Kampf der sowjetischen Arbeiter, so erkennt man ein Wiederaufleben von Klassenaktionen, die viel wirksamer sind als Forderungen und Beschwerden. Die Reaktionen der Arbeiter auf das System der Betriebsbrigaden sind Ausdruck ihrer Solidarität, die mit dem Brigadensystem unterhöhlt werden soll.

Die Solidarität der sowjetischen Arbeiterklasse bestätigt sich auch in ihren Protesten gegen die unregelmäßige und unzureichende Versorgung mit Lebensmitteln, von der inflationistischer Druck ausgeht; gegen die schlechten Wohnverhältnisse; gegen die gravierenden Mängel der sanitären Einrichtungen und die mangelnde Sicherheit am Arbeitsplatz. Besonders wird die Gleichgültigkeit der Unternehmensleiter und örtlichen politischen Führer gegenüber den Bedürfnissen und Forderungen der arbeitenden Massen betont. Diese Mißstände haben eine große Fluktuation der Arbeitskräfte zur Folge. Ein Drittel der Beschäftigten wechselt jedes Jahr den Arbeitsplatz, weil sie mit den Verhältnissen unzufrieden sind.

Zahlreiche Redner des Parteitages haben darauf hingewiesen, daß es gängige Praxis ist, die kollektiven Sozialleistungen als nicht vorrangig bzw. untergeordnet einzustufen; sie werden also von den Betrieben oder Kombinaten nur berücksichtigt, wenn nach Abzug der sogenannten wirtschaftlichen Ausgaben noch Mittel bereitstehen.

Die Sowjetbürger haben heute mehr Mut zur Kritik, und sie kritisieren zahllose Mißstände. Dabei handelt es sich nicht nur um einzelne Stimmen. In seiner Parteitagsrede betonte Gromyko, daß kritische

Leserbriefe manchmal von Hunderten von Arbeitern unterschrieben sind. Es handelt sich also um kollektive Eingaben, eine Form des politischen Protestes. Daher sind die Aufrufe Gorbatschows nur Ausdruck der Stimmung, die in der sowjetischen Gesellschaft vorherrscht.

Je mehr sich der Druck verstärkt, desto mehr wächst der passive Widerstand in Teilen des Apparates gegen den gemäßigten Reformkurs. Je mehr dieser Widerstand zunimmt, desto ungeduldiger werden die Reformer und verstärken ihre Aufrufe, wodurch auch der gesellschaftliche Protest zunimmt. Gorbatschow und sein modernistischer Flügel beginnen, zwischen Realpolitik – die stets unrealistisch ist, sobald sich eine wirtschaftliche, gesellschaftliche oder politische Krise zuspitzt – und Radikalisierung zu schwanken. Sie stehen immer häufiger vor unlösbaren Problemen.

Als gewählter Parteichef und Repräsentant der Bürokratie, deren Macht und Privilegien er sichern soll, beginnt Gorbatschow, beide in dem Maße zu untergraben, wie er versucht, sie zu festigen. Das ist der stärkste Widerspruch seiner radikal reformistischen Orientierung.

FÜNFTES KAPITEL

Perestroika Die Wirtschaftsreformen Gorbatschows

Den stetigen Rückgang des Wirtschaftswachstums zu überwinden und das Abgleiten in Stagnation zu verhindern sind die Hauptziele Gorbatschows und seines Teams. Damit stehen wirtschaftliche Reformen im Mittelpunkt des »neuen Kurses«. Den Schlußstein des ganzen Projekts bildet die *Perestroika* oder »Umgestaltung« der Wirtschaft. Gorbatschow wird nach dem Erfolg der *Perestroika* beurteilt werden. An der Macht kann er nur bleiben, wenn sich die Bilanz der Wirtschaftsreformen als positiv erweist.

Worauf läuft die *Perestroika* hinaus? Was sie praktisch bedeutet, läßt sich heute noch nicht absehen, weil dieses Konzept zwar auf Dezentralisierung zielt, zugleich aber neue zentralistische Strukturen begünstigt. Gleichwohl läßt sich das Programm der *Perestroika* definieren: effizientere Nutzung von Marktmechanismen im Rahmen der Planwirtschaft.

Die von Michail Gorbatschow geforderte »radikale Umgestaltung« läßt sich auch durch die Formel »Rationalisierung und Streben nach mehr Rentabilität« zusammenfassen. Die Kombination dieser beiden Elemente bedeutet: Quantität, Auswahl und Qualität der Produkte sollen gesteigert werden, die Produktionskosten sollen sinken, und die Investitionen sollen besser genutzt werden.

Diese Ziele schließen zwangsläufig weitere ein: Modernisierung, wirtschaftlicher Einsatz von Anlagen, Energie und Rohstoffen, Automatisierung wichtiger Sektoren, »gerechte Preise«, mehr Selbständigkeit der Betriebe und Steigerung der Produktivität, bessere Einbindung in den Weltmarkt, Lösung des Futterproblems und Steigerung der Fleischerträge, Lösung des Wohnungsproblems etc.

Die wichtigsten geplanten Maßnahmen für das Wiederankurbeln des wirtschaftlichen und gesellschaftlichen Wachstums, wie sie das Plenum des Zentralkomitees im April 1985 festgelegt hatte, sind:

- Stärkung der zentralen Planungsinstanzen und Betriebsleitungen, bei gleichzeitiger Entmachtung der Zwischenorgane, etwa der Ministerien;
- mehr Disziplin am Arbeitsplatz und Vergütung nach dem individuellen Leistungsprinzip;
- Einrichtung agrarindustrieller Ausschüsse zur Modernisierung der Landwirtschaft;
- Ausbau des Marktes für Agrarerzeugnisse und Dienstleistungen;
- stärkere Förderung moderner Techniken und der sie »tragenden« Industriesektoren: Elektronik, Roboterkonstruktion, elektrische Maschinen, Lasertechnik, Biogenetik, Forschungsgeräte, um den technischen Rückstand der UdSSR gegenüber dem Westen aufzuholen;
- Modernisierung bestehender, statt Bau neuer Fabriken;
- schärferes Vorgehen gegen Korruption, Schwarzmarkt, illegale Mittelsmänner (*Tolkatschi*) etc.

Das alles war keineswegs neu. Es blieb sogar hinter dem zurück, was die Wirtschaftsreformen Libermans in den sechziger und Kossygins in den siebziger Jahren angestrebt hatten.

Der neun Monate später im Februar/März 1986 veranstaltete XXVII. Parteitag der KPdSU wiederholte nur bekannte Ziele für das Jahr 2000: Verdoppelung der Produktion, Bereitstellung von Wohnungen für alle Familien, Normalisierung der Versorgung und Steigerung der Agrarproduktion.

Nach dem Parteitag sorgte ein Reformvorschlag für Aufsehen: In den Bereichen Landwirtschaft und Dienstleistungen sollte der »Privatsektor« erweitert werden. Die sowjetische Landwirtschaft stagniert seit langem. Aufgrund des Mangels an Futtergetreide lag die jährliche Fleischproduktion jahrelang bei 60 Kilo pro Kopf der Bevölkerung; dem stehen in Frankreich mehr als 100 Kilo und in der DDR, die Gorbatschow als Musterbeispiel für Wirtschaftsplanung und -verwaltung zitiert, mehr als 92 Kilo gegenüber. 1985 nahm die Getreideproduktion einen leichten Aufschwung und lag bei 190-195 Millionen Tonnen (und soll 1986 etwa 215 Millionen Tonnen erreicht haben). Aber 1988 war sie wieder auf 197 Millionen Tonnen gesunken. Sie stagniert demnach seit fünf Jahren auf einem Niveau, das 20 Prozent unter jenem des Jahres 1978 liegt. Man bleibt weit von dem Planziel 240-250 Millionen Tonnen entfernt, das ursprünglich für 1981-1985 festgelegt worden war.

Mehrere Indizien lassen vermuten, daß Gorbatschow die private Produktion, die privaten Flächen der Kolchosbauern (Landwirte auf Kollektivgütern) und der Sowchosarbeiter (Beschäftigte der staatlichen Güter) ebenso ausbauen möchte wie die Produktion der Genossenschaften. Sie macht heute zwar 25 Prozent der gesamten Agrarproduktion aus, hat aber in der Viehzucht sowie beim Obst- und Gemüseanbau das größte Gewicht.

Anteil der privaten Produktion am Gesamtaufkommen (in Prozent)

	1940	*1965*	*1982*
Sonnenblumenkerne	11	2	2
Kartoffeln	65	63	63
Gemüse	48	41	31
Obst (ohne Zitrusfr.)	70	54	41
Fleisch	72	40	30
Milch	77	39	30
Eier	94	67	31
Baumwolle	39	21	24

Das System der »vertraglichen Brigaden« wurde als Experiment in den Kolchosen eingeführt. Es erlaubt den Brigaden, einen Teil der Kolchoseflächen und (oder) des Viehbestandes in eigener Regie zu bewirtschaften und den Gewinn teilweise zu behalten; der Rest muß an die Kolchose abgeführt werden. Dabei handelt es sich um eine Wiederaneignung kollektiver Flächen durch private Arbeit, ohne das Eigentumsrecht zu berühren. (Das ist ein Mittelweg zwischen der chinesischen Modellreform, die auf privater Arbeit basiert, und dem System Chruschtschows und Breschnews, das diese Arbeit beschränkte.)

Zhores Medwedjew schätzt in der bis heute besten Studie über die sowjetische Landwirtschaft, daß 1985 bereits etwa 30 Prozent der Agrarerträge von Vertragsbrigaden erwirtschaftet wurden. Diese sollen zwar 47,6 Prozent der Ernten, 18,5 Prozent des Viehbestandes und 40 Prozent der übrigen Tierprodukte erzeugt haben, aber unter dem Aspekt der Erträge sei das Experiment kein Erfolg gewesen. Außerdem habe es die Ungleichheit auf dem Lande verschärft (Zhores Medwedjew, *Sovjet Agriculture*, 1987).

Im allgemeinen muß die *Perestroika* das grundlegende Mißverhältnis zwischen den Investitionen in der Industrie einerseits und jenen in der Landwirtschaft sowie im Dienstleistungssektor andererseits (das für die Entwicklung der sowjetischen Ökonomie seit dem ersten Fünfjahresplan typisch ist) wenn nicht

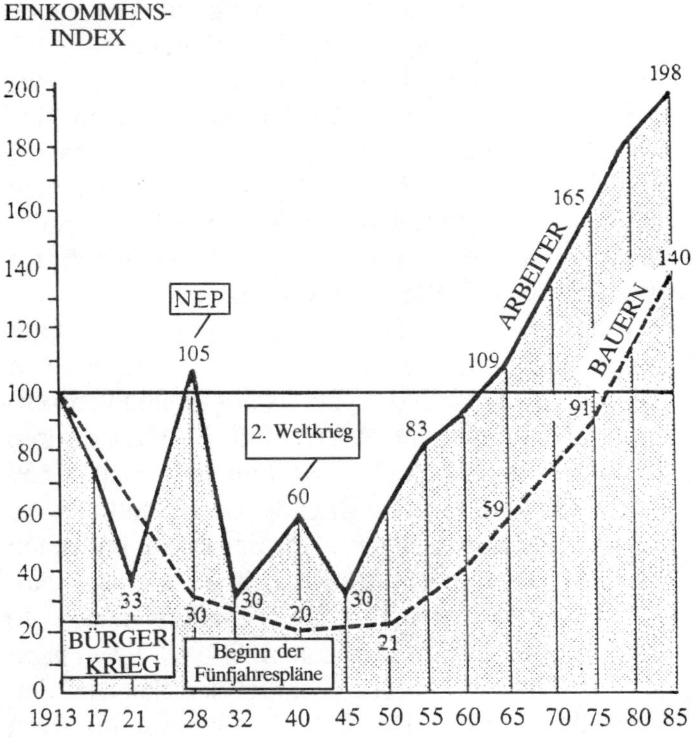

Entwicklung der Reallöhne pro Arbeiter und der Realeinkünfte pro Bauer seit 1913 (= Basisindex 100). In der Berechnung wurden kostenlose staatliche Leistungen nicht berücksichtigt. Das Schaubild setzt auch die Verlangsamung der Realeinnahmen in den letzten Jahren zu niedrig an.
(*Quelle*: »Le niveau de vie en URSS«, Jowan Pawlewski, *Economica*.)

beseitigen, so doch wenigstens reduzieren. Dieses Mißverhältnis hat der Arbeiter- und Bauernklasse riesige vermeidbare Opfer in Form mangelnder Versorgung auferlegt. Es führte zu einem niedrigen Niveau der Produktivität, das durch gerechtere Verteilung der vorhandenen Mittel hätte gehoben werden können. Die Versorgungslage der Bauern war lange Zeit noch viel schlechter als die der Arbeiterklasse, mit der Folge, daß die Produktivität auf dem Lande deutlich niedriger war als in den Städten.

Nach einem Artikel der *Iswestija* vom 19. August 1985 ist die sowjetische Bevölkerung heute mit den Dienstleistungen der Reparaturbetriebe besonders unzufrieden. Etwa 17 bis 20 Millionen Arbeiter bieten neben ihrem »offiziellen Beruf« im Staatssektor, der dadurch starke finanzielle Einbußen hinnehmen muß, schwarz Reparaturleistungen an.

In der SSR Estland experimentiert man derzeit mit weitgehenden Projekten der Privatisierung von Dienstleistungen. In der Hauptstadt Tallinn verpachtete der Verband für Radio- und TV-Reparaturen »Elektron« eine seiner Werkstätten für monatlich 650 Rubel pro Mann an eine Brigade von Technikern, die selber für Material, Strom, Heizung etc. aufkommen müssen. Die Reparaturpreise richten sich nach Angebot und Nachfrage. Die Techniker dürfen 70 Prozent ihrer Gewinne behalten, 30 Prozent müssen als eine Art Einkommensteuer an den Staatsbetrieb abgeführt werden. Durch diese Organisationsform verkürzte sich die übliche Wartezeit von zwei Wochen – mit der Tallinn schon weit vor Moskau und Leningrad lag – auf ein bis zwei Tage. Die Qualität der Arbeiten hat sich merklich verbessert, Schmiergelder sind nicht mehr nötig. Die Preise pendelten sich rasch ein. Angebot und Nachfrage kamen so gut ins Gleichgewicht, daß die Brigade heute neue Kunden auf dem Lande sucht, da die Bedürfnisse Tallinns rasch befriedigt waren.

Nach diesem gelungenen Versuch wurde am 1. Mai

1987 das Gesetz über private Arbeit erlassen, das diesem Aspekt der *Perestroika* erstmals eine verallgemeinerte Tendenz gab. Es erlaubt private Tätigkeiten, verbietet aber die Beschäftigung von Lohnempfängern. »Die örtlichen Organe erhielten weitreichende Kompetenzen für die Regelung der privaten Arbeit«, schreibt Aganbegjan. »Wo die örtlichen Organe beschlossen, die private Arbeit zu fördern, gelangen sichtbare Fortschritte. In zahlreichen Städten fuhren plötzlich private Taxis, und man unterstützte Privatpraxen von Ärzten und Krankenschwestern; neben Werkstätten entwickelte sich eine breite Palette von Dienstleistungsbetrieben.«

In der Ausgabe vom 7. Dezember 1987 berichtet die *Business Week* von etwa 200.000 Menschen, die seit sechs Monaten privaten Tätigkeiten nachgingen, sowie von 8.000 neu gegründeten Kooperativen mit rund 80.000 Mitgliedern. Das ist für eine Bevölkerung von 135-150 Millionen Erwerbstätigen noch sehr wenig. Außerdem zeigt das Beispiel Ungarns, wie schwierig es ist, Reformen dieser Art auf die Industrie, mit Ausnahme der Nahrungsmittelproduktion, auszudehnen.

Soll die private Produktion der Kolchosen erweitert werden, muß man vor allem den freien Verkauf auf den Kolchosmärkten der Großstädte ausdehnen. Dort tauchen immer mehr Stände und private Verkaufsstellen auf (wie man sie nach dem Beginn der Reformen Deng Xiaopings in den Großstädten Chinas sah). Heute dürfen die Bauern der Kolchosen und Sowchosen etwa 30 Prozent der Produktion auf dem »freien« Markt verkaufen. Wer sich zwei Tage pro Woche um »seine« Privatproduktion und »seinen« Verkauf kümmert, verdient etwa 50 Prozent mehr als den durchschnittlichen Monatslohn eines Arbeiters (200 Rubel).

Entgegen der gängigen Rhetorik und allen Spekulationen über Fernziele bedeutet dieser Aspekt der *Perestroika* nichts anderes als die Legalisierung des Schwarzmarktes und der Schwarzarbeit. Auf bezahlte Dienstleistungen sollen in der Praxis 23,4 Prozent aller »tertiären« Ausgaben entfallen, mehr als die Hälfte davon auf Reparaturen von Wohnungen, Haushaltsgeräten und Privatautos. Der Gegenwert aller »unbefriedigten« Bedürfnisse wird auf 5 bis 6 Milliarden Rubel geschätzt – ein Drittel des Gesamtaufkommens in diesem Bereich. Durch Wartezeiten, Schlangestehen vor Geschäften etc. verliere die Gesellschaft jährlich etwa 65 Milliarden Arbeitsstunden.

Soziologische Untersuchungen haben gezeigt, daß nicht weniger als 50 Millionen Lohnempfänger bereit wären, eine »zusätzliche« private Tätigkeit auszuüben. (Manche sprechen von 17 Millionen Menschen, die heute Schwarzarbeit verrichten.) Diese Art von »Nebenbeschäftigung« erlaubt es schlecht bezahlten Arbeitern, besser auszukommen.

Nicht bekannt ist jedoch, wie stark diese »Nebenbeschäftigung« die Leistung im »Hauptberuf« beeinträchtigt und damit die Kampagne Gorbatschows für mehr Disziplin am Arbeitsplatz zunichte macht. Sehr wahrscheinlich wird die »legale Privatisierung« strikt auf Handwerk und Kleinhandel begrenzt bleiben und nur einen winzigen Bruchteil der Lohnempfänger betreffen, wenige Prozentpunkte des Sozialprodukts ausmachen, geringere Auswirkungen haben als die Neue Ökonomische Politik Lenins und nicht zu einer Restauration des Kapitalismus führen.

Die Preise des Privatsektors sind sehr hoch. Im privaten Moskauer Restaurant *Kropotkinskaja* kann ein Essen für zwei Personen fast 100 Rubel kosten (= 220 DM). Ein privater Händler verkauft eine Bluejeans zum gleichen Preis. Eine kleine Kooperative, die Plastikschmuck herstellt, verdient monatlich 35.000 Rubel (*International Herald Tribune*, 28. 12. 1987). Das alles tangiert die Masse der Arbeiter nicht, die einem gewerblichen Sektor gegenüberstehen, der ihnen unzugänglich bleibt, was die bestehende soziale Ungleichheit in gewisser Weise offiziell absegnet.

Laut den *Moscow News* vom 22. November 1987 gab es bereits Proteste gegen die übermäßigen Einnahmen und Gewinne des Privatsektors. Die meisten Gegner forderten eine höhere Besteuerung der Gewinne und mehr Konkurrenz zwischen den Kooperativen.

Hier kann man den gesellschaftlichen Hintergrund der *Perestroika* mit Händen greifen. Die *Intelligenzija* und die Mehrzahl der mittleren und unteren Bürokraten sind unzufrieden mit einem Distributionssystem, das sie von den Vorteilen der *Nomenklatura* ausschließt und zwingt, sich auf dem schwarzen und grauen Markt zu versorgen. Daher kämpfen sie für die Erweiterung des legalen, freien Marktes. In diesen Schichten der Bürokratie findet die *Perestroika* die größte Unterstützung.

Gorbatschow strebt an, die Subventionen für Grundnahrungsmittel und einige öffentliche Dienstleistungen abzuschaffen. Diese Subventionen schlagen bei den Ausgaben des Gesamthaushalts mit etwa 20 bis 25 Prozent zu Buche. Für Fleisch- und Milchprodukte liegen sie bei jährlich fast 50 Milliarden Rubel. Im staatlichen Einzelhandel zahlt der Fiskus für jedes Kilo Fleisch zu 1,80 rund 3 Rubel an Subventionen. Jeder Liter Milch zu 30 Kopeken wird mit 25 Kopeken subventioniert. Die Preise auf den Kolchosmärkten sind zweieinhalb- bis dreimal höher als die in den staatlichen Geschäften.

Der Staat subventioniert zwar die Preise für Nahrungsmittel, erhebt aber eine hohe Umsatzsteuer auf industrielle Konsumgüter. Um festzustellen, ob der sowjetische Fiskus den Privatkonsum insgesamt fördert, müßte man die Summe der Subventionen mit den Erträgen aus indirekten Steuern vergleichen. Nach meinen Berechnungen sind diese weit höher als jene, selbst wenn man die Luxussteuer außer acht läßt.

Die sowjetischen Arbeiter sind über die Aussicht steigender Preise beunruhigt. Anlaß zur Sorge geben ihnen auch Pressehinweise auf steigende Mieten und explodierende Kosten im öffentlichen Gesundheitswesen.

Die neue Preispolitik entspricht speziellen gesellschaftlichen Interessen und verfolgt ein ökonomisches Ziel: im Rahmen der staatlichen Planwirtschaft mehr Marktmechanismen zuzulassen. Am 1. Januar 1988 trat ein neues System der Betriebsverwaltung und Eigenfinanzierung in Kraft. Es ist das bisherige Kernstück der *Perestroika* und wird von den Bürokraten des *Gosplan*, den Ministerien und einem Teil der konservativsten Betriebsleiter bekämpft. Dieses System erhöhte die Autonomie und das Risiko von 48.000 Betrieben, die – wie in der VR China und in Jugoslawien – bei anhaltenden Verlusten Konkurs anmelden müssen und nicht mehr automatisch Bankkredite erhalten. Andererseits dürfen sie einen Großteil der Gewinne behalten und als Prämien an das Personal verteilen.

Unklar ist jedoch, welche genauen Folgen die geplante Preisreform haben wird. Derzeit ist jedenfalls nur beabsichtigt, die Subventionen für lebenswichtige Konsumgüter abzuschaffen. Noch nicht entschieden wurde, ob die Subventionen für Rohstoffe und Ausrüstungsgüter gestrichen werden sollen. Da die Betriebe keinen Einfluß auf die Einkaufspreise haben, können sie auch nicht frei über die Preise ihrer eigenen Produkte entscheiden. Damit reduziert sich das Konzept eines »Marktsozialismus« auf eine Umverteilung zu Lasten des Massenkonsums.

Die Zahl der Güter, deren Preise die Zentralbehörden festlegen, soll drastisch gesenkt werden. Bisher geschah das bei etwa 200.000 Produkten. In Zukunft wird es Preisbindungen nur noch für etwa tausend Rohstoffe und Investitionsgüter geben. Aber gerade sie gehen in die Herstellungskosten fast aller Industrieprodukte ein. Dadurch wird die Entscheidungsfreiheit der Betriebe erheblich beschränkt.

Aganbegjan betont die Ausdehnung des »Großhandels« bei der Zuteilung der Produktionsmittel. Das würde zwar die industriellen »Lieferant-Kunde«-Beziehungen stärken, garantiert aber nicht das Gelingen der neuen Preispolitik. Einerseits bestehen zahlreiche »Monopole«, die den Lieferanten erlauben, überhöhte Preise zu verlangen; andererseits können die Produktionskosten durch Absprachen innerhalb der Bürokratie so hoch angesetzt werden, daß auch der Ausschuß gedeckt ist. Die einzige Maßnahme, mit der man die Risiken senken könnte, wäre rigorose demokratische Kontrolle durch die Arbeiter und die breite Öffentlichkeit.

Heute vervielfachen die zentralen staatlichen Instanzen ihre Prüfverfahren, etwa »Qualitätskontrollen«, die dem Einfluß der Betriebe entzogen sind. Der Staat richtet sogar hyperzentrale Instanzen wie das »Komitee für Agrarindustrien« (*Gosagroprom*) ein, in dem zahlreiche Ministerien vertreten sind (das Plenum des ZK der KPdSU im März 1989 hat diese Institution wieder abgeschafft). Auch für den industriellen Sektor wurden übergeordnete Ministerien gegründet. Die Entscheidungsbefugnis der Betriebe über technische Neuerungen ist begrenzt; in diesem

Bereich sollen Verbände für Forschung und Produktion ins Leben gerufen werden.

Zumindest in ihrer ersten Phase hilft die *Perestroika* den arbeitenden Massen nicht, sondern bürdet ihnen zusätzliche Belastungen auf. Neben dem inneren Zusammenhang zwischen »wirtschaftlicher Umgestaltung« und »allgemeiner Transparenz« ist dies der Grund, warum die *Perestroika* in *Glasnost* mündet, da die Bevölkerung auf politischem Wege für die wirtschaftlichen Ziele gewonnen werden soll. Die Forderung der Arbeiter kann aber nur lauten: Demokratisierung der Verwaltungsorgane auf Betriebsebene, lokal, regional und national (bzw. auf Unionsebene).

Besteht zwischen der *Perestroika* und dem Kampf gegen die Bürokratie ein innerer Zusammenhang? Davon sind viele Liberale in Ost und West überzeugt, da sie von der Erwägung ausgehen, daß auf lange Sicht keine umfassende Reform der bürokratischen Planwirtschaft gelingen könne, solange die politische Macht bei der Bürokratie verbleibt. Die wirtschaftliche Macht der Bürokratie lasse sich aber nur durch einen alternativen »Regulierungsmechanismus« brechen, den allein der Markt darstellen könne.

Marshall Goldman vermutet, für die sowjetische Wirtschaft gäbe es drei mögliche »Reformmodelle«, das heißt drei denkbare Folgen der *Perestroika*: das dezentralisierte Modell nach dem Vorbild Ungarns; das »duale« Modell, in dem sich ein rationalisierter Staatssektor und ein begrenzter Privatsektor gegenüberstehen, wie in der DDR; und ein Zwangsmodell nach Art der Tschechoslowakei, wenn nicht sogar des Stalinismus.

Nach Meinung Goldmans hat sich Gorbatschow für das dezentrale Modell entschieden, in dem die Betriebe mehr Autonomie erhalten und stärker zur

Eigenfinanzierung verpflichtet werden sollen. Doch meint er, das Modell sei angesichts drohender Krisen unstabil.

Diese neoliberale Analyse ist jedoch axiomatisch-dogmatisch. Neben der bürokratischen Kommandowirtschaft und dem »Marktsozialismus« – was immer dieser bedeuten würde – gibt es eine dritte Möglichkeit: eine auf Selbstverwaltung der Produzenten beruhende und durch sozialistische Demokratie mit unbegrenzter Öffentlichkeit und Mehrparteiensystem gestützte Planwirtschaft. In ihr würde die Bevölkerung in freier Wahl die Prioritäten der Konsum- und Produktionsentwicklung bestimmen. Einsatz und Verantwortungsgefühl würden nicht nur durch Konsumwünsche, sondern vor allem durch automatische Beschränkung der Arbeitszeit (des Arbeitsvolumens) sowie durch laufende Verbesserung der Lebensqualität bedingt. Dadurch wüchse ihr Interesse an einer optimalen Nutzung der gesamtwirtschaftlichen Ressourcen.

In letzter Zeit sind zu den Schwierigkeiten der *Perestroika* zwei weitere Krisenerscheinungen getreten, die einander wechselseitig steigern: ein wachsendes Defizit des Staatshaushaltes (Abalkin und Lacis sprechen von 100 Milliarden Rubel) und eine sich beschleunigende Inflation. Einige der radikaleren *Perestroika*-Vorschläge, etwa die Ausdehnung des privaten Wohnungsbaus bzw. des Verkaufs von Mietwohnungen an Privatpersonen und des Verkaufs von Aktien an Privatleute, haben offensichtlich zum Ziel, diesen Geldüberhang abzusaugen und den Staatshaushalt zu entlasten. Sie führen aber ihrerseits zu einer neuerlichen Ausdehnung der gesellschaftlichen Ungleichheit.

SECHSTES KAPITEL

Glasnost
Die politischen Reformen Gorbatschows

Eine Sanierung von Wirtschaft und Gesellschaft ist nur möglich, wenn das Machtmonopol der privilegierten Bürokratie beseitigt wird. Dabei handelt es sich um ein politisches Problem. Die Pläne Gorbatschows hängen aber von den Interessen der Bürokratie ab. Für sie geht es darum, die wirtschaftliche Lage zu verbessern, ohne die Basis ihrer Macht und ihrer Privilegien zu gefährden.

Daher strebt Gorbatschow mit dem Demokratisierungsprojekt eindeutig beschränkte Ziele an: Die hartnäckigsten Verfechter der alten Linie sollen entmachtet werden, um der *Perestroika* den Weg zu ebnen. Das soll schöpferische Energien und neue Initiativen freisetzen, ohne die ein Erfolg der *Perestroika* undenkbar ist.

Indem sie diesen Kurs verfolgen, nehmen Gorbatschow und der von ihm repräsentierte Flügel der Bürokratie erhebliche Risiken in Kauf; aber sie haben keine andere Wahl. Um zu verstehen, warum sie sich auf diese Risiken einlassen, muß man immer wieder an das Ausmaß der Krise, an den Ernst der wirtschaftlichen Lage und an die Gefährdung ihrer Macht und ihrer Privilegien erinnern. Gorbatschow und seine Anhänger wissen, daß sie auf einer Zeitbombe sitzen. Aus dieser mißlichen Lage erklärt sich die Entscheidung der modernistischen Bürokraten für *Glasnost*. Außerdem hat Gorbatschow damit zu rechnen, daß die negativen Auswirkungen der *Perestroika* auf die Arbeiterklasse zum Teil durch politische Demokratisierung aufgefangen werden müssen. Würden die Arbeiter in Kauf nehmen, daß die Betriebsverwaltungen selbständig über Entlassungen entscheiden dürfen, ohne daß sie mehr Einfluß auf die Wahl dieser Verwaltungen bekommen?

An den von Gorbatschow ausgelösten Reformen lassen sich drei Hauptaspekte unterscheiden: Gewährung von Rede-, Meinungs- und Pressefreiheit; Modernisierung aller Zweige des Apparates; Öffnung der Institutionen und Machtinstanzen. Daraus folgen auch Schritte hin zum Rechtsstaat und zum Schutz der Bürger vor staatlicher Willkür.

Die Demokratisierung schreitet in den genannten Bereichen unterschiedlich schnell voran. *Glasnost* in den Medien wirkt sich stärker aus als die Modernisierung des Apparates; Staat und Wirtschaft werden engagierter erneuert als die Partei und die Gewerkschaften.

Ein Aspekt von *Glasnost* (»Transparenz«, »Durchsichtigkeit«, »Öffentlichkeit«, »Meinungsfreiheit«) hat die Welt überrascht: die weitgehende Liberalisierung des Kultur- und Medienbereichs. In den Kinos und im Fernsehen zeigt man früher verbotene Filme. Zensierte Theaterstücke werden publiziert und aufgeführt. »Verfemte« Manuskripte gehen in Druck. Die Schriftsteller-, Regisseur- und Schauspielerverbände bekennen sich zum neuen Liberalismus. Große Literaten aus der Zeit des »Tauwetters« und der Entstalinisierung unter Chruschtschow, etwa Andrej Wosnessenski und Jewgeni Jewtuschenko, melden sich wieder zu Wort. Im Kulturbetrieb findet man die begeistertsten Parteigänger Gorbatschows, weil *Glasnost* hier schon Jahre vor Gorbatschows Amtsantritt gefordert worden war.

Die liberale Öffnung im Kulturbereich fand nicht nur bei den Intellektuellen und Künstlern, sondern auch bei der breiten Masse Anklang. Gorbatschow umschrieb seine diesbezügliche Haltung auf dem XXVII. Parteitag der KPdSU wie folgt:

»Die moralische Gesundheit der Gesellschaft und das geistige Klima, in dem die Menschen leben, werden in nicht geringem Maße durch den Stand von Literatur und Kunst bestimmt. ... Wenn es sich für die Gesellschaft als erforderlich erweist, die jeweilige Zeitspanne, insbesondere an einem Wendepunkt, künstlerisch auszuwerten, bringt diese immer Menschen hervor, denen das ein inneres Bedürfnis ist. In einer solchen Zeit leben wir. Weder die Partei noch das Volk brauchen schwülstige Vielschreiberei oder sozialthematische Kleinkrämerei, Konjunkturrittertum oder engstirnigen Praktizismus. Die Gesellschaft erwartet vom Schriftsteller künstlerische Entdeckungen und Lebenswahrheit, die schon immer einer echten Kunst zugrunde lag« (*Gorbatschow. Die wichtigsten Reden*, S. 151 f.).

Falsch ist, daß *Glasnost* nur die Intellektuellen interessiert. Kann man glauben, daß die Massen gleichgültig bleiben, wenn die Privilegien, Machtmißbräuche und Willkür der Bürokraten auf breiter Ebene angeprangert werden können? Kann man glauben, daß die Einführung des Streikrechts sie nicht interessiert? Die Liberalisierung des Kulturbereichs hat eine unmittelbar politische Dimension: Nicht nur die Form, auch der Inhalt verändert sich. Unter diesen Bedingungen geht *Glasnost* mit einer Renaissance der öffentlichen Auseinandersetzung und einer zunehmenden Politisierung der Gesellschaft einher.

Am deutlichsten zeigt sich der Einfluß von *Glasnost* auf die Massen im Erfolg der Wochenzeitschriften *Moscow News* und *Ogonjok*. Die russische Ausgabe der ursprünglich für ausländische Leser konzipierten *Moscow News* erreichte eine Auflage von 250.000 Stück und war stets so schnell vergriffen, daß sie verdoppelt werden mußte. Auch nimmt die Zahl der Leserbriefe, die nicht nur bei der Presse, sondern auch bei den örtlichen Sowjets eingehen, ständig zu. Nach den *Moscow News* vom 25. Oktober 1987 erhält der Sowjet von Moskau ganze Säcke voller Briefe.

Bilden die *Moscow News* und die Wochenzeitschrift *Ogonjok* mit 1,5 Millionen Exemplaren die Speerspitze von *Glasnost*, so ist ihre Auflage doch geringer als die der gemäßigten Blätter; zum Beispiel erscheint *Trud*, das Gewerkschaftsorgan, in einer Auflage von 18,5 Millionen, *Iswestija* in 7 und *Komsomolskaja Prawda* in 13,5 Millionen Exemplaren. Die *Prawda*, das offizielle Organ der KPdSU, vertritt häufig konservativere Positionen. Die Wochenzeitung *Literaturnaja Gazeta* (3 Millionen Auflage) ist aber ebenfalls ein Sprachrohr für radikale *Glasnost* geworden.

Die Provinzblätter lassen noch nicht so viel Öffnung zu wie die Moskauer Print-Medien. Die liberale und offen chauvinistische Opposition prawo-slawischer Provenienz kommt hier eher zu Wort als Sozialisten, Anarcho-Syndikalisten und oppositionelle Kommunisten.

Die Modernisierung des Apparates hat seit dem Amtsantritt Gorbatschows Fortschritte gemacht. Darüber liegen Zahlen vor. Zwischen seiner Wahl zum ersten Sekretär des Zentralkomitees und dem XXVII. Parteitag ersetzte Gorbatschow 5 der 12 Mitglieder des Politbüros (danach kamen weitere hinzu, so daß die Mitgliederzahl auf 14 stieg), 10 der 24 Abteilungsleiter des Zentralkomitees, 30 der 80 Minister und Präsidenten des Staatsrates, 4 der 15 Parteisekretäre für die Sowjetrepubliken, 50 der 150 regionalen ersten Sekretäre der KPdSU und 138 der 320 Mitglieder des alten Zentralkomitees. Die folgende Liste über die Daten der Ernennung (Wahl) von KPdSU-Funktionären zeigt, wie weit Gorbatschow die führenden Instanzen erneuert hat:

Mitglieder des Politbüros

Gorbatschow	Oktober 1980 (Generalsekretär 1985)
Alijew*	November 1982
Gromyko	April 1973
Kunajew*	April 1971
Ligatschow	April 1985
Ryschkow	April 1985
Saikow	März 1983
Schewardnadse	Juli 1985
Solomonzew*	Dezember 1983
Tschebrikow	April 1985
Tscherbinski	April 1971
Worotnikow	Dezember 1983

Kandidaten für das Politbüro

Demitschew	November 1964
Dolgich	Mai 1982
Sljunkow	März 1986
Sokolow	April 1985
Solowjow	März 1986
Talysin	Oktober 1985
Jakowlew	Januar 1987
Jelzin*	Februar 1986

* Danach wieder abgewählt

Mitglieder des Sekretariats

Birvukowa	1986
Dobrynin	1986
Dolgich	1972
Gorbatschow	1978

Jakowlew	1986
Ligatschow	1983
Lukjanow	1987
Medwedjew	1986
Nikonow	1985
Rasumowski	1986
Saikow	1985
Sljunkow	1987
Symjanin	1976

Eine von *Le Monde* (18. Februar 1987) veröffentlichte Tabelle bestätigt dieses Bild:

Ämter im Februar 1987	*Anzahl*	*Seit Oktober 1988 im Amt*
Politbüro: Vollmitglieder	11	3 (30,0 %)
Kandidaten	8	2 (25,0 %)
Sekretariat	12	2 (16,0 %)
Abteilungsleiter des ZK	19	2 (10,5 %)
Erste Sekretäre der Republiken	14	5 (35,7 %)
Erste Sekretäre der Regionen	157	61 (38,8 %)
Vizepräsidenten im Ministerrat	12	1 (8,3 %)
Minister	87	25 (28,7 %)
Ehrenmitglieder des ZK	307	175 (57,7 %)

Tatsache ist jedoch, daß es gegen den radikalen Kurs Gorbatschows hartnäckigen Widerstand gibt. Bei der vorletzten Sitzung des Zentralkomitees – deren Protokolle trotz *Glasnost* nicht veröffentlicht wurden – haben fast die Hälfte aller Redner Gorbatschow kritisiert.

Gleichzeitig wurden Korruption, Machtanmaßung und Verstöße gegen das »sozialistische Recht« stärker aufgedeckt und 1986 nicht weniger als 60.000 Verwaltungsakte wegen Formfehlern oder wegen Rechtsverletzung aufgehoben. Vierzehn Richter verloren ihre Ämter, weitere 76 wurden versetzt und gegen 837 Disziplinarverfahren eingeleitet. Gegen 200.000 Funktionäre ergriff man Verwaltungsmaßnahmen, 32.000 erhielten Ordnungsstrafen. Seit dem 1. Januar 1987 gibt es für Beschwerden und Revisionen ein oberes Verwaltungsgericht. Entscheidungen der höheren Staatsinstanzen und Maßnahmen des KGB sind diesem Verfahren jedoch nicht unterworfen. Am 30. Juni 1987 bestätigte das Oberste Gericht ein Gesetz über Beschwerden gegen illegale Maßnahmen von Funktionären, die Rechte von Bürgern verletzen. Das Gesetz trat am 1. Januar 1988 in Kraft. Auch der Mißbrauch der Internierung politischer Oppositioneller in psychiatrischen Kliniken wird zunehmend öffentlich angeprangert.

Trotz der Reformen Gorbatschows gilt nach wie vor die skandalöse Strafrechtsnovelle der RSFSR (Republik Rußland), nach der ein Häftling am Tag seiner Entlassung quasi automatisch neu interniert werden kann. Gleiches gilt für die Praxis, von Verurteilten, die eine Amnestie beantragen, als Vorbedingung ein Geständnis oder zumindest ein »Schuldanerkenntnis« zu verlangen.

Die Forderungen nach einer grundlegenden Justizreform werden jedoch immer lauter. Es gab öffentliche Vorschläge, das Strafrecht zu liberalisieren (an seiner Reform wird gearbeitet), die Verhörpraxis zu ändern und die Todesstrafe abzuschaffen.

Bei der Sitzung des Zentralkomitees vom 27./28. Januar 1987 wurden folgende Reformen vorgeschlagen:

- Auswahl der Kandidaten (mehrerer für jeden Posten) für die Wahlen der örtlichen und regionalen Sowjets;
- geheime Wahl der Parteifunktionäre in mehreren Stufen (hier ist unsicher, ob die Reform auch die

Wahl der Delegierten für den Parteitag der KPdSU und für das Zentralkomitee betreffen soll);

- Wahl der Gewerkschaftsvertreter in den Betrieben;
- stärkere Beteiligung der Arbeiter an der Betriebsverwaltung.

Die praktischen Auswirkungen dieser Vorschläge waren anfangs gering. Bei den Kommunalwahlen vom 21. Juni 1987 wurden in nur 76 Bezirken, etwa 0,4 Prozent der Wahlkreise, mehrere Kandidaten aufgestellt. Sie alle waren zuvor von der Partei geprüft worden.

Die politischen Reformen sind zweifellos noch nicht beendet. J. Radwanji zitiert eine Reihe von Gesetzentwürfen, die bereits verabschiedet sind oder noch vom Obersten Sowjet geprüft werden (in *L'URSS en révolution*, Paris 1987).

Verabschiedet sind:

- ein Wahlgesetz;
- eine Verordnung über das Mitsprache- und Vetorecht der Sozialverbände;
- ein Gesetz über den Schutz der Bürger vor willkürlichen Entscheidungen der Verwaltung;
- eine Verordnung über die regelmäßige Kontrolle von Kadern und Funktionären;
- eine Disziplinarverordnung;
- ein Gesetz für die nationalen Archive;
- ein Gesetz über Fragen der Staatssicherheit (nicht bestätigt).

In Vorbereitung sind:

- ein Gesetz über das Presse- und Informationswesen;

- eine Verordnung gegen Ämter- und Funktionshäufung;
- ein Gesetz über den Status der Ministerien;
- die Strafrechtsreform, vor allem Artikel 190 (über »antisowjetische Propaganda«) und 142 (über Religionsausübung).

Die große Verfassungsreform des Jahres 1988, nach der Ende März 1989 ein Volksdeputiertenkongreß gewählt wurde, behandele ich in den letzten Kapiteln.

Im Zusammenhang mit diesem Reformen muß man auf einen grundlegenden Widerspruch der »politischen *Perestroika*« hinweisen. In seinem Buch *Perestroika* schreibt Gorbatschow:

»Deshalb stehen wir bei der gegenwärtigen Kampagne für eine Umgestaltung vor einer gewaltigen Aufgabe. Wir müssen die Rolle der Sowjets als politische Machtorgane und als Grundlage der sozialistischen Demokratie erneuern« (S. 141).

Aber die kühne Proklamation wird sofort wieder zurückgenommen, wenn nicht gar ihres Sinnes entleert, da Gorbatschow hinzufügt, die Entscheidungen des Parteikomitees vom Januar 1987

»geben den Sowjets die Möglichkeit, ihre Aufgabe so durchzuführen, daß sie zu echten Organen der Volksmacht werden« (S. 141).

Die Entscheidungen, auf die Gorbatschow sich bezieht, betreffen nur die *örtlichen* Sowjets. Kann die vollständige Wiedereinsetzung der Sowjets in ihre Rolle als Organe der politischen Macht auf örtlicher oder Betriebsebene gelingen? Wird die *politische Macht* auf dieser oder nicht vielmehr auf der *zentralen*

Ebene, also auf der des Staates, ausgeübt? Gorbatschow sagt nichts über die direkte Machtausübung der Sowjets und der Arbeiter auf dieser Ebene. Dabei hatte er festgestellt:

»Der schwindende Einfluß der Sowjets leistete der Ersetzung der Funktionen und Tätigkeiten von Exekutiv- und Verwaltungsorganen durch Parteiorgane Vorschub« (S. 140).

Fast direkt nach dieser Kritik an der »institutionellen« Ursache für die politische Enteignung der Arbeiter folgt eine emphatische Bekräftigung der ideologisch-politischen Argumentation und der institutionellen Mechanismen, die dieser Enteignung zugrunde liegen:

»Das Ansehen der Partei und das in sie gesetzte Vertrauen sind gewachsen. Obwohl wir uns noch in einem Stadium des Übergangs von einem Status in einen anderen befinden, versuchen die Parteiorgane, nicht einfach die Pflichten der wirtschaftlichen und administrativen Organisationen zu übernehmen. Das ist nicht einfach, denn es wäre der altbekannte Trott – ein wenig Druck von seiten der Partei, und siehe, der Plan wird erfüllt! Doch die Partei hat ein anderes Ziel vor Augen. Es geht jetzt insbesondere darum, Prozesse zu analysieren, kritische Punkte in der Entwicklung, die auf Widerstand stoßen, aufzuspüren, strategische und taktische Korrekturen anzubringen, die Politik so zu vervollständigen und Methoden und Formen für ihre Realisierung zu finden, Personal auszuwählen und einzusetzen und sowohl organisatorisch als auch ideologisch der Perestroika Rechnung zu tragen. Nur die Partei kann das alles tun!

Wirtschaftsführung und wirtschaftliche Angelegenheiten sind Sache der Regierung und anderer

Organisationen, die für diese Dinge verantwortlich sind. Diese Einstellung kam nicht aus heiterem Himmel; sie entwickelte sich aus der Erfahrung. Die Partei muß ihre eigene Arbeit tun. Und die anderen die ihre. Wenn dem nicht so ist, sind die parteiliche Führung sowie die ideologische Arbeit mit den Kadern unzulänglich« (S. 154).

Welchen Platz nehmen die Sowjets in diesem Modell ein? Sie sind in einem Loch verschwunden! Wo bleibt die Macht der arbeitenden Massen? Sie wurde mit einem Nebensatz abgewürgt! Zwar unterscheidet Gorbatschow zwischen der – von ihm abgelehnten – staatlichen Verwaltung durch die Partei und der Verwaltung durch Berufsbeamte. Aber das ist nur eine funktionelle Arbeitsteilung *innerhalb der Bürokratie*. Die Partei, und nur sie, wählt die Beamten aus und legt den (politisch-strategischen) Kurs fest. Niemand sonst hat hierzu das Recht.

Wahre sozialistische Demokratie, die Ausübung der politischen Macht durch das Volk und damit die faktische Macht der Sowjets, sind mit dem Einparteiensystem nicht vereinbar. Die Räte können nur dann souveräne Organe der »Volksregierung« sein, wenn sie frei gewählt werden, wenn sie die Verantwortlichen in Verwaltung und Wirtschaft ernennen, wenn sie alternative strategische und politische Linien verfolgen können.

All das setzt Pluralität der Richtungen und politischen Parteien voraus, die – unabhängig von ihrer ideologischen Ausrichtung – in der Praxis die sozialistische Verfassung anerkennen. Trotz aller kühnen Formulierungen verbleibt die politische *Perestroika*, wie Gorbatschow sie beschreibt, im Rahmen des Einparteiensystems und ist damit politischer Ausdruck der Bürokratie, die alle Apparate der Verwaltung streng kontrolliert; sie allein ist befugt, politische Konzepte für die Gesamtgesellschaft durchzusetzen. Unter diesen Bedingungen haben die Sowjets keinerlei Macht, so daß die Passivität, Skepsis und Entpolitisierung der breiten Masse kaum überraschen kann.

Einen weiteren Widerspruch sehe ich in den Aussagen Gorbatschows über die gesellschaftlichen Voraussetzungen seiner Reformen. Gorbatschow wiederholt die apologetische Doktrin der Bürokratie, die Wurzeln des Übels lägen vor allem im ideologischen und psychischen Bereich.

»Die größte Schwierigkeit bei unseren Umgestaltungsbemühungen liegt darin, daß unser Denken durch die vergangenen Jahre geprägt wurde. Jeder, vom Generalsekretär bis zum Arbeiter, muß umdenken. Das ist einleuchtend, wenn man bedenkt, daß wir unter den Bedingungen der alten Ordnung gelebt haben und daß sie uns als Individuen geformt hat. Wir müssen unseren Konservatismus überwinden. Viele von uns haben richtige politische und ideologische Prinzipien. Aber es besteht ein wesentlicher Unterschied zwischen einem richtigen Standpunkt und der Realisierung dessen, was er zum Inhalt hat« (*Perestroika*, S. 80).

Aus der Sicht des Marxismus-Leninismus ist eine (alte oder neue) »Ordnung« vor allem durch die Struktur der wirtschaftlichen und politischen Macht geprägt; das gesellschaftliche Sein bestimmt das gesellschaftliche Bewußtsein. Nein, erwidert Gorbatschow: Der »Konservatismus« (also das gesellschaftliche Bewußtsein) bestimmt die (alte oder neue) »Ordnung«. Diese These läßt sich angesichts der gesellschaftlichen Verhältnisse in der UdSSR nicht halten und wird sogar von Gorbatschow selbst widerlegt. Im Zusammenhang mit den »Jahren der Stagnation« behauptet Michail Gorbatschow:

»Das Volkseigentum wurde schrittweise von seinen wahren Eigentümern, den Werktätigen, abgetrennt. Diesem Eigentum wurde nicht selten durch Ressortdenken und Lokalpatriotismus Schaden zugefügt, es wurde herrenlos und kostenlos und hatte keinen realen Besitzer mehr. Die Folge war zunehmende Entfremdung des Menschen vom Kollektiveigentum; das gesellschaftliche Interesse und das individuelle Interesse des Werktätigen waren mangelhaft aufeinander abgestimmt« (S. 56).

»Die einzigen, die sich über diese Veränderungen ärgern, sind diejenigen, die meinen, sie hätten schon, was sie brauchen. Warum also sollten sie umdenken? Wer aber ein Gewissen hat und am Wohl seines Volkes interessiert ist, der kann nicht – und darf nicht – in dieser Weise argumentieren. Schon gar nicht, wenn durch Glasnost, oder Offenheit, ans Licht kommt, daß jemand verbotene Privilegien genießt. Wir können Stagnation nicht länger dulden« (S. 35).

Wenn es privilegierte Schichten gibt, wenn Verwaltungsbeamte Sonderrechte genießen und die unmittelbaren Produzenten sich deshalb entfremdet fühlen, dann herrschen auch Statusunterschiede und Interessengegensätze zwischen Arbeitern und Bürokraten, und diese liegen der bürokratischen Mentalität zugrunde. Dem Gegensatz »Konservatismus – politische Revolution« entspricht im gesellschaftlichen Leben der Konflikt »privilegierte Schichten – Proletariat«.

Bei Gorbatschow verschwindet dieser Konflikt jedoch in einer allgemeinen Verbrüderungseuphorie:

»Die Umgestaltung betrifft alle, vom Kommunisten an der Basis bis zum Sekretär des Zentralkomitees, vom Arbeiter bis zum Minister, vom Mechaniker bis zum Akademiker. Sie wird nur dann zu einem erfolgreichen Ende führen, wenn sich wirklich die gesamte Nation daran beteiligt.«

Diese Einmütigkeit löst sich sofort wieder auf, wenn Gorbatschow feststellt:

»Während meiner Reise in die Region Kuban warf ich Gewerkschaftsführern vor, den Betriebsleitern zu sehr nachzugeben und manchmal sogar nach deren Pfeife zu tanzen. Ich fragte sie, ob es nicht höchste Zeit sei, eine grundsätzliche Haltung einzunehmen und sich für die Werktätigen einzusetzen.

Die neue Rolle der Gewerkschaften unter den Bedingungen der Perestroika sollte in erster Linie darin bestehen, wirtschaftliche Entscheidungen stärker an der Gesellschaft zu orientieren und technokratische Übergriffe, die in den vergangenen Jahren in der Wirtschaft weit verbreitet waren, wettzumachen. Das bedeutet, daß die Gewerkschaften bei der Ausarbeitung von Bereichen, welche die sozialen Anliegen innerhalb der Wirtschaftspläne betreffen, aktiver sein müssen und eigene Alternativvorschläge vorlegen und unterstützen müssen, wenn das erforderlich ist.

Gewerkschaftskomitees sollten Zähne zeigen und keine anpasserischen Partner für die Wirtschaftsführung sein« (S. 143).

Es gibt also Interessenkonflikte zwischen Arbeitern und Führenden (Bürokraten), die man nicht gleichzeitig behaupten und leugnen kann. Aber dann sind an den Mißständen nicht alle schuld, sondern die herrschende Bürokratie inklusive der Parteibürokratie. Diese inneren Widersprüche von *Glasnost* – der Teildemokratisierung, die aufgrund der Weigerung, das Machtmonopol der Parteibürokratie und die Privilegien der Bürokratie insgesamt in Frage zu stellen oder zu brechen und für direkte Machtausübung der Sowjets auf der Basis von Parteienvielfalt zu kämpfen, sehr halbherzig bleibt – sind nicht rein theoretischer Natur. Sie führen zu praktisch-politischen Problemen und Krisen, die sich in der Affäre Jelzin und in den Konflikten bei der Delegiertenwahl zur 19. Parteikonferenz und zum Volksdeputiertenkongreß am deutlichsten äußerten.

SIEBENTES KAPITEL

»Globalisierung« Gorbatschows Außenpolitik

Gorbatschows Vorschläge zur nuklearen Abrüstung in Europa zwangen die NATO, ihr Konzept der »doppelten Nullösung« (Abschaffung der Atomraketen mittlerer und kurzer Reichweite) auszuarbeiten. Am 8. Dezember 1987 kam es zur amerikanisch-sowjetischen Einigung über die »Nullösung«. Auf dieser Basis streben Gorbatschow und sein Team ein Abkommen über die Halbierung der »strategischen« Waffen und über die völlige Beseitigung der atomaren, biologischen und chemischen Waffen bis zum Jahr 2000 an.

Man kann nicht leugnen, daß es Gorbatschow gelang, die Reagansche anti-sowjetische Propaganda in weniger als zwanzig Monaten zu neutralisieren, deren politische Funktion darin bestand, die Öffentlichkeit an die Vorstellung zu gewöhnen, ein weltweiter Atomkrieg wäre weniger grausam als Leben unter dem Kommunismus.

Überdies wird der politische Spielraum für die Friedensbewegung objektiv immer größer statt kleiner. Behält diese Bewegung ihre notwendige Unabhängigkeit gegenüber allen Regierungen und allen Verhandlungen zwischen Staaten, wahrt sie ihre grundlegend unilaterale Orientierung, dann wird ihre Mobilisierungskraft unausweichlich zunehmen, da die These von der »Bedrohung« durch Moskau und der sowjetischen »Aggressivität« ihre Glaubwürdigkeit verliert.

Man darf die praktischen Auswirkungen des INF-

Abkommens aber auch nicht überschätzen. Hierbei geht es weder um völlige Abrüstung noch um einen wesentlichen Fortschritt bei der nuklearen Abrüstung. Durch die Übereinkunft von Washington werden kaum 3 Prozent der Atomwaffen verschrottet, mehr nicht. Europa und der Welt droht weiterhin die Vernichtung durch strategische Atomraketen.

Die weltweiten Rüstungsausgaben – gigantische Verschwendung von Mitteln, buchstäblich kriminell angesichts der Tatsache, daß nicht nur in der südlichen Hemisphäre so viele Grundbedürfnisse der Menschen unbefriedigt bleiben – sinken nicht, sondern steigen. Die Vorstellung einer realen weltweiten Abrüstung als Ergebnis von Verhandlungen zwischen Ost und West ist heute ebenso utopisch, wie sie es vor der Einigung auf die »doppelte Nullösung« war.

Aus dieser Perspektive gibt es in den Positionen Gorbatschows und seines Teams sowie ihrer Verbündeten in Ost und West keinerlei Fortschritte. Die Vorstellung, daß ein Weltkrieg verhindert werden kann, ohne daß der Kapitalismus überwunden wird, bleibt die Grundlage der heutigen sowjetischen Doktrin über Krieg und Frieden.

Michail Gorbatschow formulierte die neue Doktrin, als er in seinem Buch *Perestroika* schrieb:

»Das grundlegende Prinzip der neuen politischen Perspektive ist sehr einfach: *Der nukleare Krieg kann kein Mittel sein, politische, wirtschaftliche, ideologische und sonstige Ziele zu erreichen*. Die Schlußfolgerung ist wahrhaft revolutionär, denn sie bedeutet, die herkömmlichen Vorstellungen von Krieg und Frieden über Bord zu werfen. Es ist die politische Funktion des Krieges, die immer als Rechtfertigung, als ›rationale‹ Erklärung eines Krieges herangezogen wurde. Der Atomkrieg ist sinnlos; er ist irrational. In einem weltweiten nuklearen Konflikt gäbe es weder Gewinner noch Verlierer. Der Untergang der Zivilisation wäre die unvermeidliche Folge« (S. 179).

Diese Doktrin ist gewiß ein Fortschritt im Vergleich mit der Sokolowski-Gretschko-Doktrin, das »sozialistische« Lager könne einen atomaren Weltkrieg gewinnen. Die Verwandlung dieser irrsinnigen These, zunächst in die Strategie der atomaren Parität und dann in die einer bloßen Verteidigungsstrategie, die in der nuklearen Rüstung nur ein Abschreckungsinstrument und kein Instrument zur offensiven Kriegführung sieht, war ein erster Schritt in Richtung auf mehr Rationalität. Auch dieser Schritt wurde zum Teil unter Druck der sowjetischen Öffentlichkeit getan. Laut der Zeitschrift *Kommunist* (Nr. 5, 1987) waren 83 Prozent der Moskauer Werktätigen in einer Umfrage der Meinung, daß ein Atomkrieg die menschliche Zivilisation zerstören würde.

Doch solange Atomwaffen weltweit vorhanden sind, ist die Menschheit gefährdet. Solange es Atomkraftwerke gibt, würde auch ein nur mit konventionellen Waffen geführter Weltkrieg zum atomaren Tod der Menschheit führen: Das wird nach Tschernobyl wohl niemand bestreiten wollen.

Die einzige Garantie gegen eine Vernichtung der Menschheit durch Krieg liegt in der Abschaffung aller atomaren, chemischen und biologischen Waffen, das heißt in allgemeiner Abrüstung. Diese kann nur erfolgreich abgesichert werden, wenn die potentiellen Produzenten solcher Waffen beschließen, die Waffenproduktion ein für allemal einzustellen, und diesen Entschluß tatsächlich durchsetzen. Das setzt Abkehr vom Konkurrenzstreben – zwischen den Unternehmen sowie zwischen den Staaten – und von profitorientierter Produktion voraus.

Chruschtschow hatte noch proklamiert, den Kapitalismus durch den wirtschaftlichen Erfolg des »sozialistischen Systems« überwinden zu können. Die Produktion bzw. Produktivität der UdSSR sollte die der USA übertreffen und so eine »Hinwendung« der westlichen Völker zum Sozialismus bewirken; dabei war jedoch nicht mehr an eine revolutionäre Entwicklung gedacht. Als ungefähren Zeitpunkt für das Erreichen dieses Ziels strebte man 1985 an. Das Jahr 1985 kam und ging. Die UdSSR war weit davon entfernt, die USA in der Pro-Kopf-Produktion zu übertreffen.

Gorbatschow redet nicht mehr von Beendigung des Kapitalismus, und sei es auf dem Wege friedlicher wirtschaftlicher Konkurrenz. Im neuen Programm der KPdSU ist vom Verschwinden des Kapitalismus gar nicht mehr die Rede. Gorbatschow und sein Team entschieden sich vielmehr dafür, die politischen Lösungen für zentrale Probleme der Menschheit zu »globalisieren«. In *Perestroika* schrieb Gorbatschow:

»Zum ersten Mal in der Geschichte sind die Begründung der internationalen Politik auf allgemeinmenschlichen moralischen und ethischen Normen sowie die Humanisierung zwischenstaatlicher Beziehungen zu einer lebenswichtigen Bedingung geworden.

Die neue politische Perspektive erfordert die Anerkennung eines weiteren einfachen Grundsatzes: Sicherheit ist unteilbar. Entweder es gibt die gleiche Sicherheit für alle oder überhaupt keine. Die einzige stabile Grundlage für die Sicherheit ist die Anerkennung der Interessen aller Völker und Länder und ihrer Gleichberechtigung in internationalen Angelegenheiten« (S. 179 f.).

Das auflagenstarke Magazin *Politicheskoje Samoobrasowanje* (»Politische Selbsterziehung«) veröffentlichte 1987 einen Artikel zur marxistisch-leninistischen Revolutionstheorie. Dort führt J. Plimak aus:

»Prinzipiell neu ist auch die These über die globale Einheit der Welt in der gegenwärtigen Phase. Marx hat sich die Einigung der Menschheit nur unter dem Aspekt des Kommunismus vorgestellt. Aber die ›Globalisierung‹ der Kampfformen am Ende des zwanzigsten Jahrhunderts und das Auftreten globaler Probleme führten das marxistische Denken zu dem Schluß, daß die Widersprüche und Interdependenzen einer zunehmend komplexen Welt nur aus einer globalen Perspektive angemessen beurteilt werden können.«

G. Arbatow, Leiter des Instituts für Amerika- und Kanadastudien bei der sowjetischen Akademie der Wissenschaften und einer der wichtigsten Berater Gorbatschows, veröffentlichte im *Kommunist* (Heft 2, 1987) einen Artikel über den Militarismus in der heutigen Gesellschaft, in dem er versucht, die »Globalisierung« mit der atomaren Bedrohung zu begründen:

»Heute wie früher wird der Militarismus durch den Kapitalismus erzeugt und reproduziert; er übt auf internationaler Ebene wie in der kapitalistischen Gesellschaft selbst eine Klassenfunktion aus. Aber das beantwortet die Frage nicht erschöpfend. Die elementare Gleichung ›Militarismus = Kapitalismus‹ ermöglicht uns im Kampf gegen den Militarismus nicht den geringsten Fortschritt.

Wenn Militarismus und Kriegsgefahr erst nach

dem weltweiten Sieg des Sozialismus ihr Ende finden werden, sind wir im Kampf gegen beide zur Passivität verdammt und verkennen die Differenzen und Widersprüche der herrschenden Bourgeoisie.«

Hier häufen sich mehrere Sophismen. Weshalb ermöglicht die Gleichung Militarismus = Kapitalismus nicht den geringsten Fortschritt? Kann sie die Bevölkerung in den kapitalistischen Ländern nicht dazu bringen, Schritte gegen den Militarismus zu unternehmen? Und ist das nicht bereits in der Praxis geschehen? Weshalb führt der Gedanke, die Kriegsgefahr könnte endgültig nur durch Abschaffung des Kapitalismus verschwinden, zu Passivität gegenüber konkreten, unmittelbaren Gefahren der Militarisierung? Hat die Geschichte nicht gezeigt, daß Kriegsdrohungen (zum Beispiel die drohende Intervention Großbritanniens in der Sowjetunion 1920) durch Massenmobilisierung erfolgreich zurückgedrängt werden können? Und weshalb kann die Empörung der Massen über Militarisierung und Kriegsgefahr nicht einer der wichtigsten Hebel politischer Aktionen darstellen?

Nicht nur das Problem der atomaren Abrüstung, auch die ökologische Bedrohung der Menschheit (und der Biosphäre), die rationelle Nutzung der weltweiten Energiequellen und Rohstoffe, die Entmilitarisierung der internationalen Wirtschaft und die Überwindung der Unterentwicklung in der Dritten Welt, sogar die Lösung des Hungerproblems werden als Aufgaben gesehen, die nur gemeinsam von der UdSSR, den wichtigsten westlichen Mächten und Staaten der Dritten Welt gelöst werden können und müssen.

Lilly Marcou folgert in ihrem jüngsten Buch *Les défis de Gorbatchev* (Paris 1988):

»Die Art und Weise, wie die Sowjetunion versucht, den Afghanistan-Krieg zu beenden, illustriert die ideologischen Wandlungen, die wir seit dem Machtantritt Michail Gorbatschows feststellen können. Sie bestätigt die neue Denkweise. Es handelt sich nicht um einen taktischen Rückzug, sondern um eine Änderung der Strategie, verbunden mit einer Umgestaltung der UdSSR. ›Jede bewaffnete Auseinandersetzung und jeder interne Konflikt können die Atmosphäre in dieser Region der Welt vergiften, ein Klima der Instabilität und der Angst bei den Nachbarn erzeugen – von den Leiden und Verlusten der betroffenen Einwohner ganz zu schweigen. Deshalb widersetzen wir uns jedem bewaffneten Konflikt‹: so Gorbatschow in seiner Stellungnahme zu Afghanistan.«

Was aber geschieht, wenn trotz aller friedlichen Strategien der Reformisten die Reaktion zuschlägt? Ist dann nicht Widerstand das oberste Gebot, um solche Leiden zu verhindern?

Alexander Bowin, der Herausgeber der *Iswestija*, schreibt, die neue Kreml-Führung habe ihre außenpolitische Haltung grundlegend verändert und sehe die weltweiten Ereignisse nicht mehr nur durch die Brille der Ost-West-Konfrontation. Vielmehr stelle sie jetzt allgemein menschliche Werte und Interessen in den Vordergrund (*DIE ZEIT*, 3. Juni 1988).

Boris Kuraschwili plädiert für Abkehr von der Epoche des Kampfes, der die erste Hälfte des zwanzigsten Jahrhunderts prägte, hin zur gesellschaftlichen Aussöhnung der Klassen (*Moscow News* vom 5. April 1988).

Im Rahmen von Gorbatschows Konzept der Globalisierung kann kaum überraschen, daß die Ideologen der sowjetischen Bürokratie ein möglichst rasches

Ende der weltweiten Wirtschaftskrise wünschen, statt in ihr – wie früher – eine Chance zu sehen, die Arbeiter der Welt zum Kampf gegen den Kapitalismus aufzurufen. Es ist eher überraschend, daß Vertreter einer dogmatischeren Variante dieses »Marxismus-Leninismus« wie der Chefideologe der SED, Otto Reinhold, und Rolf Reissig, Leiter des Instituts für wissenschaftlichen Kommunismus beim Zentralkomitee der SED, ebenfalls meinen, es sei ein Imperialismus möglich, der sich an Koexistenz und friedlichem Wettbewerb zwischen Systemen orientiert; der militärisch-industrielle Komplex entspreche zwar dem Monopolkapitalismus, sei aber keine notwendige Konsequenz dieses Systems (siehe *DIE ZEIT* vom 20. November 1987 und *Tages-Anzeiger Magazin Zürich*, Nr. 10, 1988).

Im offiziellen theoretischen Magazin der SED *Einheit* (Heft 2, 1988) betont Reissig, Teile des Monopolkapitals seien interessiert, die wissenschaftlich-technische Revolution jenseits des militärischen Bereiches voranzutreiben, um die Vergeudung gewaltiger Ressourcen für die Rüstung zu verhindern. Diese Ideen werden in der DDR, die eine Generation von Kadern mit dem Konzept der »revanchistischen Aggressivität des Monopolkapitalismus« ausgebildet hat, bestimmt politisch-ideologische Verwirrung auslösen.

Die Anhänger Gorbatschows gehen heute – statt des nicht-kapitalistischen Weges, den Chruschtschow für die wichtigsten Länder der Dritten Welt gesehen hatte – fest von einer kapitalistischen Entwicklung der Dritten Welt aus. Die UdSSR und die nationale Befreiungsbewegung müßten in diesem Rahmen operieren. Deng Xiaoping ging sogar noch weiter und sagte, eine Entscheidung für den Sozialismus – das heißt, ein Bruch mit der kapitalistischen Produktionsweise und eine »Abkoppelung« vom Weltmarkt – hätte verheerende Folgen für die Dritte Welt.

Die Funktion dieser »neuen Denkweise« liegt darin, daß sie das Streben nach einer Zusammenarbeit mit dem Westen begründet und rechtfertigt, um eine Praxis der »vertieften friedlichen Koexistenz« einführen zu können, bei welcher der Kreml wichtige ökonomische Vorteile durch zahlreiche Zugeständnisse erkauft. Die Unterstützung von Befreiungsbewegungen in der Dritten Welt, in Lateinamerika, Afrika und Asien, ist durch dieses Streben nach globaler Übereinkunft in Frage gestellt.

In der Globalisierungsthese spiegelt sich die wachsende Internationalisierung der Produktivkräfte. Richtig ist, daß eine Reihe von Problemen nicht mehr im nationalen oder kontinentalen Rahmen gelöst werden können. Aber daraus folgt keineswegs, daß sie in Zusammenarbeit mit kapitalistischen Staaten gelöst werden müßten. Umgekehrt, die wachsende Explosivität dieser Probleme ist mit der Irrationalität kapitalistischen Wirtschaftens verbunden. Die Überlebenschancen der Menschheit werden mehr und mehr durch Profitstreben und Konkurrenzmechanismen gefährdet.

Die Grundlagen des Globalisierungsprojekts lassen sich nicht mit ideologischen Motiven erklären. Es wäre absurd, Gorbatschow und seinem Team zu unterstellen, sie wollten den Kapitalismus in der UdSSR restaurieren. Ebenso absurd wäre es zu glauben, die Politik der Bürokratie folge einer »revisionistischen Theorie«. Vielmehr werden Doktrin und Ideologie ganz auf die Erfordernisse einer pragmatischen Realpolitik abgestimmt. Es gilt, die Stagnation und Ineffizienz der Wirtschaft so schnell wie möglich zu überwinden. Gorbatschow und seine wichtigsten Berater betonen immer wieder, daß es darum gehe, die für die UdSSR untragbar gewordenen Kosten des Rüstungswettlaufs drastisch zu senken. Da das Sozialprodukt der UdSSR nur etwa halb so groß ist wie das der USA, bedeuten sie auf dem heutigen Niveau gleicher Rüstungsausgaben eine untragbare Belastung: etwa 14 bis 15 Prozent des Sozialprodukts, gegenüber 7,5 Prozent in den USA.

Daraus folgt keine »Kapitulation« der UdSSR gegenüber dem Westen; vielmehr geht es darum, die Streitkräfte mit geringeren Kosten zu modernisieren, indem man die Ausgaben für das Nuklearpotential senkt und die technische Parität im Bereich der konventionellen Waffen wiederherstellt.

Das Streben nach globalem Ausgleich mit dem Westen geht mit enger Zusammenarbeit zwischen Washington und Moskau einher. Vor allem sollen die »regionalen Konflikte« beendet werden, die heute in Mittelamerika, Afrika (Namibia, Angola, Südafrika, Äthiopien/Eritrea), im Vorderen Orient (den von Israel besetzten Gebieten, dem Libanon, der Golfregion), Afghanistan und Kambodscha schwelen.

Gorbatschow hat sich für den Rückzug aus Afghanistan entschieden, um die Kosten einer erfolglosen Militäraktion zu senken und die Verhandlungen mit Washington und Peking zu erleichtern; außerdem wurde der Afghanistan-Krieg in der UdSSR immer unpopulärer.

Der Begriff »regionale Konflikte« ist, vom marxistischen Standpunkt aus gesehen, verwirrend. Er vereinigt äußerst verschiedene Erscheinungen: Volksrevolutionen gegen Diktaturen, mit der Dynamik »permanenter Revolutionen« (Zentralamerika), autonome Massenbewegungen gegen diskriminierende politische Systeme (Südafrika, Gaza, Jordan-Westufer), Bürgerkriege kleinbürgerlich nationalistischer Regierungen gegen reaktionäre, pro-imperialistische Stammeskräfte (Angola, Mosambik), Widerstandsbewegungen gegen nationale Unterdrückung (Kambodscha, Eritrea, Kurdistan), Konflikte zwischen bürgerlichen Staaten (Irak-Iran) etc.

Ein Pauschalurteil ist deshalb nicht möglich. Der Rückzug der sowjetischen Truppen aus Afghanistan, der vietnamesischen Truppen aus Kambodscha ist zu begrüßen, ebenso ein Ende des nationalistischen Unterdrückungskrieges des äthiopischen Militärregimes gegen Eritrea. Aber jeder auf die Massenbewegungen in Zentralamerika, in Palästina, in Südafrika ausgeübte Druck, um den Kampf für Menschenrechte und Selbstbestimmung aus sogenannten weltpolitischen Einsichten heraus einzuschränken bzw. zu beenden, widerspricht den Grundlagen einer sozialistischen bzw. kommunistischen Außenpolitik. Der wachsende ökonomische Druck auf Kuba und Nicaragua, der Kompromiß mit dem liberalen südamerikanischen Großkapital entsprechen nicht den Interessen der Massen in diesen Ländern.

Ein adäquates Urteil über Gorbatschows Außenpolitik kann nur auf der Basis einer Analyse der je spezifischen nationalen Situation gefällt werden. Hier gibt es für Marxisten nur ein gültiges Kriterium: die Durchsetzung der Interessen der Werktätigen, der Ausgebeuteten und Unterdrückten.

Die Widersprüchlichkeit von Gorbatschows Außenpolitik resultiert aus der komplexen Weltlage. Gorbatschows Ausgangsposition ist von einer doppelten Schwäche geprägt: der gegenüber dem Imperialismus und der gegenüber dem erwachenden eigenen Volk. Diese Schwäche steht im Rahmen wachsender ökonomischer, politischer und gesellschaftlicher Widersprüche des Imperialismus-Kapitalismus. Deshalb bleibt das Endergebnis von Gorbatschows Diplomatie offen.

»Vertiefte friedliche Koexistenz« und »neue Denkweise« beruhen auf einer Prognose über die Dynamik des internationalen Kapitalismus. Beide Positionen setzen – ebenso wie der Bernsteinsche Revisionismus/Reformismus – eine allmähliche Abnahme und Entschärfung der systemimmanenten Widersprüche voraus: weniger Krisen, Kriege, soziale Konflikte. Deshalb sind sie genauso unrealistisch wie die Bernsteinsche Hypothese.

Ideologen, die sich noch auf Marx und Lenin berufen, müssen feststellen, daß sie das kapitalistische System optimistischer einschätzen als neo-keynesianische Nationalökonomen wie J. K. Galbraith oder linksliberale Politiker wie der französische Minister L. Stoleru (siehe Galbraiths Beitrag zum gemeinsam mit dem sowjetischen Professor Menschikow veröffentlichten Buch *Capitalism, Communism and Coexistence*, Boston 1988, und Stolerus Artikel in *Le Monde* vom 22. Februar 1988, der den bezeichnenden Titel trägt: »Vers un nouveau Karl Marx?«). Wäre es bösartig festzustellen, daß hier der Wunsch Vater des bürokratischen Gedanken ist?

ACHTES KAPITEL

Gorbatschow und die »Kommunistische Weltbewegung«

Gorbatschow und sein Team haben die Partei- und Staatsspitzen für die gesellschaftliche Krise verantwortlich gemacht; schuld daran sei die Immobilität Breschnews und seiner Leute gewesen. Radikale Ideologen um Gorbatschow sehen in den materiellen Interessen der Funktionäre das Hauptmotiv für die Verteidigung des *status quo*. Läßt sich also der Mythos halten, die Partei, das »leninistische Zentralkomitee« oder das Generalsekretariat hatten und haben immer recht? Diese These ist schon im Lichte des XX. Parteitages (mit dem die Entstalinisierung eingeleitet wurde), aber noch viel weniger nach der Explosion von 1985 unhaltbar: Eine Partei, der unterstellt wird, sie habe »immer recht«, bezichtigt sich selbst, seit fast einem halben Jahrhundert im Unrecht zu sein.

Vergeblich bemüht sich Ligatschow, den Schaden für die Partei zu begrenzen, indem er wiederholt mahnt, man dürfe die Vergangenheit nicht zu schwarz malen, sondern müsse auch die Verdienste der Veteranen aus dem Zweiten Weltkrieg und den »Aufbau des Sozialismus« in den dreißiger Jahren würdigen. Gorbatschow hat ihm in seiner Rede vom 2. November 1987 weitgehend zugestimmt. Er sagte:

»Heute wird viel über die Rolle Stalins in unserer Geschichte diskutiert. Seine Persönlichkeit ist äußerst widersprüchlich. Wenn wir bei der historischen

Wahrheit bleiben wollen, müssen wir sowohl den unbestrittenen Beitrag Stalins zum Kampf für den Sozialismus und zur Verteidigung seiner Errungenschaften als auch die groben politischen Fehler und die Willkürakte sehen, die er und die Personen um ihn begangen haben, Fehler, für die unser Volk einen hohen Preis entrichten mußte und die für das Leben unserer Gesellschaft folgenschwer waren« (in: Gorbatschow, *Rede zum 70. Jahrestag der Oktoberrevolution*, Köln 1987).

Konservative, die das Erbe Stalins um jeden Preis verteidigen, wenn nicht gar Stalin selbst rehabilitieren wollen, halten sich ebenfalls an diese Argumentation.

In den osteuropäischen Ländern löste der neue Kurs des Kreml eine noch unangenehmere Überraschung aus als in den pro-Moskau-orientierten kommunistischen Parteien der kapitalistischen Staaten. Diese können zumindest hoffen, daß das neue Tauwetter die UdSSR für die westliche Arbeiterklasse und Intelligenz ein wenig anziehender machen wird. Den herrschenden kommunistischen Parteien Osteuropas droht jedoch nicht nur weiterer Legitimitätsverlust, sondern auch eine Verschärfung der gesellschaftlichen und politischen Krise, die in den meisten Fällen nicht erst mit dem Amtsantritt Michail Gorbatschows ausbrach.

Bis zum Beginn der Ära Gorbatschow war der Kreml Garant für die Stabilität der bürokratischen Macht in Osteuropa. Durch die Reformen Gorbatschows hat die Macht des Kreml – zumindest im politisch-ideologischen Bereich – Instabilität und politische Krisen in den »Volksdemokratien« zur Folge.

Man darf die Stärke des Gorbatschow-Effekts in

Osteuropa nicht überschätzen. Die UdSSR gilt nach wie vor als Fremdmacht und Quelle nationaler Unterdrückung. Ebenso hält die Feindseligkeit gegenüber dem Kommunismus unvermindert an (in Jugoslawien, der DDR und der Tschechoslowakei zwar weniger als in den anderen Ländern, aber auch dort spürbar), obwohl der Kommunismus heute beginnt, ein menschlicheres Gesicht zu zeigen (allerdings noch nicht so menschlich wie im Prager Frühling).

Nichtsdestoweniger werden die Maßnahmen, Parolen und Auftritte Gorbatschows von einem Teil der Bevölkerung für subversive Aktionen genutzt. So feierten die Prager Gorbatschow bei seinem letzten Besuch in der Tschechoslowakei. In der DDR skandierten Jugendliche, die forderten, bei einem Pop-Konzert in West-Berlin zuhören zu dürfen, den Namen des Generalsekretärs. Dessen Reise nach Bukarest weckte bei der Bevölkerung Hoffnungen auf Reformen. Die örtlichen Dinosaurier fühlten sich unbehaglich neben diesem Grünschnabel, der ihnen die Leviten las und der es wagte, kaum kontrollierbare Volksbewegungen zu entfachen. Sie muckten nicht auf; denn dieser Grünschnabel repräsentiert den Kreml, und der Kreml ist nach wie vor höchste Quelle ihrer Macht.

Der Gorbatschow-Effekt verstärkt in Osteuropa nur eine Bewegung, die sich schon vor dem Moskauer Gardewechsel zu formieren begonnen hatte. Auch in Ungarn, in der Tschechoslowakei und vor allem in der DDR meldete sich Anfang der achtziger Jahre die Öffentlichkeit zu Wort (in Polen war der *Solidarnosc*-Bewegung von 1980/81 ein ähnliches Phänomen vorausgegangen). In Jugoslawien sind diese Prozesse seit mindestens zwanzig Jahren heftiger als in der UdSSR.

Die Herrschenden Osteuropas fürchten zu Recht, sie könnten ihre Macht verlieren, da sie in der Bevölkerung keine breite Unterstützung mehr finden. Außer in Jugoslawien sind sie nicht durch eine Volksrevolution, sondern durch militärisch-bürokratische Maßnahmen und Eingriffe des Kreml an die Macht gekommen. Diese Illegitimität der Macht ist für das Ausmaß des Gorbatschow-Effekts in diesen Ländern verantwortlich.

Hinzu kommen die praktischen Auswirkungen der Breschnew-Doktrin über »begrenzte Souveränität«, die militärischen Interventionen in der DDR (1953), in Ungarn (1956) und in der Tschechoslowakei (1968), die Stationierung sowjetischer Truppen in mehreren dieser Länder und die diplomatische und wirtschaftliche Abhängigkeit, die sich im Laufe der Zeit immer mehr verschärft hat.

Die sowjetische Bürokratie zahlt einen hohen politischen und militärischen Preis für ihren Entschluß, an der »strategischen Sicherheitszone« festzuhalten, die sie nach dem Zweiten Weltkrieg geschaffen hat. Ihre dort stationierten Garnisonen spielen für die »Innenpolitik« eine wesentliche Rolle, sind aber auch sehr teuer. Auf die Loyalität dieser Truppen kann sich die UdSSR bei internationalen Operationen außerhalb der Grenzen des »Lagers« kaum verlassen. Die ausgeprägten gesellschaftlichen und politischen Spannungen dieser Länder drohen, auf die UdSSR überzugreifen. Außerdem sorgt die Anziehungskraft Westeuropas auf den Osten für eine offene Flanke. Deshalb bedeutet *Perestroika* auch eine Umgestaltung der Beziehungen zu den »Volksdemokratien«.

Wie weit kann diese Umgestaltung gehen? Gorbatschow hat mit einer gewissen Sympathie vom »Prager Frühling« gesprochen. Zwischen seinem Programm und dem Dubceks von Anfang 1968 gibt es viele Gemeinsamkeiten. In Moskau war sogar davon die Rede, Gorbatschow wolle den Einmarsch der Truppen des Warschauer Paktes (August 1968) in der Tschechoslowakei öffentlich verurteilen. Eine solche Abkehr von der Breschnew-Doktrin wäre für den Kreml mit dem Risiko verbunden, seine faktische Kontrolle über Osteuropa zu verlieren.

Gorbatschow bestätigte in Warschau, alle Versuche, Länder aus der sozialistischen Gemeinschaft zu reißen, verletzten nicht nur deren Selbstbestimmungsrecht, sondern auch die Nachkriegsordnung und damit den Frieden (*Iswestija* vom 1. Juni 1986). Der Satz ist irreführend, denn Dubcek wollte die Tschechoslowakei nicht aus der sozialistischen Staatengemeinschaft reißen. Bei seinem Jugoslawien-Besuch vom März 1988 distanzierte sich Gorbatschow von der Breschnew-Doktrin über begrenzte Souveränität. Das Schlußkommuniqué dieses Treffens enthält folgende Passage:

»Die beiden Parteien vereinbaren strenge Einhaltung der UNO-Charta, der Schlußakte von Helsinki und anderer internationaler Verträge, die Aggressionen, Grenzverletzungen, Eroberung fremder Gebiete, alle Formen von Bedrohung und Gewalt sowie die Einmischung in interne Angelegenheiten anderer Länder, ganz gleich unter welchem Vorwand, verbieten« (*Prawda* vom 19. März 1988).

In einem Interview mit der *Washington Post* und der *Newsweek* antwortete Gorbatschow auf die Frage Med Greenfields: »Folgt daraus, daß sich Situationen wie die in Ungarn 1956 oder in der Tschechoslowakei 1968 nicht wiederholen können? Wäre eine solche Interpretation berechtigt?« – Gorbatschow:

»Ja, ich habe in Jugoslawien eine solche Erklärung abgegeben. Ich kann nur bekräftigen, was ich bereits gesagt habe, möchte aber hinzufügen, daß jede Einmischung, gleich von welcher Seite, unannehmbar ist. Wenn Sie von Einmischung reden, weiß ich zwar, was Sie meinen; aber bei den erwähnten Situationen erinnere ich mich auch, daß es vor den genannten Ereignissen eine Einmischung von anderer Seite gab« (*Prawda* vom 23. Mai 1988).

Viacheslaw Daschitschew, Leiter der Abteilung »Außenpolitik« des Wirtschaftsinstituts für das sozialistische Weltsystem (und einer der engeren Vertrauten Gorbatschows), bekräftigte, daß in der heutigen Situation militärische Interventionen wie die 1968 in Prag undenkbar wären. Allerdings müsse auch der Westen alle Eingriffe dieser Art unterlassen und dürfe nicht versuchen, den Sozialismus in Frage zu stellen (*Der Spiegel*, Nr. 27, 1988).

Gorbatschow unterstrich anläßlich der Ablösung Husaks durch Milos Jakes in Prag die »übereinstimmende Sicht« der sowjetischen und der tschechoslowakischen KP. Einige Tage zuvor hatte TASS jede Parallele zwischen der *Perestroika* und dem Prager Frühling geleugnet. Die Agentur übernahm die offizielle Darstellung des Prager Frühlings durch das tschechoslowakische Regime und schrieb, daß die Plenumsbeschlüsse vom Januar 1968 tote Buchstaben blieben, weil die opportunistische rechte Führung der KPCSSR nicht in der Lage gewesen sei, ein Aktionsprogramm für Wirtschaft und Kultur auszuarbeiten. Die Politik Alexander Dubceks habe die KPCSSR geschwächt und Vorurteile propagiert.

Dubcek unterstrich in einem Gespräch mit Journalisten von *Unità*, dem Presseorgan der italienischen KP, die KPCSSR habe sich nie so großer Unterstützung bei den Massen erfreut wie beim Ausbruch des Prager Frühlings. Er wies die These zurück, die Macht des Sozialismus sei in der Tschechoslowakei bedroht gewesen.

Eine ähnliche Geschichtskorrektur bewirkte *Glasnost* im Bereich der sowjetisch-polnischen Beziehungen. Bei seinem Moskau-Besuch gab M. Rakowski, der spätere polnische Ministerpräsident, ein Interview; darin unterstrich er die Bedeutung des Abkommens zwischen Gorbatschow und Jaruzelski über die Zusammenarbeit in den Bereichen Ideologie, Wissenschaft und Kultur. Einer der wichtigsten Punkte dieses Vertrages sei der Auftrag an die polnischen und sowjetischen Historiker, die »blinden Flecken« ihrer gemeinsamen Geschichte zu beseitigen. Rakowski sagte, heute veröffentliche die polnische Presse Dokumente, die ohne diese Vereinbarung niemals ans Licht gekommen wären *(Moscow News* vom 24. Januar 1988).

Neben den Vorfällen in Polen und in der Tschechoslowakei gab es die Ereignisse in Ungarn 1956/57. Nach der Veröffentlichung des Kommuniqués vom 19. März 1988 forderte die ungarische Opposition, Imre Nagy, Geza Lozonczy, Pal Maleter und andere kommunistische Führer, die 1957 erschossen worden waren, nachdem man sie beim Verlassen der jugoslawischen Botschaft in Budapest – trotz gegenteiligen Versprechens – verhaftet hatte, zu rehabilitieren. Schließlich die Ereignisse in der DDR 1953. Das alles bleibt im Rahmen von *Glasnost* aufzuarbeiten.

Ebenso wie *Glasnost* muß auch die *Perestroika* im größeren Rahmen des RGW gesehen werden. Heute steht Sparen auf der Tagesordnung, die Sowjetunion übt entsprechenden Druck auf die RGW-Partner aus. Daher stagnieren die gemeinsamen Großprojekte. Gorbatschow hat die Akzente innerhalb des

RGW verlagert und fordert Disziplin, höhere Produktqualität, mehr Vertragstreue, beschleunigte Einführung neuer Technologien, strengere Kontrollen der UdSSR bei den 93 Gemeinschaftsprojekten, die für den Zeitraum 1985-2000 vereinbart sind. Die osteuropäischen Regierungen wehren sich gegen diesen Druck Moskaus, aber ihre Manövrierfreiheit ist durch die hohen Schulden beim Westen eingeschränkt.

Die Länder Osteuropas stecken, mit Ausnahme der DDR, in einer tiefen Wirtschaftskrise, die sich noch dadurch verschärft, daß sich diese Länder zunehmend am Westhandel beteiligt haben und dadurch mehr als die UdSSR oder die VR China unter der kombinierten Krise in Ost und West leiden. In diesem Sinne bezeichnet die *New York Times* (17. Januar 1988) die Länder Osteuropas zu Recht als eine »neue Dritte Welt«.

Die Hauptmerkmale dieser Krise sind: Verschuldung beim Westen und bei der UdSSR, mit wachsenden Ausgaben für den Schuldendienst, anhaltendes Defizit der Zahlungsbilanz, verfehlte Investitionen, galoppierende Inflation, rapides Sinken des Lebensstandards, Vergeudung von Rohstoffen und starke Umweltverschmutzung. Hinzu kommt, daß die Währungen im Rahmen des RGW nicht frei konvertierbar sind.

Nehmen wir das Beispiel Jugoslawien: Infolge der galoppierenden Inflation (derzeit etwa tausend Prozent jährlich), die durch strenge Auflagen des Internationalen Währungsfonds und der Gläubigerbanken noch forciert wurde, sank der Lebensstandard in Jugoslawien drastisch. Das durchschnittliche Monatseinkommen fiel auf etwa 410 DM. Die Arbeitslosenquote liegt bereits bei 18 Prozent. Seit Jahren arbeiten rund 7.000 Unternehmen, die 1,6 Millionen Arbeiter beschäftigen, mit Verlust und müßten nach dem neuen Konkursrecht geschlossen werden (*DIE ZEIT* vom 11. Dezember 1987). Das würde die jugoslawische Wirtschaft und Gesellschaft jedoch unerträglich belasten.

Unter diesen Bedingungen hat der »Gorbatschowismus« kaum Chancen, in Jugoslawien noch ein positives Echo zu finden. Die Verbindung von *Perestroika* mit *Glasnost* ist in Jugoslawien gescheitert; sie bot keine Lösung für die endemische Krise, die auf einer Mischung aus betriebsbeschränkter Arbeiterselbstverwaltung, Marktwirtschaft, Öffnung gegenüber dem Westen und Festhalten am Machtmonopol der Bürokratie basiert.

Am bezeichnendsten ist das Beispiel Ungarns, das den »Marktsozialismus« am weitesten vorangetrieben hat. Dabei ist das Wirtschaftswachstum ebenso gesunken wie der Lebensstandard, und viele Beschäftigte müssen Nebenberufe ausüben.

Gorbatschow steht also vor schwierigen Problemen, nicht nur im eigenen Land, sondern im gesamten »sozialistischen« Lager. Er kann seine Stellung im Apparat nur behaupten, wenn er eine Spaltung des Lagers verhindert. Diese droht zum einen, weil sich die UdSSR mit ihrem Reformkurs stärker vom westlichen Ausland abhängig macht, das nicht nur seine Kredite, sondern auch die neue Denkweise in der Rüstungspolitik an weitreichende Zugeständnisse des RGW knüpft. Zum anderen läßt der Reformkurs bislang unterdrückte politische, ideologische Schismen zu, die eine gemeinsame Politik im Rahmen des Lagers erschweren.

Der stärkste Trumpf, den Gorbatschow in seinen Verhandlungen mit Westeuropa und vor allem der BR Deutschland ausspielen könnte, wäre die Einwilligung in eine bessere wirtschaftliche Integration der beiden deutschen Staaten. Dadurch und mit der Förderung des gesamten Ostgeschäfts könnte Moskau die Voraussetzungen schaffen, weitere Kredite von der Bundesrepublik und der EG zu erhalten. Käme es zu einem solchen Wandel in der Außenpolitik der UdSSR, würde dies Politik und traditionelle Doktrin der SED erschüttern. Wenn Gorbatschow nämlich seine Pläne konsequent vorantreibt, muß die SED auch mit der Möglichkeit einer Wiedervereinigung der beiden deutschen Staaten rechnen – kein Wunder also, daß sie Druck auf Gorbatschow ausübt, nicht zu weit in diese Richtung zu gehen.

Ist die deutsche Wiedervereinigung der Haupttrumpf Gorbatschows in seinen Verhandlungen mit dem Westen, so wäre gegenüber China an eine Wiederherstellung des alten Bündnisses zu denken, das 1962 mit dem großen Schisma endete. Im Vordergrund dürften dabei nicht militärische, sondern diplomatische, politische und wirtschaftliche Erwägungen stehen.

Nach dem Besuch Premierminister Zhao Ziyangs in Osteuropa haben sich die Beziehungen Chinas zu den KPs normalisiert; diese werden wieder als »Schwesterparteien« bezeichnet, und ihre Staaten heißen wieder »sozialistische Länder«. Wann auch die KPdSU und die UdSSR in diesen Rang erhoben werden, ist nur noch eine Frage der Zeit. Als Grundlage dieser Aussöhnung könnte dienen, daß China die Ära Mao Tse-Tungs heute ebenso aufzuarbeiten beginnt wie die UdSSR den Stalinismus.

Verbirgt sich hinter dem Streben nach Aussöhnung mit der chinesischen KP auch das Ziel, der »kommunistischen Weltbewegung« neues Leben einzuhauchen? Die hegemoniale Macht des Stalinismus gründete in der materiellen Abhängigkeit der Kommunistischen Internationale von der sowjetischen

Bürokratie. Mit dieser Abhängigkeit ging die Vorstellung einher, die UdSSR sei die wichtigste, wenn nicht gar einzige Bastion des internationalen Proletariats; die Perspektive einer Weltrevolution spielte schon damals keine Rolle mehr. Aus den Revolutionen in Jugoslawien, China, Kuba, Nordvietnam und Nicaragua gingen dann Staaten hervor, die den KPs dieser Länder als unabhängige materielle Basis dienten, so daß sie sich von Moskau emanzipieren und ihren je eigenen »sozialistischen Weg« gehen konnten. Einen solchen Weg ermöglichte der Bruch zwischen China und der Sowjetunion auch mehreren asiatischen KPs. Daher stieß der Versuch, diese Parteien im Rahmen der »kommunistischen Weltbewegung« zu kontrollieren und sie den Interessen der Moskauer oder Pekinger Bürokratie zu unterwerfen, auf unüberwindbaren Widerstand.

Der »Eurokommunismus« muß aus der gleichen Perspektive – Abkehr sowohl von der Weltrevolution wie von der materiellen Abhängigkeit von Moskau – betrachtet werden. Er ist entstanden, weil sich die europäische Linke zunehmend in die bürgerliche Gesellschaft und in den bürgerlichen Staat integriert hat. Das gilt für die italienische KP ebenso wie für die britische, schwedische, finnische, belgische und holländische; in den anderen Ländern ist die Entwicklung noch nicht abzusehen. Soviel scheint jedoch klar: Angesichts ihrer gesellschaftlichen Funktion werden die eurokommunistischen Parteien keinem Internationalismus frönen, also trotz Gorbatschow nicht in den Schoß der Familie zurückkehren.

Die Annäherung zwischen Gorbatschow und der europäischen Sozialdemokratie hat vor allem diplomatische und kommerzielle Ziele: Es geht um Übereinstimmungen in der Abrüstungspolitik, Ausbau des Ost-West-Handels, einen ständigen Dialog über die zunehmende »Entspannung« in Europa etc. Die Ziele werden übrigens von beiden Seiten geteilt.

Bei der Moskauer Konferenz vom 4./5. November 1987 waren fast alle sozialdemokratischen Parteien Europas, mit Ausnahme der britischen Labour Party und der SPD, vertreten. Im einzelnen nahmen offizielle Repräsentanten der französischen, italienischen, schwedischen, österreichischen, niederländischen, belgischen, griechischen, maltesischen, norwegischen, schweizerischen, dänischen und finnischen Sozialisten sowie der irischen Labour Party teil. Obwohl die SPD bei der Konferenz nicht vertreten war, hat gerade sie die Wende in ihren Beziehungen zum »anderen Teil Europas« am stärksten betont. Nachdem sie lange Zeit eine Hauptstütze des Antikommunismus und Antisowjetismus in der europäischen Arbeiterbewegung wie auch die wichtigste Handlangerin der NATO in eben dieser Bewegung war, tritt sie heute für einen ständigen, institutionalisierten Dialog mit der SED ein, der die Ausarbeitung eines Grundsatzpapiers mit gemeinsamen Prinzipien zur Folge hatte.

Der von Michail Gorbatschow erzielte »PR-Erfolg« äußert sich in bewundernden Formulierungen und Lobeshymnen, die viele führende Sozialdemokraten für den Kreml-Chef fanden:

»Genosse Generalsekretär!
Es ist mir eine Ehre, meine Partei, die flämische sozialistische Partei Belgiens, bei den Feierlichkeiten zum 70. Jahrestag der sozialistischen Oktoberrevolution vertreten zu dürfen. Die Ideen und Initiativen des Genossen Generalsekretär Gorbatschow haben uns tief beeindruckt. Wir wünschen ihm sowohl in der

Sowjetunion als auch auf der internationalen Bühne viel Erfolg« (J. Wijninckx von den belgischen Sozialisten).

»Genosse Generalsekretär!
Bestimmt wissen Sie, mit welchem Interesse und welcher Sympathie alle fortschrittlichen Kräfte Europas und der ganzen Welt, zumal die sozialistischen, sozialdemokratischen und Arbeiterparteien, Ihre Bemühungen verfolgen« (Laura Finchato von den italienischen Sozialisten).

»Genosse Generalsekretär! Die französischen Sozialisten verfolgen mit großer Aufmerksamkeit, welche Veränderungen in der Sowjetunion vonstatten gehen, und hoffen, daß diese Prozesse eine unbestreitbare Tatsache sind. Diese Veränderungen waren dringend notwendig. Das bestätigte Ihre Analyse, wonach die Widersprüche des sowjetischen Systems den gesellschaftlichen und ökonomischen Fortschritt sowie die politische Entwicklung Ihres Landes immer mehr bremsten. Wir französischen Sozialisten wissen die Exaktheit und den Weitblick Ihrer Analyse zu schätzen und stimmen Ihren Schlußfolgerungen weitgehend zu.«

Nur der Repräsentant der schwedischen Sozialdemokratie betonte die grundlegende Differenz zwischen Sozialdemokraten und Moskauer oder pro Moskau eingestellten »Kommunisten«. Aber selbst er begrüßte »die große Oktoberrevolution« mit bewegten Worten – eine große Revolution, die von der internationalen Sozialdemokratie erbittert bekämpft und verurteilt worden war und die, das darf man nicht vergessen, eine Koalitionsregierung gestürzt hatte, an der viele Sozialdemokraten beteiligt gewesen waren.

Heißt dies, daß die führenden Sozialdemokraten

Europas auf den Charme Michail Gorbatschows hereingefallen sind? Keineswegs. In Wirklichkeit haben sie – nicht ohne Grund – den Eindruck, die Geschichte beschere ihnen eine glänzende Revanche für die Oktoberrevolution, für den Bolschewismus und für die Gründung der Kommunistischen Internationale. Sie glauben, der Realismus, der heute in Moskau und Peking triumphiert, nachdem er sich zuvor in Belgrad und in der KPI durchgesetzt hatte, rechtfertige nachträglich ihre Haltung, die sie seit 1917/18 gegenüber der weltweiten Krise einnahmen: Die sozialistische Revolution, der Aufbau einer sozialistischen Gesellschaft nach Marxschem Vorbild, seien nicht nur unmöglich, sondern auch verdammenswert. Daher werden sich die gemäßigte Haltung der Sozialdemokratie und Gorbatschows Globalisierung immer mehr annähern. Die Zukunft gehöre der Sozialdemokratie.

Die Einheit der kommunistischen Bewegung ist für Gorbatschow kein vorrangiges Ziel, denn sie widerspricht seiner Politik der Globalisierung. Und wie steht der Genosse Generalsekretär zur Weltrevolution? Er verunglimpft sie als Täuschungsmanöver der Bourgeoisie:

»Wenn man sich über Lenins ›Doktrin‹ der weltweiten Durchsetzung des Kommunismus und über seine Pläne zur Unterwerfung ganz Europas ausläßt, so muß ich sagen, daß eine solche Doktrin weder von Marx, Lenin noch sonst einem sowjetischen Führer je vertreten wurde. Die sogenannten ›Zitate‹, die manchmal von hochrangigen Rednern gebraucht werden, sind das Resultat grober Verfälschung oder bestenfalls Ignoranz. ... Versuche jeder Art, eine Revolution ›auf Kommando‹ herbeizuführen oder einen genauen Zeitpunkt für sie festlegen zu wollen, wurden von Lenin als ›Scharlatanerie‹ verdammt. Die Theorie, die wir wissenschaftlichen Sozialismus nennen, besagt, daß die menschliche Gesellschaft in ihrer Entwicklung bestimmte Stadien durchläuft. ... Dies ist die unvermeidliche Evolution der Welt. Mag der Westen denken, daß der Kapitalismus die höchste Errungenschaft der Zivilisation sei. Es ist sein Privileg, so zu denken. Wir sind einfach anderer Meinung. Soll die Geschichte entscheiden, wer recht hat. ... Die Ambitionen einer anderen Person oder einer ›Hand Moskaus‹ haben damit nichts zu tun« (*Perestroika*, S. 192 f.).

Die Zukunft der Revolution – die in Osteuropa politischer, in Westeuropa gesellschaftlicher Natur sein wird – hängt jedoch weder von klugen Berechnungen noch von strategischen Projekten oder existenziellen Ängsten irgendeiner Partei oder Ideologen- bzw. Politikergruppe ab, wie mächtig diese auch erscheinen mögen. Ausschlaggebend ist doch vielmehr die Tiefe der Widersprüche, die real existierende Gesellschaften spalten, wobei die angehefteten Etikette keine Rolle spielen. Die Zukunft der Revolution hängt davon ab, an welchem Punkt sich die Massen weigern werden, die ihnen auferlegten Bürden dieser Krisen zu ertragen, und wie stark sie sich mobilisieren lassen.

NEUNTES KAPITEL

Die ideologisch-moralische Krise

Die *Perestroika* erscheint als Reaktion auf die ökonomische Krise. *Glasnost* ist der Versuch, die politische Krise zu überwinden. Aber bisher fehlt eine umfassende Antwort auf die ideologisch-moralische Krise der Sowjetgesellschaft. Das zeigt sich besonders am Problem einer konsequenten Entstalinisierung.

Gorbatschow ist überzeugt, daß man die Gesellschaft nur über die Partei regenerieren kann, und muß daher die Ethik der Partei neu definieren.

Bereits in seiner Rede von Tschumen hatte Gorbatschow 1985 gesagt, man müsse begreifen, daß eine neue Etappe begonnen habe und eine geistige Umgestaltung (*Perestroika*) erforderlich sei; jede Umgestaltung beginne in den Köpfen der Menschen. In seinem Buch *Perestroika* heißt es:

»Der moralische Bereich ist von enormer Bedeutung. Wenn es uns nicht gelingt, in den Arbeitskollektiven und in der gesamten Gesellschaft die sozialistischen Werte neu zu beleben und eine sozialistische Atmosphäre herzustellen, dann werden wir die Umgestaltung nicht durchsetzen können. Wir können zwar die richtigen Maßnahmen und einen effektiven Mechanismus vorschlagen, aber wir werden nichts erreichen, wenn die Gesellschaft keine Fortschritte macht: durch Verankerung der moralischen Werte des Sozialismus, allen voran sozialer Gerechtigkeit, Verteilung nach Leistung, gleiche Disziplin, Gesetze, Regeln und Pflichten für alle« (S. 129).

Offenbar muß die ganze Bevölkerung einen geistigen

Wandel vollziehen! Soziale Gerechtigkeit angesichts der schlimmen Armut? Gleiche Pflichten für alle, ohne gleiche Rechte für alle (siehe Privilegien!)? Verteilung nach Leistung angesichts der planwirtschaftlichen Engpässe?

Trotz seiner Beschwörung dieser flagranten Widersprüche behauptet Gorbatschow, alle Sowjetbürger müßten die Wahrheit des Marxismus-Leninismus ständig vor Augen haben; es käme darauf an, Arbeit und Verteilung der Güter so zu organisieren, daß jeder Bürger fest an diese Ideale und Werte glauben könne. Ist das nur naiv oder zynisch?

Der Schriftsteller Alexander Lewikow, einer der führenden Intellektuellen unter den Gefolgsleuten Gorbatschows, beantwortet diese Frage, wenn er im Kontrast zur Realität eine Gesellschaft ohne Bilanzfälschung, ohne Abzweigung von Mitteln, ohne Verschwendung des Volksvermögens, ohne Faulheit, ohne Dummheit in der Verwaltung und ohne Pfuscherei fordert (*Moscow News* vom 1. Februar 1987).

Wie kann man einen geistigen Wandel der Bevölkerung fordern, wenn diese einer offiziellen Ideologie glauben soll, die sich durch traditionell gewachsene Verlogenheit auszeichnet?

Die westlichen Propagandisten des Kapitalismus ziehen aus der moralisch-ideologischen Krise der Sowjetgesellschaft großen Nutzen, wovon das folgende Zitat aus der britischen *Sunday Times* (Ausgabe vom 2. August 1987) zeugt:

»Lenin und Trotzki glaubten noch an ihre perfide Lehre. Ebenso erging es den alten Bolschewiken, und wir haben, ungeachtet ihrer persönlichen Redlichkeit, allen Grund, uns vor diesen Fanatikern zu fürchten. Ich fühle mich viel wohler, wenn ich mir die sowjetischen Zyniker von heute ansehe. Dies nicht, weil ich so unrealistisch wäre anzunehmen, sie würden der Sowjetunion zur Demokratie verhelfen. Nein, ihr Zynismus ist lehrreich. Die Herrschenden und ihre Helfer glauben nicht an die Unfehlbarkeit des Marxismus-Leninismus. Viele von ihnen glauben wahrscheinlich überhaupt nicht an irgendeine Spielart des Sozialismus und sind maßlos enttäuscht von den Resultaten des sozialistischen Experimentes. Vielleicht besteht diese Elite schon seit langem aus vorsichtig taktierenden, korrumpierten *Apparatschiks*. Aber diese beruhigende Wahrheit ist bisher noch nicht öffentlich anerkannt worden. Heute kennen wir sie und wissen, welches Spiel sie spielen. Sie wollen an der Macht bleiben und der Kommunistischen Partei das Monopol für alle politischen Diskussionen und institutionellen Veränderungen erhalten. Mit einem solchen Plan können wir leben.«

Dieser Zynismus der Herrschenden konnte der sowjetischen Bevölkerung auf Dauer nicht verborgen bleiben und führte zu einer generellen Gleichgültigkeit gegenüber der weiteren Entwicklung des Sozialismus. Das hat Michail Gorbatschow offenbar erkannt, so daß er sich gezwungen sah, die Übelstände beim Namen zu nennen. In seinem Buch *Perestroika* heißt es insbesondere:

»Erfolgsmeldungen – reale oder eingebildete – gewannen die Oberhand; Lobhudelei und Kriecherei wurde Vorschub geleistet; die Bedürfnisse und Meinungen der einfachen Werktätigen, überhaupt der Öffentlichkeit, wurden ignoriert . . . ähnliche negative Tendenzen erfaßten auch die Kultur, die Künste und den Journalismus, ebenso den Ausbildungsbereich und die Medizin. Auch dort hielten Mittelmäßigkeit, Formalismus und Lobhudelei Einzug.

Die Vorgaukelung einer ›problemfreien Realität‹ rächte sich: Die Diskrepanz zwischen Worten und Taten erzeugte in der Öffentlichkeit Passivität und Skepsis gegenüber verkündeten Parolen. Es war nur folgerichtig, daß diesem Zustand ein Verlust an Glaubwürdigkeit folgte. Alles, was von Rednertribünen verkündet und in Zeitungen und Broschüren gedruckt wurde, stellte man in Frage. Es kam zu einem Zerfall der öffentlichen Moral. . . . Alkoholismus, Drogenmißbrauch und Kriminalität stiegen; das Eindringen von Stereotypen der Massenkultur, die uns fremd sind und die zu Trivialität, primitivem Geschmack und ideologischer Verarmung führen, verstärkte sich« (S. 23 f.).

Das ist eine zutreffende Beschreibung der ideologisch-moralischen Krise. Allerdings steht sie im Widerspruch zu der »neuen Lebensordnung«, die sich angeblich in der UdSSR durchgesetzt haben soll. Daher muß man vor allem den Gegensatz zwischen den offiziellen wirtschaftlich-politischen Verlautbarungen einerseits und den moralisch-ideologischen Appellen der Herrschenden andererseits erklären. Ihm liegen die materiellen Interessen der Bürokratie zugrunde, deren Repräsentant Gorbatschow ist. Sie hindern ihn nicht daran, radikale wirtschaftliche und politische Reformen vorzuschlagen, um das Getriebe des Systems zu ölen, verbieten ihm aber, der ideologisch-moralischen Krise auf den Grund zu gehen, weil das heißen würde, Wesen und Funktion der Bürokratie selbst aufzudecken.

Deshalb verfolgte Gorbatschow anfänglich einen Kurs, der bereits unter Stalin beliebt war, nämlich Bürokratie und Bürokratismus zu identifizieren. Er reduziert das Phänomen der gesellschaftlichen Schichtung auf schlechte Angewohnheiten und rohe

Sitten. Wenn er aber sagt, die Bürokratie bilde ein großes Hindernis auf dem Weg zur Lösung der Probleme, trifft er ungewollt etwas Richtiges. Doch für Gorbatschow bedeutet Bürokratie nur Routine und Langsamkeit der Pflichterfüllung, nicht aber das Machtmonopol einer privilegierten Elite. Die Schlußfolgerung ergibt sich von selbst: Der Fehler liege, so Gorbatschow, in der Lockerung der Kontrolle; man komme der Bürokratie nur bei, wenn man die Kontrolle straffe, das heißt noch mehr Bürokraten beschäftige. Nach dem Motto Stalins: Kämpfen wir bürokratisch gegen die Bürokratie. Allerdings setzten sich ab 1988 zunehmend gründlichere soziologische Analysen bei den Intellektuellen an der Peripherie des Gorbatschowismus durch.

Die materiellen Ursachen der ideologisch-moralischen Krise liegen auf der Hand: Die kleinbürgerliche Mentalität, das Parasitentum, die Vetternwirtschaft, die Korruption und das Streben nach persönlicher Bereicherung, die sich trotz aller Propaganda und aller offiziellen Ermahnungen am Leben erhalten, resultieren letzten Endes daraus, daß in der UdSSR nach wie vor in Kategorien des Marktes und des Geldes gedacht wird.

Die offizielle Propaganda gegen das Privatinteresse wird so lange keine Wirkung zeigen, wie die breite Masse tagtäglich feststellen muß, daß jene, die mehr verdienen und höher gestellt sind, besser leben, mehr konsumieren, weniger unter den Engpässen leiden, mehr Freizeit haben und eine besser Ausbildung genießen.

Ich möchte hier nicht auf die Frage eingehen, warum im Übergang vom Kapitalismus zum Sozialismus nicht sofort, oder wenigstens rasch, alle Marktkategorien abgeschafft werden können. Auch geht es mir hier nicht um die Frage, in welchem Maße die Diktatur der Bürokratie Markt- und Geldmechanismen fördert. Zu untersuchen sind vielmehr die Auswirkungen dieser Realität auf die Mentalität der Bevölkerung.

Dieses Problem übergeht die Bürokratie seit der Kampagne Stalins gegen »Gleichmacherei« und »Nivellierung«. Auch Gorbatschow bildet hier keine Ausnahme.

Unter diesen Umständen war nicht zu verhindern, daß sich auch in Teilen der Arbeiterklasse eine Profitmentalität breitmachte; Schwarzarbeit, Diebstahl, Kumpanei mit korrupten Bürokraten etc. waren die Folge. Dieser Mentalität kommt man aber mit Appellen an das individuelle materielle Interesse der Arbeiter nicht bei. Im Gegenteil, sie wird dadurch noch verstärkt! Hier hilft nur die Förderung von Zusammenarbeit, Solidarität, Eigeninitiative, demokratischer Selbstverwaltung und allgemeinen Kontrollfunktionen der Arbeiterkollektive.

Die *Perestroika* verschärft, zumindest in der mit ihr einhergehenden doktrinären Begründung, eher die ideologisch-moralische Krise. Statt den Rückgriff auf Marktmechanismen als unausweichliche Notmaßnahme, das heißt als das geringere, aber gleichwohl ein Übel, darzustellen, herrscht die Tendenz, diese zu idealisieren. Mit der *Perestroika* werden die »Tugenden« der gesellschaftlichen Ungleichheit und der persönlichen Bereicherung mehr denn je gerühmt.

Da sie unfähig ist, eine glaubwürdige Lösung der ideologisch-moralischen Krise vorzuschlagen, erwächst der Bürokratie zunehmend das Risiko, daß andere Kräfte und Strömungen in den so entstandenen Leerraum eindringen. Angesichts des verlogenen Zynismus der offiziellen Doktrin suchen viele Menschen ihr Heil im religiösen Glauben, in alten bäuerlichen Tugenden, im Nationalismus, im islamischen Integrismus, in westlichen Werten, im Alkohol und in Drogen.

Das neue Programm der KPdSU, auf dem XXVII. Parteitag angenommen, beweist die Unfähigkeit Gorbatschows und seines Teams, die ideologisch-moralische Krise zu überwinden. Das Programm fällt sogar hinter den Entwurf Chruschtschows von 1961 zurück. Gemäß Stalins Theorie, der vollendete Aufbau des Sozialismus in einem Lande sei möglich, hatte sein Parteiprogramm die Überwindung der Warenproduktion zumindest als Ziel festgelegt. Schon in den Jahren 1980 bis 1985 sollten alle Grundnahrungsmittel kostenlos verteilt werden, und die UdSSR wollte die Pro-Kopf-Produktion der USA überflügeln. Daraus wurde aber nichts.

Das neue Programm der KPdSU ist vorsichtiger, das Ende der Warenproduktion kommt darin nicht mehr vor. Aber hatte nicht schon Marx erkannt, daß es Warenproduktion nur da gibt, wo die Arbeit Privatarbeit ist? Dementsprechend propagieren die Ideologen der sowjetischen Bürokratie (Theoretiker kann man sie kaum nennen) einen »Kommunismus« mit Warenproduktion und mit Privatcharakter der Arbeit!

Auch sieht das Programm des XXVII. Parteitages das Absterben des Staates nicht mehr vor, sondern fordert sogar die Stärkung der staatlichen Institutionen. Zwar spricht es, wie das von 1961, von einem »Staat des ganzen Volkes« anstelle der Diktatur des Proletariats; aber dieser Staat und die Rolle der herrschenden Partei sollen in dem Maße stärker werden, wie sich der Sozialismus zum Kommunismus hin entwickelt. Aber wie Friedrich Engels vor einem Jahrhundert ausführte, ist das eine sinnlose Formel. Wenn »das ganze Volk« gesellschaftlich homogen ist, braucht es keinen Staat. Der Staat, als ein von der

Gesellschaft abgehobener Apparat, beweist allein durch seine Existenz, daß das Volk in antagonistische gesellschaftliche Kräfte gespalten ist. Er ist also immer der Staat eines Teils des Volkes gegen einen anderen.

Nach dem neuen Parteiprogramm gibt es in der UdSSR zwar noch Klassen, aber zwischen ihnen herrscht kein Antagonismus. Warum ist dann ein Staat erforderlich? Warum müssen der Staat und seine Geheimpolizei, der KGB, sogar noch gestärkt werden, wie es Gorbatschow in seiner Rede auf dem XXVII. Parteitag gefordert hat?

In dem Programm heißt es:

»Die staatlichen Organe sind verpflichtet, alles Erforderliche zu tun, um das sozialistische und individuelle Eigentum sowie die Ehre und Würde der Bürger zu schützen; außerdem führen sie einen entschlossenen Kampf gegen Kriminalität und Trunksucht, sorgen für die Einhaltung des Rechts und beseitigen die Ursachen seiner Verletzung.

Die Partei legt größten Wert darauf, Verstöße gegen die Arbeitsdisziplin, Diebstahl und Korruption, Spekulation und Müßiggang, Trunksucht und Rowdytum, kleinbürgerliche Mentalität und Gewinnsucht, Duckmäuserei und Denunziantentum auszumerzen. Bei diesem Kampf muß sie sich ebenso auf die Autorität der öffentlichen Meinung wie auf die Kraft des Gesetzes stützen.«

Wenn es in der UdSSR Hunderttausende von KGB-Spitzeln gibt, wenn in Gefängnissen und Gulags mehrere Millionen Häftlinge interniert sind – beweist dies, daß es nicht um individuelle Exzesse geht, sondern um ein gewaltiges gesellschaftliches Problem.

Entgegen einer westlichen Auffassung sind die meisten Gefangenen in der UdSSR weder Protestler noch politische Häftlinge, sondern normale Straftäter. Allerdings gibt es auch politische Häftlinge. In den Gefängnissen der UdSSR sitzen mehrere hundert Personen, die nicht wegen Spionage oder anderer strafrechtlicher Delikte, sondern ausschließlich wegen ihrer Schriften oder Äußerungen verurteilt wurden und als »Verleumder des sowjetischen Staates« und »antisowjetische Agitatoren« gelten. Und das in einem Staat, dessen herrschende Partei in ihrem neuen Programm beteuert, sie entwickele die wahre Demokratie, innerhalb deren die Ideen der Freiheit, der Menschenrechte, der Würde des Menschen einen realen Inhalt erhielten.

Eine Dichterin wurde wegen eines »subversiven Gedichts« zu jahrelangem Arbeitslager verurteilt. Die Heuchelei, Verlogenheit und Doppelzüngigkeit kennt keine Grenzen.

Das neue Programm versichert emphatisch, daß die Ausbeutung des Menschen durch den Menschen in der UdSSR beseitigt sei. 1919 hatte die russische KP das Ziel festgelegt, den Sechs-Stunden-Tag und die Dreißig-Stunden-Woche einzuführen. 1986, knapp siebzig Jahre danach, legt sich die KPdSU noch nicht einmal für das Jahr 2000 auf dieses Ziel fest, obwohl zahlreiche Gewerkschaften in den kapitalistischen Ländern einen solchen Abbau der Arbeitszeit fordern, der den Möglichkeiten und Notwendigkeiten neuer Technologien entspricht.

Insgesamt ist das neue Programm dadurch geprägt, daß die Begriffe Weltrevolution, proletarische Revolution und aktiver Kampf gegen das kapitalistische System in ihm nicht mehr vorkommen. Die klassischen Ziele des Sozialismus wurden verabschiedet. Das liegt nicht etwa am Realismus Michail Gorbatschows, das heißt an seiner Skepsis, diese Ziele en bloc realisieren zu können. Denn angesichts der inneren Widersprüche und Krisen der kapitalistischen Welt ist es keineswegs unrealistisch, sich diesem Ziel schrittweise zu nähern. Das wirkliche Hindernis bilden die materiellen Interessen und das Machtmonopol der Bürokratie.

Die ideologisch-moralische Krise wäre also nur zu überwinden, wenn die Bürokratie ihre eigene Abschaffung betriebe, was – und dafür steht Gorbatschow gerade – auch unter seinem Regime nicht geschehen wird.

ZEHNTES KAPITEL

Gorbatschow und die Entstalinisierung

»Es ist schwierig, die individuelle Moral am Leben zu halten, wenn sie nicht durch die Moral der Gesellschaft gestützt wird. Aber ohne sie können wir nicht leben, gehen wir unter.

Wir fragten unsere Väter: Warum habt ihr Stalin an die Macht kommen lassen und den Terror der Jahre 1937/38 geduldet? Später, nach Kriegsende, fragten uns unsere Kinder: Warum habt ihr die Deutschen bis an die Ufer der Wolga gelassen, die Verarmung der Kolchosen nicht verhindert und nichts gegen die neue Welle der Repression im Stil des Leningrader ›Prozesses der Weißkittel‹ getan? Heute höre ich Schüler ihre jungen Lehrer fragen: Warum habt ihr euch mit dem Regime Breschnews, der Stagnation und der Korruption abgefunden?« (der Schriftsteller Daniil Granin in den *Moscow News* vom 28. Februar 1988).

Dieses Zitat markiert die Beziehung zwischen der ideologisch-moralischen Krise der UdSSR und dem Problem der Entstalinisierung.

Außerhalb der UdSSR wird die Bedeutung der Entstalinisierung für das politische, geistige und emotionale Leben der sowjetischen Bevölkerung meist stark unterschätzt. In dem Maße, wie *Glasnost* voranschreitet, wird sichtbar, daß es um ein Schlüsselproblem geht, das Hunderttausende bewegt. Dafür gibt es zahlreiche Gründe.

Erstens forderten die »Säuberungsaktionen« der dreißiger Jahre acht Millionen Opfer. Die gewaltsame Kollektivierung – »Vernichtung der Kulaken« –

kostete nicht minder viele Menschenleben. Das waren die beiden größten Verbrechen Stalins und seiner Schergen. Die Zahl der Opfer war so hoch, daß die meisten sowjetischen Familien von den Greueltaten betroffen wurden. Heute treten die Nachkommen der Opfer – besonders die verfolgter Kommunisten – energisch für ihre Eltern ein. Nach und nach veröffentlicht die Presse Berichte über diese erbitterten Kämpfe um Rehabilitierung.

Die Kämpfe werden forciert durch Erinnerungen und Forderungen ehemaliger politischer Gefangener, die Chruschtschow aus den Lagern befreien ließ. Auch sie bilden ein Millionenheer. Selbst wenn inzwischen viele von ihnen gestorben sind, gibt es noch genügend Überlebende, die ebenfalls leidenschaftlich für Entstalinisierung eintreten. Daher bildet die Gesamtheit aller Betroffenen ein gewaltiges Widerstandspotential.

Ihnen steht die Masse der Täter gegenüber: ehemalige Folterer, Kerkermeister, Zuchthauswärter, Denunzianten, Spitzel des GPU, die für Verhaftungen und Verhöre zuständig waren, sowie jene, die seit langem ein Loblied auf den Tyrannen singen und nicht das Gesicht verlieren wollen usw. Auch sie greifen in die Debatte ein, die heute viel freier geführt wird als unter Chruschtschow, schlagen sich allerdings auf die Seite Stalins. Die Zahl der Überlebenden ist heute deutlich geringer als 1956, dem Jahr des XX. Parteitages. Daher hat sich der Widerstand gegen die Entstalinisierung, der sich aus rein individuellen Motiven und Ängsten speist, inzwischen sehr abgeschwächt.

Zweitens spielt der moralische – oder politisch-moralische – Aspekt der Entstalinisierung in der Debatte eine bedeutende Rolle. Die Entstalinisierung scheint das oberste Kriterium für die Glaubwürdigkeit von *Glasnost* zu sein, nicht zuletzt deshalb, weil die Verbrechen Stalins das dunkelste, schändlichste Kapitel des Regimes waren. Wird die Vergangenheit nicht enthüllt, kann sich das Regime auch nicht glaubhaft der Gegenwart stellen.

Das sowjetische Volk ist zu kultiviert, und es gibt bereits zu viele politisch engagierte Intellektuelle, Jugendliche und Arbeiter, als daß noch eine Erinnerungslücke oder ein blinder Fleck in der nationalen Identität möglich wären. In seinem Buch *The Waking Giant* (London 1986) schreibt Martin Walker zu Recht:

»Das erste Amtsjahr Gorbatschows war zwar bemerkenswert, weil er Probleme der Gegenwart und Fehler der jüngeren Vergangenheit unter dem Regime Breschnews offen ansprach. Aber über die Zeit Chruschtschows und die Stalins gab es noch weitere Wahrheiten zu enthüllen. Ohne die Bereitschaft, sie zu offenbaren, werden die Hoffnungen Gorbatschows auf die schöne Zukunft einer neuen UdSSR geistig auf Sand gebaut sein.«

Zahlreiche sowjetische Autoren haben ähnliches geäußert. So schrieb der Dichter Jewtuschenko (zitiert nach M. Walker):

»Die Wahrheit zu verbergen, ist ein Zeichen von Schwäche, das öffentliche Schweigen eine versteckte Form von Anarchie.«

In die gleiche Richtung gehen die Stellungnahmen anderer führender Gefolgsleute Gorbatschows. So schreibt Alexander Nejnji unter dem Titel »Genesung durch Wahrheit – Anmerkungen zur Umgestaltung des Bewußtseins«:

»Unsere moralische Erziehung verliert fast alle Qualitäten, wenn man ihr die Vitamine der Wahrheit entzieht. Die Meister des Schweigens, die Magier der Demagogie, die falschen Wächter über die Moral des Volkes sind noch nicht ausgestorben. Hauptsächlich aufgrund ihrer Anstrengungen wurden unsere tüchtigsten Mitbürger ohne öffentliches Aufsehen von kleinen Komitees verbannt und diffamiert. Diese erfanden zahlreiche offene und geheime Anweisungen, von denen einige fast automatisch eine völlige Informationssperre über den Zustand der Umwelt verhängten, andere den Mitarbeitern in den Archiven des Staates oder der Partei das Recht gaben, nicht nur Notizen der Ermittler heranzuziehen, sondern auch jene Daten zurückzuhalten, die in ihren Augen für Historiker oder Schriftsteller nutzlos waren.« *(Moscow News* vom 21. Juni 1987).

Das alles wiederholt sich in lapidaren Formulierungen, deren gesunder Menschenverstand jedoch ins Auge springt. Stalin »hat der revolutionären Bewegung in Rußland mehr geschadet als jeder andere unserer Gegner«, proklamiert der Anhänger Gorbatschows, Michail Schatrow, im Magazin *Ogonjok*. »Es gibt keine *Perestroika* ohne *Perestroika* der Erinnerung«, fügt der Dichter Jewtuschenko hinzu. Den Ton hatte die *Literaturnaja Gazeta* vom 22. Oktober 1986 angegeben: »Wenn wir uns der Vergangenheit zuwenden, dann deshalb, weil wir Antworten auf quälende Fragen suchen.«

Drittens ist das Vorantreiben der Entstalinisierung notwendig für die freie Forschung vor allem in der Geschichtswissenschaft. Ohne die ganze Wahrheit über das Vergangene zu enthüllen, ohne alles Archivmaterial und alle Dokumente aus jener Zeit zu publizieren, ist es unmöglich, die Geschichtswissenschaft von der Manipulation im Dienste der jeweils Herrschenden freizuhalten, Geschichte mit einem Mindestmaß an Objektivität zu schreiben und die erforderlichen Fakten zu sammeln.

Aber das Interesse an der Vergangenheit beschränkt sich offenbar nicht darauf, Material für historische Studien zu sichten. Die objektive Analyse der Vergangenheit dient dazu, wissenschaftliche Hypothesen und Theorien über Schlüsselprobleme beim Aufbau des Sozialismus zu formulieren. Die großen Debatten der zwanziger und dreißiger Jahre – die im *Bjulitin Oppositsij* ein starkes Echo gefunden haben – liefern wichtiges Material für die Lösung von Problemen des Formats Verhältnis zwischen Markt und Plan, Parameter der Industrialisierung, Priorität der Schwerindustrie, Beziehung zwischen Massenkonsum und Produktivität, ganz zu schweigen von der zentralen Frage nach der gesellschaftlichen Struktur der Bauernschaft und dem Bündnis zwischen Arbeitern und Bauern. Bei der Lösung des Problemkomplexes »Übergang zum Sozialismus« sind theoretische Fortschritte nur möglich, wenn man die Voraussetzungen dieser Debatten studiert.

Viertens liegt auf der Hand, daß zwischen den Bedingungen dieser früheren Debatten – aber auch der Art und Weise, wie Stalin sie durch seine »Säuberungsaktionen« erstickt hat – und den politischen Problemen, die heute in der UdSSR diskutiert werden, Verbindungen bestehen. Die Entstalinisierung betrifft also nicht nur die Glaubwürdigkeit von *Glasnost*, sondern auch den Inhalt und die Dynamik der *Perestroika*. Weil dieser Zusammenhang von allen so verstanden wird, erregt das radikale Vorantreiben der Entstalinisierung so leidenschaftliches Interesse an der Zukunft, verletzt es so viele Interessen und provoziert es heute so viele Konflikte.

Zwei zentrale Fragen des Gorbatschowschen Reformkurses sind: Wie konnte es trotz aller Anstrengungen und Opfer der Bevölkerung zu der Krise kommen? Wie kann man sich aus ihr befreien, ohne daß sich erneut Immobilismus und Stagnation breitmachen?

Die Antworten auf diese beiden Fragen sind untrennbar mit der Geschichte der KPdSU und des Landes verknüpft. Sie verweisen auf die Probleme des Stalinismus und auf die Debatten der zwanziger Jahre, besonders auf die Ziele und Widersprüche der Neuen Ökonomischen Politik im Rahmen der globalen Entwicklung des Kapitalismus. Außerdem evozieren sie die These vom »Sozialismus in einem Lande«, die theoretischen Gegenmodelle Bucharins und Trotzkis sowie das Problem der Bürokratie – ihres Wesens und ihrer Funktion, also die Aussichten einer sozialistischen Demokratie, in der das Proletariat die Macht ausübt.

Die politische Dynamik der Entstalinisierung

Das Vorantreiben der Entstalinisierung ist in der UdSSR zum Gegenstand eines politischen Kampfes geworden, der an zwei Fronten tobt: Zum einen geht es um die Rehabilitierung aller Opfer der »Säuberungsaktionen« Stalins, besonders der alten Bolschewiken, jener Parteiführer, die im Anschluß an die »Moskauer Prozesse« (1938-1938) hingerichtet und deportiert wurden; zum anderen um eine Gesamtbeurteilung Stalins und des Stalinismus sowie um die Ursachen dieser Willkürherrschaft.

Die Rehabilitierung der Opfer Stalins begann mit der ersten Entstalinisierungsphase unter Chruschtschow. Sie nahm erhebliche Ausmaße an. Nach Dimitri Jurassow vom historischen Institut für Archive wurden zwischen 1953 und Ende 1957 etwa 612.500 Personen rehabilitiert, darunter 48.000 von der Militärkammer des Obersten Gerichtes, rund 20.000 von anderen Militärgerichten und etwa 200.000 von regionalen und örtlichen Gerichten. Von den 48.000 von der Militärkammer des Obersten Gerichtes rehabilitierten Personen waren 31.000 zum Tode verurteilt und hingerichtet worden, so daß ihre Rehabilitierung posthum erfolgten mußte.

Gleichwohl wurden unter Chruschtschow zahlreiche Opfer von »Säuberungsaktionen« – darunter die meisten führenden Bolschewiken – nicht rehabilitiert.

Allerdings gab es auch Ausnahmen, die das Verfahren – und die aus ihm resultierende Situation – widersprüchlich erscheinen ließen. Sieben der beim 3. Moskauer Prozeß Angeklagten – Krestinsky, Chodsaew, Ikramow, Ivanow, Tschernow, Grinko und Selenski – wurden 1958 durch Beschluß des Obersten Gerichtes rehabilitiert. Krestinski, der herausragendste von ihnen, war unter Lenin Mitglied des ersten Politbüros und des ersten Parteisekretariats, Volkskommissar für Finanzen und Botschafter der UdSSR in Berlin. Obwohl er lange Zeit Trotzki nahestand, gehörte er doch nie der Linken Opposition an. Im Unterschied zu der Rehabilitierung Marschall Tuchatschewskis und anderer Führer der Roten Armee, die 1937 erschossen worden waren, erfolgte die Rehabilitierung Krestinskis äußerst diskret. Die hohen Militärs haben sich sehr dafür eingesetzt, daß ihre von Stalin umgebrachten ehemaligen Genossen in den veröffentlichten Memoiren und Geschichtsbüchern abgebildet wurden, aber der Name Krestinskis wurde in der UdSSR kaum erwähnt.

Die Rehabilitierung Bucharins wurde lange verweigert. Seine Witwe Larina und sein Sohn Juri hatten sich bei den Führungsinstanzen der KPdSU in diesem Sinne eingesetzt. 1958 befaßte sich das Präsidium (das heutige Politbüro) in Anwesenheit von Maurice Thorez und Harry Pollitt mit dem Antrag auf Rehabilitierung. Chruschtschow war dafür, doch die Mehrheit der Mitglieder stimmte dagegen. Es scheint, als hätten Thorez und Pollitt beim Zustandekommen dieser Mehrheit eine wichtige Rolle gespielt. Diese Altstalinisten fürchteten einen Prestigeverlust für ihre Partei (und sich selbst!), sofern sich herausstellte, daß sie schändliche Verbrechen gegen Kommunisten gedeckt hatten.

Larina und Juri Larin setzten ihre Kampagne fort und stellten im März 1961 und 1976/77 neue Anträge auf Rehabilitierung Bucharins. Man wies sie erneut zurück. Bei diesem Anlaß erklärte ein Abteilungsleiter bei der Kontrollkommission der KPdSU, G. S. Klimow, Juri Larin ohne Umschweife, der Vorwurf krimineller Handlungen, aufgrund dessen Bucharin verurteilt worden sei, könne nicht fallengelassen werden. Auf die Frage Juri Larins, ob Klimow wirklich glaube, daß Bucharin die Vergiftung Maxim Gorkis angeordnet habe, erwiderte Klimow, diese Frage müsse von den Gerichten geklärt werden, und diese hätten das Urteil von 1938 nicht revidiert. Larin könne ja ein gerichtliches Verfahren anstrengen, um eine solche Revision herbeizuführen, wovon er, Klimow, jedoch wegen der »Komplexität« der Sache abraten müsse.

Im Grunde geht es um ein politisches Problem. Die Führer der KPdSU haben sich lange Zeit geweigert, prinzipiell zwischen der *strafrechtlichen* und der *politischen* Rehabilitierung der alten Bolschewiken zu unterscheiden. Erstere betrifft infame, eindeutig erlogene Anschuldigungen, die bei den Moskauer Prozessen gegen seinerzeit deportierte und hingerichtete Mitglieder verschiedener Fraktionen erhoben wurden: Sabotage, Terror, Mord, Konspiration mit ausländischen Geheimdiensten (besonders der Gestapo und dem japanischen Geheimdienst), Komplotte zur territorialen Zerstückelung der UdSSR etc.

Bei der politischen Rehabilitierung geht es um ein historisches Urteil. Niemand, auch nicht Gorbatschow, Ligatschow oder wer es auch sei, kann sich über die Geschichte hinwegsetzen. Meines Wissens fordert kaum jemand, der eine Rehabilitierung von Opfern Stalins beantragt, die Anerkennung aller ihrer politischen Vorschläge. Das wäre übrigens auch logisch unmöglich, da diese Vorschläge einander häufig diametral entgegengesetzt waren.

Es ist jedoch eine Forderung von *Glasnost*, wieder für Wahrheit und Gerechtigkeit zu sorgen, so daß man den Opfern Stalins auch offiziell attestieren müßte, für Verbrechen verurteilt worden zu sein, die sie nie begangen haben.

Bis 1987 beschränkte sich die Rehabilitierung der von Stalin umgebrachten sowjetischen Führer – außer den oben erwähnten Personen – weitgehend auf Mitglieder oder ehemalige Mitglieder der stalinistischen Fraktion, deren Namen Chruschtschow in seinem Geheimbericht für den XX. Parteitag der KPdSU ja schon genannt hatte.

Van Goudoever zeichnet in *The Limits of Destalinization in the Soviet Union* (London 1986) folgendes Bild von der Rehabilitierung wichtiger Bolschewikenführer:

Rehabilitierung von Mitgliedern wichtiger Organe der KPdSU und des sowjetischen Staates:

Organ	*Mitglieder 1917-1939*	*Opfer des Terrors*	*Nicht rehabilitierte Opfer*
Sekretariat	27	15 = 55,5 %	6 = 22,2 %
Politbüro	34	17 = 50 %	9 = 26,5 %
Org.-Büro	64	42 = 66 %	13 = 20,3 %
Zentralkomitee	71	49 = 70 %	11 = 15,5 %
Sownakorm*	18	10 = 55,5 %	2 = 11,1 %

* Präsidenten und Vizepräsidenten

Der politische Kampf um die Frage der Rehabilitierung hat in der sowjetischen Öffentlichkeit eine erstaunliche Wende genommen, die auch von den hartnäckigsten Gegnern nicht vorhergesehen worden war. (Die einschlägigen Diskussionen in den Führungsgremien der KPdSU sind derzeit noch nicht dokumentiert – ein weiteres Beispiel dafür, daß sich die Probleme Entstalinisierung einschränkend auf *Glasnost* auswirken.) Die Debatte hat in der Öffentlichkeit bereits zu dramatischen Auftritten geführt. Das österreichische Magazin *Profil* berichtete in seiner Ausgabe vom 13. Juli 1987 über zwei öffentliche Versammlungen, die in Moskau abgehalten wurden. Die erste, ganz diskret mit einem kleinen, handgeschriebenen Zettel an der Tür des historischen Instituts für Archive angekündigt, zog Ende März 1987 mehrere tausend Menschen an. Den Vortrag hielt Professor Juri Borisow unter dem Titel »Stalin – Politiker und Mensch«. Es war im großen und ganzen eine Apologie des Diktators, wobei jedoch Fehler und Mißbräuche Stalins eingeräumt wurden. Die überwiegende Mehrheit der Zuhörer reagierte empört, es hagelte Fragen und Proteste. Wie viele Opfer gab es? Wie viele wurden rehabilitiert? Zahlreiche Redner beklagten, daß ihre Väter in den Lagern Stalins umgekommen und ihre Mütter deportiert worden seien.

Als Borisow den gleichen Vortrag am 13. April 1987 vor Schriftstellern im Kulturzentrum hielt, wurde er noch stärker unter Beschuß genommen. Bei diesem Anlaß konfrontierten ihn die Redner im Saal mit Tatsachen. Ein Historiker zitierte aus Protokollen über die Verhöre des Regisseurs Meyerhold, der den »Säuberungsaktionen« zum Opfer gefallen war. Meyerhold war gefoltert worden – das hatte Rodos, der verhörende Oberstleutnant des GPU, selbst zugegeben.

Im Juni 1987 veranstaltete die kommunistische Jugendorganisation *Komsomol* eine öffentliche Diskussion mit Juri Afanasjew, dem Direktor des historischen Instituts für Archive und wichtigen Förderer einer radikalen Kritik an Stalin – nicht zu verwechseln mit dem gleichnamigen Chefredakteur der *Prawda*. Der Saal war bis auf den letzten Platz gefüllt. Mehrere hundert Menschen mußten draußen bleiben. Dem Redner wurden schriftliche Fragen vorgelegt. Hier ein Bericht über eine dieser Fragen:

»›Sind Sie nun für die Veröffentlichung der Werke Trotzkis oder nicht?‹ kommt die provozierende Frage.

Afanasjew antwortet: ›Ja, ich bin dafür, daß unsere Studenten die gesamte politische Literatur der sowjetischen Geschichte lesen und studieren können, auch die Werke Trotzkis.‹ Hinter mir ruft ein älterer Herr entrüstet: ›Das hat uns jetzt noch gefehlt!‹ Schon drehen sich einige um: ›Haben Sie diese Werke etwa gelesen, wissen Sie, was er geschrieben hat?‹ ›Ja‹, verteidigt sich der Mann, ›ich weiß, was er geschrieben hat.‹

Diese Antwort heizt die anderen noch mehr an:

›Dann ist ja klar, aus welcher Ecke Sie kommen. Sie haben Trotzki gelesen und sitzen hier bequem. Wissen Sie, wie viele Leute dafür nach Sibirien gekommen sind?‹

Immer mehr Leute mischen sich in den Disput ein, es kommt zu einem kleinen Tumult, bevor man sich wieder dem Podium zuwendet. Mit ungeahnter Heftigkeit kommen Erinnerungen hoch, Gefühle, die man jahrzehntelang unterdrücken mußte. Es bauen sich Fonten auf, vor deren Sprengkraft die Reformer eine berechtigte Furcht hegen.

Wie tief empfunden andererseits das Bedürfnis ist, hier endlich abzurechnen, Klarheit zu schaffen, zeigt eine andere Episode aus derselben Veranstaltung. Ein Publikumszettel fordert, man solle endlich aufhören, von Personenkult zu sprechen, von Verfehlungen und Verirrungen. Stalin habe sich Verbrechen gegen die Menschheit zuschulden kommen lassen, man solle seinen Opfern endlich ein Denkmal errichten und ihn als Verbrecher deklarieren. Afanasjew liest die Zeilen nachdenklich vor. Das Denkmal unterstützt er, die andere Forderung läßt er im Raum stehen.

Das Publikum bricht in einen langen, rhythmischen Beifall aus. Ich drehe mich um und blicke in ein Meer ernster, entschlossener Gesichter – so als wollten sie sagen, wir haben lange genug gewartet, jetzt sind wir dran. Bei aller Skepsis empfinde ich in diesem Augenblick die Entschlossenheit der Menschen, sich jetzt nicht noch einmal, wie zu Breschnews Zeiten, zurückdrängen zu lassen« (*Profil*, 13. Juli 1987, S. 35).

Anfang Januar 1988 versammelten sich mehrere hundert Menschen im großen Saal des Moskauer Schriftstellerverbandes, um an einem weiteren Vortrag des Historikers Afanasjew teilzunehmen. Wie der

Schriftsteller Michail Schatrow, der bei dieser Versammlung ebenfalls das Wort ergriff, zeigte er sich beunruhigt über die für 1987 zu ziehende Bilanz der *Perestroika* im Bereich der Geschichtswissenschaft. Die Historiker verbreiten, so behauptete er, weiterhin Halbwahrheiten. Zwar habe die Einschätzung Leo Trotzkis durch das Magazin *Sowjetskaja Rossija* vom Herbst 1987 diesen von dem Vorwurf entlastet, ein »Agent ausländischer Mächte« gewesen zu sein, er werde aber nach wie vor als »Feind des Volkes« dargestellt. Eine ähnlich partielle »Rechtfertigung« sei für Lenins Genossen Sinowjew und Kamenew die Regel gewesen. So schreibt Gorbatschow:

»Die Situation wurde dadurch kompliziert, daß die Trotzkisten im Verein mit der ›neuen Opposition‹ unter Führung von G. J. Sinowjew und L. B. Kamenew vorgingen. Wohl wissend, daß sie in der Minderheit waren, drängten die Oppositionsführer der Partei immer wieder eine Diskussion auf, wobei sie auf eine Spaltung der Reihen der Partei spekulierten. Letzten Endes sprach sich jedoch die Partei für die Linie des ZK und gegen die Opposition aus, die ideologisch und organisatorisch zerschlagen wurde.

Damit hat der Führungskern der Partei, an dessen Spitze J. W. Stalin stand, den Leninismus im ideologischen Kampf verteidigt, die Strategie und Taktik in der Anfangsphase des sozialistischen Aufbaus formuliert und bei den meisten Parteimitgliedern und Werktätigen Zustimmung zum politischen Kurs gefunden« (*Rede zum 70. Jahrestag der Oktoberrevolution*, Köln 1987).

Die neue *Enzyklopädie der Oktoberrevolution*, im Herbst 1987 erschienen, zeichnet ebenfalls ein verlogenes Bild der parteiinternen Diskussionen und Debatten aus den zwanziger und dreißiger Jahren.

Bei der erwähnten Versammlung wurden dem Redner vom Publikum fast hundert Fragen vorgelegt. Eine beantwortete er – unter tosendem Beifall – dahingehend, daß nicht nur Bucharin, Tomski, Rykow, sondern auch Trotzki, Kamenew, Sinowjew und alle anderen Opfer der Repression Stalins rehabilitiert werden müßten. Allerdings fügte er an, nicht zu wissen, ob die offiziell für dieses Problem zuständige Komission entsprechend handeln werde.

Afanasjew übte auch scharfe Kritik an dem Historiker Volkogonow, Autor der ersten offiziellen neuen Stalin-Biographie. Dieser Autor habe das Phänomen des Stalinismus auf die psychische Krankheit und auf charakterliche Mängel Stalins reduziert, halte aber daran fest, die Zwangsstruktur des Systems zu rechtfertigen. Es sei an der Zeit, die gesellschaftlichen und geistigen Strukturen zu analysieren, die das Phänomen des Stalinismus ermöglicht haben.

Man sieht also: Die Frage einer strafrechtlichen Rehabilitierung der Opfer von Stalins Terror verschränkt sich zunehmend mit dem Problem eines globalen Urteils über Stalin und den Stalinismus. Die Weigerung der Bürokratie, das ganze Ausmaß der Verbrechen Stalins anzuerkennen, hat nicht nur mit »Mäßigung« oder auch »Opportunismus« zu tun. Dabei geht es vielmehr um historische Wahrheit. Indem man das Ausmaß des Terrors verheimlicht, führt man die Bevölkerung weiter hinters Licht, obwohl nach Lenin nur die Wahrheit revolutionär sein kann.

Das Problem liegt in den beiden ideologischen Varianten, mit denen die Bürokratie den Stalinismus erklärt. Die erste, »subjektivistisch-psychologische« Variante führt den Stalinismus auf den »Personenkult« zurück, also auf persönliche Perversion, Paranoia, »Dogmatismus«, »vertikale Befehlsstruktur« etc. Die zweite Variante erklärt den Stalinismus mit

»objektivistisch-historischen« Aspekten. Sie beruft sich auf den internationalen Kontext, die Bedrohung durch den Faschismus, die Notwendigkeit einer raschen Industrialisierung, um das Land angesichts des drohenden Krieges schnell aufrüsten zu können. (Einige erwähnen unter Berufung auf Lenin die Unkultiviertheit der Bevölkerung und die Notwendigkeit, den Prozeß durch ein stark zentralisiertes Führungssystem zu beschleunigen.) Aber das Typische an beiden Erklärungen – oder ihrer Kombination – liegt darin, daß sie weder die Verbrechen Stalins und ihre verheerenden Folgen für die sowjetische Bevölkerung noch die politische Orientierung der stalinistischen Fraktion erklären können.

Die »Säuberung« und Aushebung der Roten Armee; die Ermordung ihrer wichtigsten Befehlshaber – angefangen bei Tuchatschewski, der die besondere militärische Form der bevorstehenden Nazi-Offensive gegen die UdSSR und die angemessenen Gegenmaßnahmen brillant vorausgesehen hatte; die Inhaftierung der bedeutendsten Flugzeug- und Raketenbauer; die Auslösung einer schrecklichen Hungersnot, die einen Teil der Soldaten demoralisierte: das alles soll sich durch die »Erfordernisse der Landesverteidigung« erklären? War die Ermordung zahlloser Kommunisten, darunter so wichtige Ingenieure der neuen sowjetischen Industrie wie Piatakow, »für die Industrialisierung erforderlich«?

Das alles ist völlig widersinnig. Im Klima von *Glasnost*, Transparenz, demokratischer Debatten und der Rückkehr zu den Quellen müssen sich diese Widersprüche einem bedeutenden Teil der Öffentlichkeit enthüllen, und genau das fürchtet die Bürokratie, weshalb sie zögert, die Entstalinisierung voranzutreiben.

Allerdings gibt es eine alternative Erklärung für

Stalin und den Stalinismus. Weist man die oben erwähnten subjektivistischen und objektivistischen Erklärungen als unzureichend zurück, muß man die *gesellschaftliche (sozio-politische) Erklärung* akzeptieren. Die »Säuberungsaktionen« und der Terror bildeten den Höhepunkt in der Vernichtung aller kommunistischen Kader des sowjetischen Proletariats durch die stalinistische Fraktion. Damit stehen sie am Ende der politischen Enteignung eben dieses Proletariats durch die sowjetische Bürokratie.

Sie entsprachen einer politischen Konterrevolution und vollendeten eine Reihe von Enteignungsmaßnahmen auf gesellschaftlicher Ebene: Einmannführung der Betriebe, Streikverbot, völlige Unterwerfung der Gewerkschaften unter die Befehle und Interessen der Manager, Einführung des strengsten Arbeitsrechts der Welt, Anerkennung zunehmender gesellschaftlicher Ungleichheit. Mit der Durchsetzung dieser Maßnahmen wurde die KPdSU von einer wenn auch zunehmend bürokratisierten Arbeiterpartei zu einer Partei *der Bürokratie* und damit deren politische Waffe *gegen* die Arbeiterklasse.

Gewiß, als Instrument der sowjetischen Bürokratie, einer Gesellschaftsschicht (Klassenfraktion) mit spezifischen Eigeninteressen, agiert die KPdSU nicht nur gegen die Arbeiter und das Kleinbürgertum, sondern zum Beispiel nach dem 22. Juni 1941 auch gegen den imperialistischen Feind der UdSSR. Daher ist die Gesamtbilanz dieser Zeit nicht nur negativ. Die Ideologen der Bürokratie stützen sich auf diesen widersprüchlichen Aspekt des historischen Prozesses von 1929 bis 1953, um eine globale Verurteilung Stalins und des Stalinismus zu umgehen. Damit gelingt ihnen zwar ein ideologisch-apologetisches Manöver, aber keine wissenschaftliche Analyse der historischen Entwicklung.

Übrigens gab es – verglichen mit den entgegengesetzten Bemühungen unter Chruschtschow – Versuche der Bürokratie, der es um die Sicherung ihrer Stabilität ging, Stalin zu rehabilitieren. Unter Tschernenko gelang diese Rehabilitierung zwar nicht ganz, scheiterte aber, wenn man Dusko Doder, dem Moskau-Korrespondenten der *Washington Post* glauben darf, erst in letzter Minute.

Der Vorteil der marxistischen Erklärung Stalins und des Stalinismus liegt darin, daß sie kohärent ist und alle wesentlichen Merkmale der Zeit berücksichtigt. Der neuen Generation kritischer Marxisten, die in der UdSSR heranwächst, wird sie zunehmend einleuchten. Für die Bürokraten – auch die liberalen, ganz zu schweigen von Gorbatschow – hat sie allerdings den Nachteil, mit Trotzkis Analyse des Stalinismus und dessen Auswirkungen auf die Zukunft der UdSSR übereinzustimmen.

Das Problem Trotzki

Ironie der Geschichte: Heute rächt sich die blinde Wut, mit der Stalin Trotzki und den »Trotzkismus« verfolgte, da es unmöglich ist, Stalin und den Stalinismus zu behandeln, ohne auf Trotzki und den »Trotzkismus« einzugehen; das heißt, man muß die Alternativlösung zum Kurs Stalins einbeziehen, die dem sowjetischen Volk zuerst von der Linken Opposition, dann von der Vereinigten Opposition und später wiederum nur noch von der Linken Opposition angeboten wurde. *Glasnost* bedeutet die Freiheit, in Kenntnis der Ursachen und mit Zugang zu allen Dokumenten ohne Einschränkung und Diskriminierung über diese Alternativlösungen zu diskutieren; das gilt allerdings nur, wenn *Glasnost* nicht begrenzt und nicht der Zensur von oben unterworfen wird.

Paradox der Geschichte: Trotz der Feindseligkeit zwischen Stalin und Trotzki – der Trotzki schließlich zum Opfer fiel – versuchen die Gegner des »Trotzkismus« heute, Stalin und Trotzki in einen Topf zu werfen. Hätte, so behaupten sie, Trotzki den Kampf um die Macht gewonnen, dann hätte er vielleicht noch schlimmer gehandelt als Stalin. Dieser habe sein Programm von Trotzki übernommen. Wie die historischen Dokumente beweisen, ist diese Position abwegig. Aber selbst die liberalen Anhänger Gorbatschows schrecken nicht vor solchen Entstellungen der historischen Wahrheit zurück. Sie können nämlich Trotzki nicht, wie Bucharin oder Chruschtschow, für ihre Politik vereinnahmen. Trotzki hat nicht nur gegen die Verfilzung der Bürokratie, gegen forcierte Kollektivierung und gegen eine grundlegende Disproportion zwischen Plan und Markt gekämpft, sondern auch gegen die Machtanmaßung des Apparates, gegen die Privilegien der Bürokratie und gegen die zunehmende Ungleichheit. Er kämpfte für den Ausbau der sozialistischen Demokratie, für freie Wahlen, für die Abschaffung der Einheitspartei und für das Gelingen der Weltrevolution.

Gorbatschow und seine gemäßigten Anhänger stehen bei der Entstalinisierung vor einem Dilemma. Versuchen sie noch einmal, die Rufe nach radikaler Entstalinisierung zu ersticken, wie es nach dem Scheitern Chruschtschows gang und gäbe war, droht ihnen nicht nur, daß *Glasnost* alle Glaubwürdigkeit verliert. Sie stehen auch vor konkreten kurzfristigen Problemen wie dem, die Geschichte der KPdSU umschreiben zu müssen. Dabei könnten sie versuchen, sich aus der Affäre zu ziehen, indem sie eine gewisse Unvoreingenommenheit gegenüber den dreißiger Jahren vortäuschen: Stalin habe zwar Exzesse begangen, aber nichts Schlechtes angestrebt. Mit solchen Manövern werden sie jedoch nicht weit kommen. Diese hätten sogar etwas Infantiles, bedenkt man, wie leidenschaftlich sich zahllose Menschen für das Problem interessieren, Archive durchsuchen, die Dokumente aus jener Zeit kritisch studieren.

Im Augenblick scheinen sie zwei Möglichkeiten zu haben.

Zum einen könnten sie Beweise für Verbrechen Stalins verschwinden lassen und vernichten:

»Das Dissidentenblatt *Glasnost* behauptet in seiner letzten Ausgabe, die juristischen Archive der UdSSR aus den dreißiger, vierziger und fünfziger Jahre würden derzeit unter dem Vorwand, es ›fehle an Platz‹, in einem Turnus von 5.000 Akten pro Monat vernichtet. Nach dem Bericht des Blattes, das von ehemaligen politischen Häftlingen, unter anderem Sergej Grigoriant, herausgegeben wird, liegen in den Archiven des Militärtribunals und des Obersten Gerichtes der UdSSR Dokumente über Millionen sowjetische Opfer des stalinistischen Terrors. Die Archive der sowjetischen Staatsanwaltschaft und des Justizministeriums seien in den sechziger und siebziger Jahren von vielen Akten dieser Art ›gereinigt‹ worden. Was die Archive des KGB anlange, wisse praktisch niemand, wo man sie aufbewahrt. Jahrelang, schreibt *Glasnost*, sei es zwei Präsidenten des Obersten Gerichtes, Gorkin und Smirnow, gelungen, die Archive vor der Vernichtung zu bewahren. Als aber der Justizminister Wladimir Terebilow zum Präsidenten des Obersten Gerichtes ernannt und Sergej Gussew sein erster Stellvertreter wurde, begann sofort die ›Räumung‹ der Archive. Dieser Vorgang dauert seit zwei Jahren an. Die beiden Verantwortlichen übernahmen ihre Ämter im April 1984. Anfangs sei das Archivmaterial im Kamin des Justizpalastes verbrannt worden. Aber, enthüllt *Glasnost*, dabei entstehe in der Stadt zu viel Rauch. Inzwischen verbrenne man sie außerhalb Moskaus« (*Le Monde*, 23./24. August 1987).

Zwar wurde diese Information dementiert, dies aber so schwammig, daß man die Hypothese von einer zumindest teilweisen Vernichtung der juristischen Archive als wahrscheinlich ansehen muß. Daran sind besonders jene Angehörigen der *Nomenklatura* interessiert, die persönlich an »Säuberungen« und Terror beteiligt waren – sehr viele leben nicht mehr –, aber auch und vor allem jene, die während der sechziger und siebziger Jahre unermüdlich für diese »Säuberungen« eintraten und sie deckten – von ihnen leben noch einige; diese Männer rechtfertigen noch heute historische Berichte und Lehrbücher, aus denen die wichtigsten Bolschewikenführer als »Nichtpersonen« verschwunden sind.

Das andere Manöver bestünde darin, die infamsten Vorwürfe gegen alte Bolschewiken und besonders gegen Trotzki fallenzulassen und durch subtilere historische Verfälschungen und Entstellungen ihrer Positionen zu ersetzen. Diese üble Angewohnheit hat besonders Ligatschow, der bis vor kurzem Beauftragter für Ideologie in der KPdSU-Führung war. Diese, meist gegen die Opposition und gegen Trotzki gerichtete Vorgehensweise erinnert an die Verleumdungen, Entstellungen und Verfälschungen der Jahre 1924-29. Man kann sie unter den Begriff »character assassination« fassen (die Rolle und Vergangenheit von öffentlichen Personen werden angeschwärzt). Doch zu jeder der heute verbreiteten Diffamierungen Trotzkis gibt es Gegenzitate von Lenin in Texten, die inzwischen wieder mehr gelesen werden.

Die Frage der strafrechtlichen Rehabilitierung Trotzkis stellt sich für die Bürokratie auch deshalb als sehr schwierig dar, weil sie mit der Rehabilitierung Bucharins zusammenhängt. Historiker und Ideologen der Gorbatschow-Linie räumen zunehmend ein, daß Bucharin der Urheber einiger Grundideen der *Perestroika* ist. Die Kampagne für Bucharins Rehabilitierung wurde von seiner Witwe mit bewundernswerter Beharrlichkeit und Courage wieder angekurbelt. Im Gegensatz zu den Vorgängen unter Breschnew und Chruschtschow wird die Kampagne heute von den Medien unterstützt. *Ogonjok* veröffentlichte Ende November 1987 einen äußerst bewegenden Brief Anna Larinas an Michail Gorbatschow, in dem sie beschreibt, wie Bucharin sie in der Nacht vor seiner Verhaftung angefleht habe, für seine Rehabilitierung zu kämpfen.

Die alten Bolschewiken, die bei den drei Moskauer Prozessen verurteilt worden waren – zunächst Bucharin, Rykow und Genossen, dann Sinowjew, Kamenew und Genossen sowie Piatakow, Radake und Genossen – wurden durch einen Beschluß des amtlichen Militärtribunals beim Obersten Gerichtes rehabilitiert. Dadurch wurden die 1936, 1937 und 1938 gegen sie ausgesprochenen Urteile für nichtig erklärt. Das Urteil des ersten Prozesses enthielt aber auch folgende Passage:

»Leo Davidowitsch Trotzki und sein Sohn Leo Davidowitsch Sedow, die sich derzeit im Ausland aufhalten, wurden durch die Aussagen der Beschuldigten N. Smirnow, E. S. Golzman, V. Dreitser, Fritz David Olberg (I. I. Krugljanski) und Berman-Jurin sowie durch das weitere Beweismaterial dieses Prozesses überführt, Terroraktionen in der UdSSR, gegen die Führung der KPdSU und des sowjetischen

Staates, vorbereitet und organisiert zu haben. Sobald sie auf dem Territorium der UdSSR angetroffen werden, sind sie zu verhaften und dem Militärtribunal des Obersten Gerichtes der UdSSR auszuliefern« (*Prozeßbericht*, Moskau 1936, S. 185, stenographisches Protokoll der mündlichen Verhandlung).

Da dieses Urteil für nichtig erklärt wurde, haben Trotzki und Leon Sedow als unschuldig im Sinne der Anklage zu gelten. Ihre strafrechtliche Rehabilitierung ist also ein elementares Gebot der Gerechtigkeit, zumal wenn man bedenkt, daß »Trotzki der Hauptangeklagte dieser Prozesse war« (so E. Ambartsumow in den *Moscow News* vom 19. Juni 1988).

Dieses elementare Gebot der Gerechtigkeit hat auch einen politisch-moralischen Aspekt. Derselbe Ambartsumow bezichtigt, eine Erklärung Piatakows nach seiner Kapitulation vor Stalin zitierend, die Opposition – und alle gegen Stalin agierenden Oppositionellen –, sie habe sich von einem ebenso mörderischen wie selbstmörderischen moralischen Nihilismus leiten lassen und die Stalinschen Verbrechen nicht konsequent verurteilt. Dabei erwähnt er keinen einzigen jener russischen Kommunisten, die die Moskauer Prozesse von Anfang an energisch angeprangert und verurteilt haben. Beide Vorwürfe sind zutiefst ungerecht.

Trotzki und sein Sohn Sedow haben nach 1936 eine entschlossene Kampagne gegen die Moskauer Prozesse geführt – und sich viel engagierter eingesetzt als die von Ambartsumow erwähnten Malraux, Gide und Koestler. Die Kader und Kämpfer der Opposition, die nicht vor Stalin kapitulierten, hielten bis zum Schluß an ihren kommunistischen Prinzipien fest.

Ich habe keineswegs die Absicht, den »Personenkult« um Stalin (oder um Lenin, wie er heute in der UdSSR wieder getrieben wird) durch einen solchen um Trotzki zu ersetzen. Es gibt keine Person, keine Instanz, keine Gruppe oder Partei, die »immer recht haben«. Gorbatschow selbst unterstreicht, ebenso wie einige seiner Hauptideologen, daß der Mythos von der »Unfehlbarkeit« des Generalsekretärs und des Zentralkomitees eine der Hauptstützen des Stalinismus bei der Begründung des schändlichen Verhaltens von Kommunisten war. Ich fordere nur, die Ideen, Vorschläge und Handlungen aller Akteure aus den zwanziger und dreißiger Jahren auf der Basis verifizierter historischer Tatsachen und authentischer Dokumente jener Zeit zu beurteilen. Nichts soll kaschiert oder durch willkürliche Deutungen ersetzt werden. Stalin war ein Verbrecher, Trotzki sein entschlossenster und klügster kommunistischer Gegner; die Linke Opposition hatte im wesentlichen recht.

Trotzki war der einzige russische Marxist, der schon seit 1906 voraussah, daß das russische Proletariat zur Machtübernahme fähig war und die kommende Revolution zum Erfolg führen konnte. Seine Theorie der permanenten Revolution war also zutreffend und realistisch.

Leider hat selbst ein so ernsthafter Autor wie Roy Medwedew etwas zum Projekt der »character assassination« beigetragen, als er in einem Interview mit dem *Spiegel* (Nr. 52 von 1987) sagte:

»Drittens trat Trotzki in den zwanziger Jahren als Linksoppositioneller auf; er forderte schon 1926, was Stalin dann in den dreißiger Jahren gemacht hat. Trotzki hatte also nicht, wie Bucharin, ein alternatives Programm, sondern die Rivalität zwischen ihm und Stalin war zunächst und vor allem die Rivalität zwischen zwei autoritären Figuren.«

Liest man *Der neue Kurs* von Trotzki (1923) und andere Schriften der damaligen Opposition, besonders die aus den Jahren 1926/27 (darunter das Programm der Opposition vom September 1927), wird einem sofort klar, daß diese Behauptungen unbegründet und verleumderisch sind.

Die Kritiken und Vorschläge Trotzkis und der kommunistischen Führer, die ihn unterstützten, waren eminent politisch, aber nicht »autoritär«. Politisch standen sie im Widerspruch zu denen Bucharins, den Stalin unterstützte, und zu denen Stalins, der von Bucharin mit Samthandschuhen angefaßt wurde. Sie gingen den Problemen auf den Grund, forderten nicht nur eine tiefgreifende Demokratisierung des politischen und gesellschaftlichen Lebens, sondern auch eine Kombination aus planmäßiger Industrialisierung und Schutz der kleinen und mittleren Bauern vor staatlichen wie kommerziellen Zwängen.

Ihre Ähnlichkeit mit den Mahnungen Gorbatschows liegt auf der Hand.

Im II. Anhang zu *Der Neue Kurs* heißt es, eine wirtschaftliche Orientierung, die es erlaube, an der *Smytsha* (Allianz zwischen Arbeitern und Bauern) festzuhalten, dürfe nicht zur Unterdrückung des Marktes führen, sondern müsse sich vielmehr auf den Markt stützen. In seinem Werk von 1925, *Kapitalismus oder Sozialismus?*, schreibt Trotzki, bei der Einschätzung der Produktivität führe es zu verheerenden Illusionen, wenn man ausschließlich quantitative Faktoren wie Gütermengen und -preise zugrunde lege, statt primär auf die Qualität der Produkte zu setzen. Man meint, Gorbatschow oder Abanbegjan 55 Jahre vor ihrer Zeit zu lesen!

Am skandalösesten ist jedoch der haltlose Vorwurf, Trotzki und die Opposition hätten 1926 den Stalinismus der dreißiger Jahre vorweggenommen und eine »Militarisierung der Arbeit« sowie scharfe Unterdrückung der Arbeiterklasse gepredigt.

Jüngst wurde von liberalen Intellektuellen und sogar einigen führenden Anhängern Gorbatschows eine neue Verleumdung Trotzkis ausgeheckt. Danach soll dieser in der Außenpolitik abenteuerliche Tendenzen, das heißt den militärischen Export der Revolution, befürwortet haben. So schreibt Gorbatschow:

»L. D. Trotzki, der nach Lenins Tod unvertretbare Ansprüche auf Führerschaft in der Partei erhob und die Leninsche Einschätzung seiner Person als eines übermäßig selbstsicheren, immer lavierenden und schwankenden Politikers vollauf bestätigte ... und die Trotzkisten leugneten die Möglichkeit des Aufbaus des Sozialismus unter den Bedingungen der kapitalistischen Umkreisung.

In der Außenpolitik setzten sie auf den Export der Revolution und in der Innenpolitik auf ›Daumenschraubenmethoden‹ gegenüber der Bauernschaft, auf die Ausbeutung von Land durch Stadt und darauf, militärische Verwaltungsmethoden auf die Leitung der Gesellschaft zu übertragen.

Der Trotzkismus ware eine politische Strömung, deren Ideologen, getarnt durch die linke pseudorevolutionäre Phrase, in Wirklichkeit eine kapitulantenhafte Position einnahmen. Es handelte sich im Grunde genommen um einen Angriff gegen den Leninismus auf der ganzen Frontlinie. Es ging praktisch um das Schicksal des Sozialismus in unserem Lande, um das Schicksal der Revolution« (*Rede zum 70. Jahrestag der Oktoberrevolution*).

Mit solchen Verunglimpfungen soll die Orientierung an der »vertieften friedlichen Koexistenz« gerechtfertigt werden: Der Vorwurf zeigt, daß Lenins Ziel der sozialistischen Weltrevolution, das nichts mit militärischen Eingriffen der UdSSR im Ausland zu tun hat, auf der Strecke geblieben ist. Allerdings gingen Lenin und Trotzki davon aus, daß Revolutionen zwangsläufig aus Widersprüchen zwischen gesellschaftlichen Klassen in den betroffenen Ländern resultieren.

Begnügen wir uns in diesem Zusammenhang mit folgendem Zitat aus Trotzkis *Verratene Revolution*:

»Die Armee nährte sich natürlich von denselben Ideen wie die Partei und der Staat. Die Gesetzgebung, die Publizistik und die mündliche Agitation waren gleichermaßen von der internationalen Revolution als einer praktischen Aufgabe beseelt. Im Rahmen des Militärs bekam das Programm des revolutionären Internationalismus häufig ein übertriebenes Aussehen. Der verstorbene S. Gussew, eine Zeitlang Leiter der Politischen Verwaltung der Armee und in der Folgezeit engster Bundesgenosse Stalins, schrieb 1921 in einer offiziellen Militärzeitschrift: ›Wir bereiten die Klassenarmee des Proletariats ... nicht nur auf die Verteidigung gegen die bürgerlich-grundherrschaftliche Konterrevolution vor, sondern auch auf die revolutionären (sowohl Verteidigungs- wie Angriffs-) Kriege gegen die imperialistischen Mächte.‹ Dabei warf Gussew dem damaligen Kriegskommissar vor, die Rote Armee nur ungenügend auf ihre internationalen Aufgaben vorzubereiten. Der Autor diese Zeilen erklärte ihm in der Presse, daß die auswärtige Militärgewalt im revolutionären Prozeß nicht berufen sei, die Haupt-, sondern eine Nebenrolle zu spielen: nur wenn günstige Bedingungen vorliegen, vermöge sie den Ausgang zu beschleunigen und den Sieg zu erleichtern. ›Die militärische Intervention wirkt ähnlich wie die Geburtszange: rechtzeitig angewendet, kann sie die Geburtswehen kürzen, vorzeitig in's Werk gesetzt, kann sie nur eine Fehlgeburt zeitigen.‹ (5. Dezember 1921).«

Angesichts der Behauptungen Medwedews und anderer Anhänger Gorbatschows, wonach die »bonapartistischen Neigungen« Trotzkis und die Furcht vor seinem angeblichen »Hang zur Diktatur« die kommunistischen Kader verunsichert und so den Sieg Stalins ermöglicht hätten, sollte man die entscheidenden Texte aus der damaligen Zeit, besonders *Der Neue Kurs*, veröffentlichen, damit sich die heutigen Leser ein Bild von den seinerzeit geführten Auseinandersetzungen machen und sie vor dem Hintergrund der damaligen und späteren Ereignisse beurteilen können. Alexander Jakowlew, Mitglied des Politbüros und des Sekretariats der KPdSU, schrieb, daß die ganze Wahrheit über die Vergangenheit und über die Gegenwart vonnöten sei, nicht bloß ein Abbild, eine skrupellose Apologie.

Die öffentliche Kampagne für den Bau einer Gedenkstätte zur Erinnerung an die Opfer Stalins, an der sich viele sowjetische Bürger beteiligten, war von einer an Gorbatschow gerichteten Anfrage mehrerer prominenter Persönlichkeiten aus Kultur- und Pressewesen gekrönt, die wissen wollten, ob das Zentralkomitee dem Projekt zustimmen würde. Dabei forderten sie zu Recht auch, der Gedenkstätte ein Forschungszentrum mit Museum und Bibliothek anzugliedern. In dieser Bibliothek müssen die Werke Trotzkis, der linken Oppositionellen, der alten Bolschewiken, Martows, der Menschewiken, der Anarchisten etc. ihren Platz finden. Zu einer Zeit, wo Romane wie *Doktor Schiwago*, die der Revolution nicht gerade schmeicheln, in der UdSSR massenhaft gelesen werden – was ich sehr begrüße –, ist es geradezu unerträglich, den sowjetischen Lesern die

Werke des Organisators der Oktoberaufstände und des Gründers der Roten Armee vorzuenthalten. Auf der 19. Parteikonferenz der KPdSU wurde beschlossen, diese Gedenkstätte zu errichten.

Das Durcheinander in der Rehabilitierungsfrage hat noch eine andere politische Dimension. Es geht um den Einsatz von Fälschung und Verleumdung in politischen Diskussionen und Polemiken, nicht nur hinsichtlich der Vergangenheit, sondern auch der Gegenwart.

Vier Geschichtsprofessoren der KPdSU, darunter L. Tschirikow von der Akademie für Gesellschaftswissenschaften beim Zentralkomitee der KPdSU, haben einen Brief an die *Moscow News* verfaßt, in dem sie gegen einen Artikel Juri Afanasjews protestierten, der Trotzki verharmlost hätte. Darin schreiben sie insbesondere:

»J. Afanasjew bezieht sich nur auf die Briefe Lenins ›An den Parteitag‹ [also Lenins Testament], verschweigt aber den harten, anhaltenden Kampf, den Lenin und die Partei vor und nach dem Oktober gegen Trotzki und die Trotzkisten führten; dabei ging es um die Triebkräfte und Perspektiven der russischen Revolution, um den Sieg des Sozialismus in unserem Lande.

Nachdem 1933 in Deutschland der Faschismus gesiegt hatte, hielt Trotzki daran fest, die sowjetische Regierung gewaltsam zu stürzen und die Möglichkeit einer ›unausweichlichen‹ Niederlage der Sowjetunion im zukünftigen Krieg gegen den Faschismus für seine ›Hauptziele‹ zu nutzen.

Der Kurs Trotzkis lief darauf hinaus, in der UdSSR wieder kapitalistische Verhältnisse einzurichten« (*Moscow News* vom 10. Mai 1987).

In seiner Erwiderung, die in derselben Ausgabe der

Moscow News erschien, erörterte Afanasjew die Position Trotzkis, ihre Entstellung und die Verleumdungen, die den Moskauer Prozessen und den »Säuberungsaktionen« zugrunde lagen. Darin zeigen sich die Widersprüche und das Dilemma der liberalen Anhänger Gorbatschows.

Afanasjew hat durchaus recht, wenn er sich dem Argument, wir sollten uns mit den Aufgaben der Zukunft begnügen, ohne über Probleme der Vergangenheit zu diskutieren, heftig widersetzt. Allein schon der Titel seiner Erwiderung, *Wir sprechen über die Vergangenheit, doch es geht um die Zukunft des Sozialismus*, zielt genau in die Gegenrichtung. Außerdem wird die Möglichkeit einer sozialistischen Demokratie geleugnet, wenn

»der Kampf der Meinungen, die Suche nach dem richtigen Weg der Revolution und die verschiedenen Angriffe auf die Parteiführung als von einem unsichtbaren Feind angezettelte Verschwörungen dargestellt werden. Später bezeichnete man die etablierten Gruppen als konterrevolutionäre ›Anti-Parteien‹. An die Stelle politischer Divergenzen traten phantastische Anschuldigungen, die dem Strafgesetzbuch entnommen waren.«

Noch überzeugender schrieb Afanasjew in den *Moscow News* vom 13. September 1987:

»Die Entstaliniserung muß bis ans Ende getrieben werden. Genau danach wird man unsere Absichten und Handlungen beurteilen.«

Daß anläßlich der Affäre Jelzin (siehe das 12. Kapitel) plötzlich wieder die schlimmsten Formulierungen und Methoden aus den Anfängen der Stalin-Ära aufkamen, zeigt deutlich, wie eng die Schranken der

Entstalinisierung und von *Glasnost* zusammenhängen und welche Grenzen der sozialistischen Demokratie in der UdSSR nach wie vor gesetzt sind.

Die neostalinistische Gegenoffensive hatte übrigens eine groteske Fortsetzung. Nach den Entscheidungen des Obersten Gerichtes der UdSSR, die Urteile gegen die Angeklagten der drei Moskauer Prozesse und damit auch gegen Trotzki für nichtig zu erklären, veröffentlichte *Rudé Prawo*, das Zentralorgan der tschechoslowakischen KP, auf der ersten Seite einen Artikel, den die Orbis Press Agency am 17. Juli 1988 im Ausland verbreitete. Er enthielt giftige Angriffe auf Petr Uhl, einen bekannten revolutionären Sozialisten, auf Alain Krivine, auf mich und Leo Trotzki. Diese Angriffe strotzen von den alten stalinistischen Verleumdungen, denen sowjetische Gerichte soeben ihre Grundlage entzogen hatten:

»In seinem 1930 veröffentlichten Buch *Permanente Revolution* behauptete Trotzki, die Durchsetzung einer sozialistischen Revolution sei im nationalen Rahmen undenkbar. Deshalb [!] trat er dafür ein, die sozialistische Macht überall da zu beseitigen, wo sie geherrscht hatte. Die Parteigänger Trotzkis betrachteten es als eine ihrer vorrangigen Aufgaben, antifaschistische Kräfte zu bekämpfen. Das entsprach ihrer provokativen Einschätzung, der Faschismus müsse sich durchsetzen [!], weil er später ohnehin zusammenbrechen und dadurch die Weltrevolution ermöglichen werde. Die Trotzkisten meinten sogar, man müsse interne Fronten gegen linksorientierte Gruppen der französischen Befreiungsbewegung aufbauen. Vielleicht war das der Grund, warum die Trotzkisten zur Zeit der Besetzung Frankreichs dort legal ihre Kongresse abhalten konnten.«

Es lohnt nicht, dieses elende Lügengeflecht zu widerlegen. Interessant ist jedoch das Erscheinungsdatum. Es sieht so aus, als habe die konservative Fraktion der tschechoslowakischen Bürokratie Michail Gorbatschow am Vorabend der 19. Parteikonferenz der KPdSU angreifen wollen und sich dabei des Umweges bedient, Trotzki, die IV. Internationale, Petr Uhl, Alain Krivine und Ernest Mandel zu attackieren. Seit der Zeit, als Stalinisten und Neostalinisten stets allem zustimmten, was Moskau ausheckte, hat sich die Welt doch etwas verändert.

ELFTES KAPITEL

Gorbatschows Dilemma

In dem Maße, wie die Reformen Gorbatschows Konturen annehmen und sich entfalten, stoßen sie auf Hindernisse, die Zweifel daran aufkommen lassen, ob sie – besonders im Bereich der Wirtschaft – gut enden können.

Die Widersprüche der *Perestroika*

Es wäre verfehlt, die Schwierigkeiten bei der Verwirklichung der *Perestroika*, dem Umbau des gesamten wirtschaftlichen Lebens und seiner Verwaltung, bloß auf institutionelle Hindernisse, das heißt auf die Verschleppungsmanöver der konservativsten und am stärksten durch Routine und Trägheit geprägten Zwischenschichten der Bürokratie, zurückzuführen. Das sowjetische Wirtschaftssystem hat seine eigene, innere Logik – eine spezifische Mischung aus bürokratischer Planung, weitgehend vergesellschafteter Wirtschaft und Marktmechanismen in einzelnen Bereichen, unter der Leitung einer herrschenden Schicht, die ihre Privilegien stur verteidigt –, eine Logik, die sich entweder bewährt oder durch eine neue ersetzt werden muß.

An den bisherigen Reformen Gorbatschows fällt auf, daß sie dem herrschenden System kein kohärentes Modell gegenüberstellen können. Die Wahrheit dieser Aussage bestätigt vor allem das Kernstück der Wirtschaftsreformen Gorbatschows: die finanzielle Eigenständigkeit der Betriebe.

Die Direktoren – oder, wenn man so will, die »Betriebskollektive« (wirtschaftlich gesehen besteht hier kein großer Unterschied, auch wenn es gesellschaftlich eine Differenz ums Ganze ist) – mögen sich der Bevormundung durch die Ministerien bei der Art ihrer Produktion noch so sehr entziehen, mögen die Freiheit nutzen, einen Teil ihrer »Gewinne« für Investitionen und sogar Prämien zu behalten, mögen Verträge und Kooperationsabkommen mit anderen Betrieben (besonders Lieferanten) schließen: Solange sie die Preise, Löhne und den Großteil der Investitionen nicht nach eigenem Ermessen festlegen dürfen, sind ihre neuen Rechte sehr eingeschränkt, wenn nicht gar fiktiv.

Wirkliche – völlige – Autonomie im Bereich der Investitionen, Preise und Löhne würde aber das Ende jeder zwingenden, realen Planung bedeuten. Dann würde sie sich in eine »indikative Planung« verwandeln, wie es sie im Spätkapitalismus gibt, die erwiesenermaßen Überproduktionskrisen, Konjunkturschwankungen und Massenerwerbslosigkeit nicht verhindern kann. Die Herrschaft des Wertgesetzes läßt sich unmöglich mit Planwirtschaft vereinbaren. Ein solches Projekt ist von Anfang an zum Scheitern verurteilt.

Der Hauptgrund dafür liegt auf der Hand. Das Eigentum an den Produktionsmitteln, im wirtschaftlichen, nicht juristischen Sinne des Wortes, ist letzten Endes die Macht, über diese und damit auch über das gesellschaftliche Mehrprodukt zu verfügen, das deren Ausbau ermöglicht. Dieses Recht kann entweder durch den Staat oder ein anderes Organ, welches das Kollektiv in seiner Gesamtheit demokratischer und wirksamer repräsentiert als der Staat, zum Beispiel durch ein demokratisch gewähltes Räteparlament, ausgeübt werden. In diesem Fall haben wir es mit wirklich vergesellschaftetem Eigentum an den Produktionsmitteln und an dem für produktive Investitionen bestimmten Anteil des gesellschaftlichen Mehrprodukts (im weitesten Sinne des Wortes) zu tun. Aber in beiden Fällen handelt es sich um eine nachkapitalistische Wirtschaft. In ihr unterliegen weder die Produktion noch die Investitionen (noch übrigens auch die Vergütung der Arbeitsleistung) dem Markt oder dem Wertgesetz. Der Rückgriff auf Marktmechanismen erlaubt höchstens, die ökonomische Kohärenz einiger Vorentscheidungen zu überprüfen oder sie in jenen Bereichen zu ersetzen, wo die zentrale Planung ineffizient und damit sinnlos ist, weil es in ihnen noch an der notwendigen Vergesellschaftung der Arbeit mangelt; das gilt zum Beispiel für eine Reihe von Sektoren der Kleinproduktion, der Landwirtschaft und des Dienstleistungswesens.

Eine grundlegend andere Wirtschaftsordnung ist jene, in der die Verfügungsmacht über die Produktionsmittel und den für Investitionen bestimmten Teil des gesellschaftlichen Mehrprodukts im wesentlichen bei den Betrieben liegt, die dadurch unabhängige Firmen werden. In diesem Fall wird das kollektive Eigentum an den Produktionsmitteln durch Gruppeneigentum – eine Spielart des Privateigentums – ersetzt. Damit beeinflussen der Markt und das Wertgesetz nicht nur die Entwicklung der Wirtschaft, sie beherrschen und regieren diese jetzt von Grund auf. Es kann dann keine Rede mehr sein von nachkapitalistischer Planwirtschaft und Vergesellschaftung. Vielmehr entspricht dies einer Wiederherstellung (Restauration) des Kapitalismus.

Aganbegjan, der wirtschaftliche Hauptberater Gorbatschows, hat versucht, diese Schwierigkeit zu umgehen, als er von der fortschreitenden Wiederherstellung eines Marktes für Investitionsgüter, Kapital und Arbeit im Rahmen eines flexibleren Planes sprach. Das ist aber nur ein Wortspiel. Im Rahmen der Planwirtschaft kann der Markt ebensowenig regieren wie im Rahmen einer Marktwirtschaft der Plan. Wenn die theoretische Grundsatzdebatte der zwanziger Jahre zwischen Preobraschenski und Bucharin hier etwas beizutragen hat, dann ist es genau diese Schlußfolgerung, deren Richtigkeit während der vergangenen sechzig Jahre im Osten wie im Westen bestätigt wurde.

Ein Markt für Produktionsmittel ist nur denkbar, wenn die Betriebe über ihre Investitionen entscheiden können. Das gelingt ihnen jedoch nur, sofern sie den Großteil ihrer Nettoerträge behalten dürfen, die damit zu Profiten würden. In diesem Modell richten sich die sozio-ökonomischen Prioritäten nach der Ungleichheit der Einnahmen und Ressourcen (Vermögen), welche die Nachfrage strukturieren. So baut man Luxuswohnungen, bevor die Wohnungsnot für alle Bevölkerungsschichten behoben ist; Farbfernseher erhalten Priorität vor Schulbüchern; es entstehen mehr Kliniken für Reiche als medizinische Vorbeugeeinrichtungen; auch baut man eher exportfähige Früchte an, als die Bevölkerung zu ernähren. Das Resultat sieht man nicht nur in Sao Paulo, Hongkong oder Lagos, sondern auch in New York, Neapel und Liverpool. In Petrograd und Tiflis sah man es bereits 1913, in Shanghai 1924.

Gleichermaßen kann ein wirklicher Arbeitsmarkt nur funktionieren, wenn dauernd strukturelle Arbeitslosigkeit herrscht, also eine industrielle Reservearmee bereitsteht und damit das Proletariat von einer wirtschaftlich (ich sage bewußt nicht politisch) emanzipierten Klasse zu einer Klasse von ausgebeuteten Lohnempfängern wird. Das wäre nichts anderes als eine Wiederherstellung des Kapitalismus, auch wenn das gesellschaftliche Eigentum an den Produktionsmitteln in der Großindustrie (noch) nicht durch juristisches Privateigentum ersetzt würde, was allerdings im Lauf der Zeit aus dem faktischen Gruppeneigentum folgen würde.

Die wirtschaftliche Logik, nach der die Herrschaft des Profits (über einen Kapitalmarkt) mit der Umwandlung der Arbeitskraft in eine Ware einhergeht, verurteilt alle Betriebe, die mit Verlust arbeiten, zum Scheitern. Diese Betriebe werden in selbständige Firmen umgewandelt und verfügen unabhängig voneinander über die wirtschaftlichen Ressourcen. Sie beruhen auf Privatarbeit, deren gesellschaftliche Natur erst nachträglich, durch »erfolgreichen«, das heißt gewinnbringenden, Verkauf ihrer Waren, anerkannt wird. Gelingt der Verkauf jedoch nicht, oder sind die erzielten Preise zu niedrig, arbeiten die Betriebe mit Verlust und müssen schließlich Konkurs anmelden. In diesem Fall wird natürlich das Personal entlassen.

Die Logik der Profitwirtschaft ist die des Wettbewerbs. Die strukturelle Arbeitslosigkeit – und damit die industrielle Reservearmee – wird zum festen Bestandteil des Systems. Aus der periodischen Häufigkeit der Konkurse und den periodisch beschleunigten Investitionen der Betriebe folgen unausweichlich Schwankungen in der Konjunktur, im Wirtschaftswachstum, in der Gesamtproduktion und in der Arbeitslosenquote.

Im übrigen fördert der Wettbewerb Monopole, was bewirkt, daß sich die Verzerrungen und die Irrationalität bei der Verteilung der wirtschaftlichen Ressourcen noch verschärfen. Die Folge sind Preissteigerungen und Inflationstendenz. Sie halten an, selbst wenn es zu einem »Überangebot« kommt.

Dabei trifft zu, daß die finanzielle Eigenständigkeit

der Firmen im Rahmen der bislang umgesetzten *Perestroika* bereits Konkurse fördern kann. Die sowjetische Presse berichtete von einem Bauunternehmen in Leningrad mit etwa 2.000 Beschäftigten, das bereits im März 1987 Konkurs anmelden mußte. Allerdings wurden der Belegschaft sofort neue Arbeitsplätze in der Stadt zugewiesen. Auch hatte sie keine Lohnverluste. Man kann also noch nicht von einem echten »Arbeitsmarkt« sprechen.

Sind Sie also gegen die Neue Ökonomische Politik, gegen Lenins Wende von 1921, für eine Politik der forcierten Kollektivierung und der beschleunigten extensiven Industrialisierung, ohne Rücksicht auf die realen wirtschaftlichen und gesellschaftlichen Kosten? – werden die führenden Anhänger Gorbatschows fragen. Nein, ich habe mich keiner dieser »Todsünden« schuldig gemacht. Aber der Hinweis auf die Neue Ökonomische Politik veranschaulicht die großen historischen Probleme der *Perestroika*.

Die Neue Ökonomische Politik war eine Rückkehr zur Privatinitiative und zum Privateigentum in der Landwirtschaft, einigen Dienstleistungssektoren und in der Kleinindustrie, das heißt ein Ausbau der *einfachen Warenproduktion*. Dieser Rückgriff stand durchaus im Einklang mit dem Kollektiveigentum und der Planung im Bereich der Großindustrie und in der Gesamtwirtschaft. Man muß nur begreifen, daß diese massive Rückkehr zur einfachen Warenproduktion voller Widersprüche und Gefahren steckt. Lenin hat niemals einen Hehl daraus gemacht, daß es sich um einen Rückzug handelte (»Anlauf nehmen, um besser springen zu können«). Ähnliches erlebte man in der VR China mit den Reformen Deng Xiaopings.

Doch der Unterschied zwischen Gorbatschows UdSSR und Dengs China liegt auf der Hand. Die

UdSSR ist ein stark industrialisiertes Land, wohingegen in China noch Agrarstrukturen vorherrschen. Die Probleme der Verwaltung, Koordination und Rationalisierung betreffen im wesentlichen Großbetriebe im Bereich der Industrie, des Fernmeldewesens und des Verkehrs sowie Banken, nicht in erster Linie landwirtschaftliche und Handelsunternehmen.

Sämtliche Erfahrungen, auch in China, besonders aber in Ungarn, Jugoslawien und Polen, bestätigen, daß es unmöglich ist, Probleme dieser Art nach dem Modell der Neuen Ökonomischen Politik zu lösen. Deshalb blieben alle Reformen bei der Finanzierung von Industriebetrieben in diesen vier Ländern widersprüchlich und zusammenhanglos.

Das wirtschaftliche Dilemma Gorbatschows liegt nicht in der Alternative »forcierte Kollektivierung der Landwirtschaft oder Neue Ökonomische Politik«, die historisch überholt ist. Sein Dilemma lautet vielmehr: Festhalten am Kollektiveigentum und an der Planwirtschaft oder Wiederherstellung der voll entfalteten Marktwirtschaft. Wahrscheinlich werden sich Gorbatschow und die anderen wichtigen Führer der *Nomenklatura* für die Planwirtschaft entscheiden. Daher wird Gorbatschows Projekt, im Bereich der Großindustrie massiv auf Marktmechanismen (oder muß man sagen, auf einen Schein- und Pseudomarkt?) zurückzugreifen, von wirtschaftlichen Widersprüchen geprägt sein – sofern er diesen »großen Plan« wirklich verfolgt.

Der amerikanische Ökonom Joseph S. Berliner von der Harvard University, einer der besten westlichen Kenner der sowjetischen Wirtschaft, hat schon im voraus ein Urteil über das abgegeben, was er »eine radikale Reform« à la Gorbatschow nannte, und sein Befund ist dem meinen sehr ähnlich:

»Die radikale Reform muß auch Dezentralisierung der Planung und des Managements zur Folge haben. Die Hauptelemente des Modells können vom ungarischen Vorbild übernommen werden. Man könnte es sich als zentrale Planung ohne Zielvorgaben für die Betriebe vorstellen. Aber diese naiv klingende Formulierung bedeutet mehr als eine geringfügige Modifikation der zentralen Planwirtschaft. Ohne die Macht, den Betrieben Planziele vorzugeben, lockert sich das Gefüge der zentralen Planung stark auf. Können die Betriebe nicht mehr verpflichtet werden, ein bestimmtes Soll zu erfüllen, sind sie auch nicht mehr für die Lieferung bestimmter Mengen von Zwischenprodukten und Vorräten verantwortlich, dann muß das bewährte System der materiellen und technischen Versorgung weitgehend abgeschafft werden. Bestehen keine Planziele mehr, muß man die Kriterien zur Bewertung der Betriebsleistung ändern; dafür kommt eigenlich nur ein leicht modifiziertes Gewinnkriterium in Betracht. Soll der Gewinn aber als wichtigstes Leistungskriterium gelten, wird das Management nur noch dieses Ziel verfolgen, und man muß dafür sorgen, daß die gewählten Preise und Kosten auch marginale gesellschaftliche Erträge und Kosten hinreichend berücksichtigen. Das bedeutet Abschiednehmen von vierzig Jahren zentralisierter Verwaltung, die mit Durchschnittskosten – vermehrt um normale (geplante) Gewinne – operierte. Ähnliche Veränderungen müßten auch in der Verwaltung des Arbeitsmarktes, des Finanzwesens und anderer Teile der Wirtschaft eingeführt werden« (in *Planning and Management*, London 1983).

Man könnte unschwer zeigen, daß eine solche »radikale Reform« – die Berliner als sehr unwahrscheinlich, wenn nicht gar unmöglich bezeichnet hat – nur dann wirksam und konsequent wäre, wenn das am

Profit orientierte »materielle Interesse der Manager« über die laufenden Einnahmen (und den Zugang zu Konsumgütern) hinausginge und die langfristige Eigenfinanzierung des Unternehmens beträfe. Auf dieser Basis hinge ihr Los (und das ihrer Familien) von dem des Betriebes ab; die Manager würden unabsetzbar und dadurch zu Privateigentümern. Das werden Gorbatschow und sein Team nicht zulassen. Daraus kann man jedoch kaum schließen, daß es nicht zu einer radikalen Reform kommen wird. Die Folgerung lautet vielmehr, daß eine solche Reform teilweise wirkungslos, aber jedenfalls widersprüchlich bliebe.

Das wirtschaftliche führt zu einem institutionellen Dilemma. Gorbatschow will die Macht der Manager in Industrie, Finanzwesen und Handel erheblich ausbauen, was die Befugnisse der mittleren Funktionäre, besonders in den Ministerien, empfindlich beschränken würde. Man spricht davon, daß »mehrere Millionen« Funktionäre entlassen werden sollen. In Moskau sollen bereits 60.000 Funktionäre ihre Ämter verloren haben. Man sollte nicht über diese Zahlen spekulieren, aber gewiß ist ein starker Aderlaß im Gange. Daß diese Aussicht große Feindseligkeit bei den Betroffenen hervorruft, die um ihre Ämter und Pfründe fürchten, kann kaum überraschen; es verwundert auch nicht, daß diese Furcht – und ein diffuser Haß auf die Reformen Gorbatschows – in breiteren Schichten der Bürokratie grassiert. Diese Schichten prophezeien vor allem, daß Gorbatschow mit seiner Beseitigung einiger Säulen des sowjetischen Establishments den Einsturz des ganzen Gebäudes riskiert.

Darüber hinaus bilden die sprichwörtliche Routine, Passivität und Verantwortungslosigkeit der Bürokratie ein gewaltiges Hindernis für den Erfolg der

Perestroika. Der passive Widerstand ist sogar wirkungsvoller als aktive Opposition. Besonders im Sommer und Herbst 1987 häuften sich in der sowjetischen Presse Hinweise auf Verschleppungsmanöver. Bereits im Dezember 1986 publizierte die *Iswestija* eine Artikelserie über das Ministerium für Industrie und Maschinenbau, das angeblich umfassend reformiert worden war. In Wirklichkeit hatte sich kaum etwas geändert:

»Bislang wurde die *Perestroika* im Ministerium nur widerwillig angewandt und zeitigte kaum nennenswerte Ergebnisse. Der Stil des Ministeriums für Schwerindustrie ist nach wie vor durch direkte Verwaltung geprägt« (*Iswestija* vom 20. Dezember 1986).

Gorbatschow selbst ging keineswegs stillschweigend über diesen Sachverhalt hinweg. In seiner Leningrader Rede vom 13. Oktober 1987 sagte er:

»Den Bremsmechanismus und die Trägheit, die sich seit Jahren in allen gesellschaftlichen Bereichen breitgemacht haben, zu überwinden, die Apathie eines Großteils unserer Werktätigen zu besiegen, unabänderliche Garantien für die Umgestaltung zu schaffen, das verlangt heute wie vor siebzig Jahren von der Partei einen starken politischen Willen, eiserne Disziplin, praktische, vorausblickende, kreative Maßnahmen sowie mutige Initiativen.

Wir Kommunisten müssen mit gutem Beispiel vorangehen, indem wir nach den neuen Prinzipien arbeiten und an vorderster Front gegen die Trägheit ankämpfen. Suchen wir diese Trägheit nicht anderswo – sie hemmt jeden einzelnen von uns.

In manchen Bezirkskomitees wurden Kommunisten und Parteilose, die ihre neuen Ideen einbringen wollten, mit Warnungen abgeschreckt. Man sagte ihnen, sie sollten abwarten. ›Die da oben‹ wüßten selber noch nicht, was aus der Umgestaltung werde – man müsse abwarten. Doch wer abwartet, verliert kostbare Zeit« (*Prawda* vom 14. Oktober 1987).

Man weiß, daß sich dieser Geist des Abwartens, der Trägheit und der Verschleppung auch im Zentralkomitee und im Politbüro zeigt, wo Gorbatschow keineswegs unbegrenzte Autorität genießt. Viele seiner Vorschläge wurden erst angenommen, nachdem er sie revidiert hatte, andere hinausgezögert und sogar blockiert.

Das Akademiemitglied Pavel Bunitsch hat den engen Zusammenhang zwischen dem Widerstand der mittleren Bürokratenschichten gegen die *Perestroika* und der in der UdSSR herrschenden (verheerenden) »wirtschaftlichen Logik« eindrucksvoll analysiert. Er beschreibt den Widerstand und die abwartende Haltung sehr zutreffend:

»Heute sind jene Wissenden, die dem Verwaltungsapparat kleine Dosen injizieren wollen, und die Beamten aller Ränge, die von dem Kometen der neuen Ideen nur das Ende des Schweifs, aber nicht die Spitze wahrnehmen, gefährlicher denn je. Diese Leute fühlen sich lieber in Sicherheit, als riskante Höhenflüge zu wagen, und rechtfertigen ihre Haltung gerne mit dem Argument, die Sicherheit des Staates gehe vor. Die ›Gemäßigten‹ hatten sich der Einführung von Reformen bereits 1965 erfolgreich widersetzt, indem sie seinerzeit getroffene Entscheidungen torpedierten. Auch heute hoffen noch viele Funktionäre, die Reform durch ihren ›verantwortlichen Realismus‹ neutralisieren zu können.«

Die Schlußfolgerungen sind nicht minder bezeichnend:

»Nun passiert folgendes: Was man früher ›Nomenklatur (Ziel) der zentralen Planwirtschaft‹ genannt hatte, reduziert sich heute auf Staatsaufträge, bei denen keine wirtschaftlichen Kriterien zum Zuge kommen; staatliche Kontrollen fehlen, und ein System gegenseitiger Verpflichtungen und Rechtsverbindlichkeiten existiert nicht. Das Absurde der Situation liegt darin, daß *alle* kostenpflichtigen Dienstleistungen als Staatsaufträge vergeben werden.

Das Schreckgespenst der Fünfjahrespläne macht auch die Vorteile des Großhandels mit Produktionsmitteln zunichte, weil zentral diktierte Quoten die verfügbaren materiellen Ressourcen für Produktion, Bauvorhaben und Export begrenzen. Der Großhandel betrifft nur außerplanmäßig hergestellte Produkte, also Handelsgüter und Waren, deren Bedarf längst gedeckt sein sollte.

Daraus erwächst folgendes Dilemma: Entweder alle Branchen sprengen den neuen Mechanismus, oder die Lösung des Problems verschiebt sich auf den nächsten Fünfjahresplan, der die voraussichtlichen Kapazitäten der Unternehmen ebenfalls außer acht zu lassen droht« (*Moscow News* vom 4. Oktober 1987).

Der Autor legt ungewollt den Finger auf die Widersprüche, in welche sich die Protagonisten der *Perestroika* verstricken, wenn sie gleichzeitig finanzielle Autonomie (Selbstverwaltung) der Unternehmen und Modernisierung fordern. Denn, so meint er, das Land brauche neue Branchen, neue Produktionsstätten. Was überholt sei, müsse modernisiert oder stillgelegt werden. Bestimmte Branchen müsse man weiterentwickeln, andere in ihrer Entwicklung bremsen. Wolle man diese Probleme ohne Rücksicht auf eingefahrene Betriebspläne lösen, werden nur langsame Fortschritte gelingen. Dann müsse der Staat wieder beschleunigend eingreifen und durch seine Aufträge neue Anreize schaffen, was jedoch die sakrosankte Eigenfinanzierung der Betriebe in Frage stellen würde.

Der Generalsekretär wird von der liberalen *Intelligenzija* (die nur eine Fraktion der gesamten *Intelligenzija* darstellt) und von den jungen, aufgeschlossenen Managern auf allen Ebenen der Verwaltung begeistert unterstützt. Sie bilden jedoch nur eine Minderheit gegenüber den »mittleren« Schichten der Bürokratie und den höheren, älteren und (oder) konservativen Beamten, die sich auf die Zwischenschichten stützen. Diese Unterstützung reicht also nicht hin, um Widerstände zu überwinden. Erforderlich wäre eine breitere Unterstützung durch die Arbeiterklasse.

Um aber von der Arbeiterklasse oder wenigstens ihrer Avantgarde unterstützt zu werden, müßte die *Perestroika* vor allem materielle Anreize bieten. Fred Haliday resümiert in *Marxism Today* (Ausgabe vom November 1987), einem britischen Organ des Eurokommunismus, Eindrücke seiner letzten UdSSR-Reise und beschreibt die Haltung der Bürger mit dem Zitat: »Was zählt, ist die *Kolbasa*«, also die Wurst, wie in der deutschen Redensart: »Es geht um die Wurst.«

Auch in dieser Hinsicht liegt die Differenz zwischen der UdSSR Gorbatschows und Deng Xiopings China auf der Hand. Deng gelang es, die materielle Lage von Millionen Bauern mit einem Schlag zu verbessern, indem er das System der Volkskommunen abschaffte. Im Gegensatz hierzu hat Gorbatschow dem Großteil der Arbeiter bis heute keine Anreize zur Mehrarbeit bieten können; das gilt auch für die Rückkehr zum Stachanowismus, den die Arbeiter kategorisch ablehnen, weil er zu Prämiensenkungen führt. Daher ist es nur logisch, wenn die Masse der Arbeiter in ihrer abwartenden Haltung verharrt und häufig sogar skeptisch gegenüber der *Perestroika* eingestellt bleibt.

Die sowjetische Presse hat für dieses Phänomen zahlreiche Belege publiziert. Im Magazin *Komsomolskaja Prawda* erschienen Ende April 1987 einige von mehreren tausend Antworten auf die Frage: »Welche Änderungen haben Sie während der letzten Jahre in ihrer Umgebung bemerkt?« Der Kommentator des Magazins faßt die Antworten zusammen: »Es gibt keine Siegesmeldungen und kaum konkrete Ergebnisse.« Zum Beispiel schrieb ein Bürger der Stadt Kirow: »Glaubt man Radiosendungen, Zeitungen oder Fernsehberichten, hat sich sehr vieles geändert. Aber in meinem Umkreis, im Betrieb, ist alles beim Alten gelieben. Praktische Veränderungen sind nicht zu verzeichnen« (abgedruckt im Brüsseler *Le Soir* vom 2./3. Mai 1987).

Hier zeigt sich erneut ein Dilemma Gorbatschows. Treibt er die immanente Tendenz der *Perestroika* weiter voran und räumt den Betriebsleitern mehr Rechte ein, darunter auch das zu massiven Entlassungen, wird die abwartende Haltung der Arbeiter in offene Feindseligkeit umschlagen. In diesem Fall dürfte der passive Widerstand eines Großteils der Funktionäre hinreichen, um das Scheitern der *Perestroika* zu besiegeln. Will man sie wenigstens teilweise vor dem Schiffbruch bewahren, muß man den führenden Teil der Arbeiterklasse zur Mitarbeit bewegen und die arbeiterfeindlichsten Aspekte der *Perestroika* aufgeben. Das würde sie aber um den letzten Rest wirtschaftlicher Kohärenz bringen.

Außerdem verschärft sich die Gefahr der Massenarbeitslosigkeit. Nach der britischen Tageszeitung *The Independent* vom 16. September 1987 hat Leonid Kostin gegenüber der *Iswestija* gesagt, daß drei Millionen Beschäftigte im Bereich der Fertigung infolge steigender Produktivität »freigestellt« worden seien; bei der Eisenbahn seien es 280.000, in der Erdölförderung 70.000 gewesen. Nach Kostin werden diese »kurzfristig Arbeitslosen« so schnell wie möglich in Gebieten mit akutem Mangel an Arbeitskräften (wie Sibirien und Hinterasien) oder auch in Dienstleistungsbetrieben wiederbeschäftigt. Aganbegjan äußerte sich ähnlich, ohne jedoch genaue Zahlen zu nennen.

Nach der Tageszeitung *Sotsialisticheskaja Industrija* vom 29. März 1987 gibt es in der SSR Aserbaidschan 250.000, in der SSR Usbekistan eine Million Erwerbslose. Die Publikation dieser Zahlen ging mit Aufrufen zu mehr interner Mobilität (Kolonisierung) einher. So hätten 35.000 bis 40.000 Arbeitslose aus Aserbaidschan in Sibirien sofort Arbeit gefunden.

V. Kostakow, zweiter Direktor des Forschungsinstituts Gosplan, hat bestätigt, daß in den letzten fünf Jahren etwa zwei Millionen Werktätige »vorübergehend freigestellt« worden seien, daß man aber für die meisten von ihnen schnell neue Arbeitsplätze gefunden habe. Er sagte aufgrund seiner Berechnungen voraus, daß diese »saisonbedingte Arbeitslosigkeit« in den kommenden Jahren zwischen 13 und 19 Millionen Menschen betreffen werde. Kostakows Artikel erschien in der *Sovjetskaja Kultura* und wurde im Wochenmagazin *The Economist* vom 26. Dezember 1987 ausführlich zitiert.

Zeichen der Zeit: Erstmals seit 1930 wurde in der UdSSR wieder offiziell Arbeitslosengeld gezahlt. Die Betroffenen erhalten in den ersten drei Monaten 100

Prozent ihres Lohns, wenn ihre Entlassung auf staatliche Maßnahmen beim Umbau der Wirtschaft zurückgeht.

Wenn es aber nicht um 270.000, sondern um 15 bis 17 Millionen Arbeitsplätze geht, ist mit zunehmendem Widerstand der Arbeiter zu rechnen.

Eine Meinungsumfrage der *Moscow News* (24. April 1988) enthüllte, daß 85 Prozent der Werktätigen gegen Entlassungen von Arbeitern sind; 87 Prozent der Befragten sprachen sich für die Entlassung von Beschäftigten der Wirtschaftsverwaltung aus, und 62 Prozent waren für die Verkleinerung der Exekutivkomitees der Sowjets in den Bezirken, Städten etc. 60 Prozent der Befragten meinten, daß Arbeitslosigkeit für die UdSSR unannehmbar sei; 32 Prozent hielten es für möglich und sogar notwendig, ein gewisses Maß an Arbeitslosigkeit zuzulassen.

Boris Rakitski kommentierte das Ergebnis der Umfrage wie folgt:

»Fast ein Drittel der Befragten sind bereit, Arbeitslosigkeit als normales wirtschaftliches Phänomen anzuerkennen. Meiner Auffassung nach zeigt dies, wie sehr die Menschen unserer Gesellschaft gegenüber dem Schicksal anderer gleichgültig geworden sind. Was bedeutet es, wenn man bereit ist, (selbst geringe) Arbeitslosigkeit als normales Phänomen hinzunehmen? Es heißt, Elend, Schutzlosigkeit und Rechtlosigkeit als Norm zu akzeptieren. Man kann Staat und Gesellschaft nicht von ihrer verfassungsmäßigen Pflicht entbinden, das Recht auf Arbeit zu garantieren.

Ehrlich gesagt, war ich überrascht: Die größte Gleichgültigkeit gegenüber dem Unrecht zeigte sich bei den Gebildeten. Sie tragen erhebliche Verantwortung für Stagnation und Regression, Schlamperei und schlechte Organisation in allen Lebensbereichen. Mehr Effizienz ist nicht über Personalabbau erreichbar; vielmehr muß die Grundorientierung von Wirtschaft und Gesellschaft geändert werden.«

Treffender könnte man es nicht sagen. Man braucht sich nicht zu wundern, wenn ein Teil der Bürokraten darauf beharrt, in der UdSSR wieder Arbeitslosigkeit zu tolerieren. Hinter der ambivalenten Haltung gegenüber der Arbeitslosigkeit zeichnet sich ein Interessenkonflikt zwischen großen gesellschaftlichen Gruppierungen ab: Auf der einen Seite steht die Masse der Werktätigen, auf der anderen die privilegierte Bürokratie.

Den gleichen Konflikt beobachten wir bei der Frage, wieviel Macht die jüngst in den Betrieben eingerichteten »Arbeiterräte« haben sollen. In den *Moscow News* vom 22. Mai 1988 schrieb Eugen Torkanowski, die Selbstverwaltung könne in eine »Direktionsdemokratie« umschlagen, und der Direktor könnte den Rat von einem Organ des Arbeiterkollektivs in ein gefügiges Organ der Betriebsleitung umfunktionieren. Im Denken vieler habe sich das Klischee eingenistet, wonach »die Köchin« der Verwaltung nicht gewachsen sei (eine Anspielung auf den berühmten Satz Lenins in *Staat und Revolution*).

Boris Kagarlitzki spricht in diesem Zusammenhang von einem Gegensatz zwischen den Vorschlägen der technokratischen Verfechter »marktwirtschaftlicher« Reformen und der demokratischen Dynamik von *Glasnost*. Tatsächlich ist eine »Demokratie der Produzenten«, wahre sozialistische Demokratie, ganz zu schweigen von einer Arbeiterselbstverwaltung auf Betriebsebene, nicht mit Marktmechanismen vereinbar, die zur Arbeitslosigkeit führen. Besonders in Jugoslawien bewirkt das massive Wiederauftreten von Konkursen und Betriebsstillegungen unausweichlich die Einschränkung, wenn nicht gar Abschaffung des (verfassungsmäßigen!) Rechts auf Arbeiterselbstverwaltung.

Wen wundert es also, daß die Arbeiter unter diesen Bedingungen für eine körperschaftliche Organisation der Betriebe eintreten und oft gemeinsame Sache mit den Direktoren machen? Wen wundert es, daß ein Teil der Arbeiter faulenzt und sich bei geringstem Kraftaufwand mit Mindestlöhnen begnügt? Haben die jugoslawischen Gewerkschaften recht, wenn sie schreiben:

»Überdies hat sich die größere Sicherheit der Arbeitsplätze nicht positiv auf die Arbeitsmotivation ausgewirkt. Dieser Mangel wurde durch die Änderung des Arbeitsrechts beseitigt: Da heute alle Arbeiter stärker für die Einhaltung ihrer Berufspflichten verantwortlich sind, erscheint es normal, daß jeder, der keine angemessene Leistung bringt, seine Stelle verliert. Die Gewerkschaften haben dieser arbeitsrechtlichen Regelung zugestimmt, was ihnen den Vorwurf eintrug, die Interessen der Arbeiter nicht hinreichend zu vertreten. Allerdings wurde auch stichhaltig argumentiert, durch die Aufgabe von Überprotektion hätten die Gewerkschaften die wahren Interessen der redlichen Arbeiter verfochten, sich also für die große Mehrheit ihrer Mitglieder eingesetzt« (*Jugoslawische Gewerkschaften*, Nr. 174, Mai-Juni 1988).

Hinter der pseudo-moralischen Wortwahl verbirgt sich jedoch eine gesellschaftliche Absicht, die im ideologischen Kontext vor allem mystifizierende Funktion hat. Es geht um die Rechtfertigung einer weitgehend vom Internationalen Währungsfonds inspirierten technokratischen Wirtschaftsreform mit dem Ziel, den Anteil des Massenkonsums am Volkseinkommen zu senken, um die dadurch freiwerdenden Mittel für die Abzahlung von Auslandsschulden verwenden zu können. Das hat aber nichts mit der »Faulenzerei« eines Teils der Werktätigen zu tun.

Die »unrentabelsten« Fabriken mit den höchsten Produktionskosten sollen stillgelegt werden. Aber die Produktivität der Betriebe hängt viel mehr von der eingesetzten Technologie, vom Alter und der Wartung der Maschinen, von der Versorgung mit Rohstoffen und deren Kosten als vom Fleiß der Arbeiter ab. Auf Entscheidungen über Technologie, Versorgung mit Rohstoffen und deren Preise usw. haben die Arbeiter in einem System, das die Selbstverwaltung auf den Betrieb beschränkt und sie mit bürokratischer Planung sowie einem ausgedehnten Markt verbindet, jedoch kaum Einfluß. Mit welchem moralischen Recht will man also die Arbeiter unter diesen Umständen für Entscheidungen bestrafen, die andere als sie getroffen haben?

Außerdem genießen, besonders im Bereich der Schwerindustrie, zahlreiche Betriebe Monopolstellungen oder kommen dieser Position nahe. Wie die Entwicklung des Kapitalismus zeigt, kann der Markt nicht verhindern, daß zwischen monopolistischen und durch Konkurrenz geprägten Sektoren Preisverzerrungen eintreten. Infolgedessen läuft das Gerede über die »Ausgleichsfunktion des Marktes« darauf hinaus, daß die Preise der lebensnotwendigen Güter (und Dienstleistungen) durch die vom Internationalen Währungsfonds geforderte Streichung von Subventionen steigen, die monopolisierten Preise aber kaum sinken werden. Wen wundert es also, daß die Arbeiter gegen diese Entwicklung revoltieren?

Übrigens besteht für diese Entwicklung keinerlei wirtschaftliche Notwendigkeit. Sie folgt einer soziopolitischen Entscheidung, das heißt den Interessen einer gesellschaftlichen Gruppe – der privilegierten Bürokratie. Die Arbeiter fragen zu Recht: Warum wird unsere Kaufkraft durch Inflation, Streichung von Subventionen usw. geschwächt, während die hohen Tiere in Saus und Braus leben, sich prächtige Villen bauen lassen, im Ausland üppige Devisenkonten unterhalten und erhebliche Privilegien genießen? Warum fängt man nicht damit an, diese Kosten und die überhöhten Verwaltungsausgaben sowie die gewaltigen staatlichen Investitionen zu senken, statt den ohnehin schon kargen Konsum der Arbeiter zu beschneiden?

Solange diese Probleme nicht gelöst sind, muß man damit rechnen, daß sich zumindest ein Teil der Arbeiter nicht mit voller Kraft einsetzt, da sie keine Lust haben, für die Katz zu schuften.

Aus der *Perestroika* ergab sich eine für die Arbeiter interessante Möglichkeit: Die Fabriken konnten ihre Mehrproduktion – jenseits der Planziele – entweder direkt, wenn es sich um Konsumgüter handelte, oder als Sozialleistungen (Kinderkrippen, Kantinen, Duschen, Sicherheitsvorrichtungen, Wohnungen usw.), wenn es um Zwischenprodukte oder Ausrüstungsgüter ging, die das Werk direkt an andere Betriebe verkaufen durfte, unter den Arbeitern verteilen.

In mehreren Betrieben nahmen die Arbeiter dieses Angebot an. Aber das Resultat war betrüblich. Fast immer erfanden die Ministerien und andere Zentralbehörden alle möglichen Gründe, den Arbeitern diese zusätzlichen Leistungen zu nehmen. Die Folge war, daß der Elan schnell nachließ.

Gorbatschow und sein Team scheinen, gewiß mit Zustimmung aller hohen Schichten der Bürokratie, ein klassisches Spaltungsmanöver durchführen zu wollen, um diesem Dilemma zu entrinnen: Sie versuchen, einen Teil der Arbeiterklasse gegen einen anderen auszuspielen, indem sie mit beträchtlichen materiellen Vorteilen locken. Soziologische Untersuchungen wie die Tatiana Saslawskajas (»Remettre l'économie sur ses pieds«) ersetzen sozio-ökonomische Interessenkonflikte durch die Beziehungen zwischen abweichenden politischen Haltungen und Interessenkonflikten und rechtfertigen damit diese Versuche.

Die Widersprüche zwischen *Perestroika* und *Glasnost*

Wenn Gorbatschow den Arbeitern, zumindest kurzfristig, materiell nichts zu bieten hat, muß er ihnen wenigstens politisch etwas bieten. Daraus resultiert die immer engere Verbindung zwischen *Perestroika* und *Glasnost*, die Gorbatschow und seine Berater knüpfen. »Das Problem«, erklärte Gorbatschow beim Gewerkschaftskongreß, »stellt sich wie folgt: entweder Demokratisierung oder gesellschaftlicher Stillstand und Konservatismus. Einen dritten Weg gibt es nicht« (*Iswestija* vom 26. Februar 1987).

Doch die sowjetischen Arbeiter lassen sich nicht mit vagen Erklärungen abspeisen, sondern ahnen, daß *Glasnost* und Demokratisierung nur von der zunehmenden Verschlechterung ihrer materiellen Lebensbedingungen ablenken sollen. Für sie hat *Glasnost* nur Sinn, wenn sie ihre Unzufriedenheit und ihre Forderungen artikulieren können. Die Demokratisierung muß also zur Erweiterung ihrer gewerkschaftlichen und politischen Rechte sowie ihrer Macht vor allem in den Betrieben führen, um von ihnen akzeptiert werden zu können.

Daher steht Gorbatschow vor einem weiteren großen Dilemma. Entweder er läßt zu, daß sich *Glasnost* uneingeschränkt in der Arbeiterklasse entfalten kann. In diesem Fall werden die Arbeiter nicht nur alle Chancen nutzen, ihre gewerkschaftliche Vertretung effektiv zu demokratisieren, für Wählbarkeit und Absetzbarkeit der Direktoren zu sorgen und die Kontrolle durch die Arbeiter und die Öffentlichkeit in vielen Bereichen wiederaufleben zu lassen und zu verallgemeinern. Sie werden sich zunächst zögernd, dann aber immer lautstarker für Selbstverwaltung einsetzen. Die Richtung wäre klar: Es ginge um eine Entwicklung nach Art des Prager Frühlings, wenn nicht gar im Stil der *Solidarnosc*, allerdings unter günstigeren ideologisch-politischen Bedingungen als in der Tschechoslowakei oder in Polen. Das wäre eine tödliche Bedrohung für die Privilegien und das Machtmonopol der Bürokratie.

Oder der Apparat versucht mit allen Mitteln, dieses Erwachen von Massenaktionen zu kanalisieren und nur zu dulden, was von der Partei kontrolliert werden kann. In diesem Fall ist der Rückgriff auf Repression unausweichlich. Aber jede Rückkehr zu Repressionen gegenüber den Werktätigen zerstört die Glaubwürdigkeit von *Glasnost* in den Augen der Arbeiter und vertreibt sie aus dem Lager der Anhänger Gorbatschows.

Der Generalsekretär ist sich dieses Dilemmas bewußt. In seiner Leningrader Rede hatte er gesagt:

»Gewisse Kader zeigen sich bestürzt über das Ausmaß und die Schärfe der Kritik, die heute an negativen gesellschaftlichen Erscheinungen, an rückständigen Sektoren unserer Volkswirtschaft sowie an den Mängeln und Fehlern bestimmter Organisationen und Verwaltungsstellen geübt wird. Hat diese Kritik etwas bewirkt? Ich glaube, ja, Genossen. Aber wir müssen uns auf das Wesentliche konzentrieren. Es gilt, in der Förderung der Kritik und der Selbstkritik den Beweis für zunehmende politische Verantwortung und für wachsende gesellschaftliche Aktivität unserer Arbeiter zu erkennen.

Wir haben immer gegen Demagogie, Übertreibungen und einseitige Kritik gekämpft und werden das auch in Zukunft tun. Wir lassen uns von diesen Erscheinungen nicht einschüchtern. Wir bleiben standhaft und geben nicht der Versuchung nach, solche Äußerungen zu verbieten. Die Kader aller Schichten müssen lernen, die Meinung der Massen zu berücksichtigen und diese zu überzeugen. Wir müssen lernen, daß bei Auseinandersetzungen mit den Massen nur die Methode der Überzeugung und des Dialogs unter gleichberechtigten Partnern statthaft ist« (*Prawda* vom 14. Oktober 1987).

Gorbatschow ist sich des Dilemmas so sehr bewußt, daß er Stalin öffentlich anprangert. So schreibt er:

»Manchmal wird behauptet, Stalin hätte um viele Fakten der Willkür nicht gewußt. Aus Dokumenten, die uns zur Verfügung stehen, geht hervor, daß dem nicht so war. Die Schuld Stalins und seiner engsten Vertrauten, die gegenüber Partei und Volk für Massenrepressalien und Willkür veranwortlich sind, ist groß und untilgbar. Das ist eine Lehre für alle Generationen« (*Rede zum 70. Jahrestag der Oktoberrevolution*).

Müßte er nicht auch die Invasion in Ungarn und in der Tschechoslowakei sowie den Staatsstreich General Jaruzelskis verurteilen? Man kann kaum bestreiten, daß in diesen Fragen etwas anderes erforderlich wäre als die »Methode des Überzeugens«.

In seinem Elan verstrickt er sich erneut in unauflösbare Widersprüche. Gorbatschow zögert nicht, sich auf Lenins *Staat und Revolution* zu berufen, in dessen Zentrum die Selbstverwaltung und Machtausübung der arbeitenden Massen stehen:

»Der Sozialismus und das gesellschaftliche Eigentum, auf dem er beruht, bergen praktisch unbegrenzte Möglichkeiten für fortschrittliche ökonomische Prozesse. Doch um solche Prozesse in Gang zu setzen, müssen wir immer die effektivsten Formen des sozialistischen Eigentums und der Organisation der Wirtschaft finden. In dieser Hinsicht ist von primärer Bedeutung, daß sich das Volk als wirklicher Herr der Produktion fühlt und es nicht nur dem Namen nach ist. Ist das nicht der Fall, hat der einzelne Arbeiter oder das Kollektiv kein Interesse an den Endergebnissen seiner Arbeit und kann es auch nicht haben.

Lenins Gedanke, die wirksamste und modernste Form zu finden, das gesellschaftliche Eigentum und das individuelle Interesse miteinander zu verschmelzen, ist das Fundament unserer Versuche und unseres Konzepts für eine grundlegende Änderung der Wirtschaftsführung. . . . [Das Reformkonzept] sorgt ferner für die Schaffung neuer Organisationsstrukturen in der Verwaltung, für den umfassenden Ausbau ihrer demokratischen Grundlagen und für die Einführung der Prinzipien der Selbstverwaltung auf breiter Ebene« (*Perestroika*, S. 103 f.).

Aber wie will man für »Selbstverwaltung auf breiter Ebene« sorgen, wenn man am Dogma des Einparteiensystems und an den es stützenden Institutionen festhält? Wie soll der »umfassende Ausbau« der Demokratie mit strenger Kontrolle der Partei (eigentlich: des Parteiapparates) über die Gewerkschaften vereinbar sein? Setzt das nicht vielmehr voraus, daß die arbeitenden Massen in den Genuß aller demokratischen Freiheiten kommen: Versammlungs-, Demonstrations-, Koalitions- und Pressefreiheit, Streikrecht usw.?

Wie können die Arbeiter ihre Rechte als Miteigentümer an den Produktionsmitteln ausüben, wenn man behauptet, mehr praktischer Sozialismus entspreche »den vitalen Interessen aller Klassen und Schichten der sowjetischen Bevölkerung«, obwohl doch, was die Ausübung der Miteigentümerrechte angeht, die Interessen der Produzenten und die der Verwalter (Bürokraten) im Widerspruch stehen? Wird *Glasnost* an jener Grenze enden, die V. Iwanow, der Direktor des soziologischen Forschungsinstituts bei der sowjetischen Akademie der Wissenschaften, zog, als er die Ergebnisse einer in 120 über die ganze UdSSR verteilten Betrieben durchgeführten Studie verallgemeinerte und formulierte:

»Man kann nicht die Augen vor dem Widerspruch zwischen Kadern und Ausführenden [Produzenten] verschließen. Die Unterscheidung zwischen ›wir‹ und ›die anderen‹ hat schlimme Folgen.« *(Iswestija* vom 5. Mai 1987).

Besonders die Spitzen der für Polizei und Politik zuständigen Bürokratie, aber auch die Manager fürchten diese Dynamik. Selbstorganisation und unabhängige Aktivitäten der Arbeiterklasse wollen sie um jeden Preis verhindern. Das erklärt die zunehmenden Vorsichtsmaßnahmen Ligatschows und anderer gemäßigter Verfechter der *Perestroika*, wohingegen die »Konservativen« ihren Ärger herunterschlucken und warten, bis ihre Stunde schlägt. Daher auch die wachsenden Schwierigkeiten, vor denen Gorbatschow innerhalb der Regierung und im Politbüro steht, vom

Zentralkomitee ganz zu schweigen. Das alles führt zu partiellen Verbesserungen und halbherzigen Maßnahmen, nicht aber zu einer optimalen Entwicklung der Demokratie!

Die Grenzen von *Glasnost*

Indem sie *Glasnost* im Bereich der Politik begrenzen, sehen sich Gorbatschow und sein Team mit einem neuen, noch schlimmeren Dilemma konfrontiert: Wie können sie das Eindringen »subversiver« politischer Ideen in Texte, Theaterstücke und Filme verhindern, deren »Liberalisierung« offenbar vorangetrieben werden soll? Der Widerspruch zwischen *Glasnost* und *Perestroika* sowie zwischen *Glasnost* und der Selbstorganisation und Selbstverwaltung der Arbeiterklasse hat unausweichlich einen Widerspruch von *Glasnost* selbst zur Folge. Daher wird man, solange die politische Macht der Bürokratie nicht grundsätzlich bedroht ist, Schriftstellern und Künstlern – ganz zu schweigen von Journalisten – neue Beschränkungen auferlegen.

Roy Medwedew teilt mit, daß im Moskauer »Chudojestwenni«-Theater während des XXVII. Parteitages der KPdSU ein anti-bürokratisches Stück mit dem Titel *Silberne Hochzeiten* aufgeführt wurde. Wegen seiner Radikalität, strotzend von Anspielungen auf Stalin und den Stalinismus, durfte das Stück erst gespielt werden, als Ligatschow grünes Licht gegeben hatte.

Wenig später führte das »Leninistische Komsomol-Theater« ein Stück mit dem Titel *Die Diktatur des Gewissens* auf. Es konfrontiert in einem lebhaften Dialog (an dessen Ende der Leninismus siegt) Anhänger mit Gegnern des Leninismus. Während der Aufführung kam es zu einer lebhaften Diskussion mit den Zuschauern über die Chancen der Demokratie und die Notwendigkeit einer Opposition. Daraufhin wurde das Stück verboten.

Dieser Vorfall steht keineswegs isoliert da. So durfte der Rock- Film *Assa* in den Moskauer Kinos trotz Ankündigung nicht gezeigt werden (siehe die *Moscow News* vom 27. Dezember 1987). Der Dramaturg Michail Schatrow sagte bei einer Diskussion, die am 7. Januar 1988 im Moskauer Haus der Schriftsteller stattfand, daß ein Artikel über Wichinski, den Generalstaatsanwalt bei den Moskauer Prozessen, der in der *Literaturnaja Gazeta* erscheinen sollte, von der Zensur verboten worden sei (*Le Monde* vom 11. Januar 1988; später wurde er gedruckt, vgl. *Le Monde* vom 29. Januar 1988).

Unter diesen Bedingungen ist es kein Wunder, daß sich die Besorgnisse der kritischsten Intellektuellen und Kommunisten immer mehr um die Frage der Zensur polarisieren.

Hinter dem zumindest partiellen Festhalten Gorbatschows und seines Teams an der Zensur verbirgt sich ihre Furcht, das Machtmonopol zu verlieren. Deshalb finden wir bei Gorbatschow nach wie vor die alten besorgten, zweideutigen Formulierungen:

»Erinnern wir uns nochmals an Lenin: Literatur ist Teil der gesamten Sache der Partei. Das ist eine prinzipielle These, und wir lassen uns auch heute davon leiten. Wir werden die Leninschen Ideen nicht aufgeben. Dienst an der Heimat, am eigenen Volk – das ist es, was unsere Literatur und unsere Intelligenz stets auszeichnete.

Die Redakteure müssen sich ihrer Verantwortung bewußt sein. Ich will niemanden persönlich nennen, wir führen ein kameradschaftliches Gespräch. Man muß sich aber auch merken: Eine Zeitschrift, ein Verlag, eine Zeitung ist nicht jemandes persönliche Angelegenheit; das ist eine Angelegenheit der ganzen Partei, des ganzen Volkes. Und wir alle stehen im Dienst des Volkes« (*Perestroika. Die zweite Etappe hat begonnen*, Köln 1988).

Wenn die Presse keine persönliche Angelegenheit ist, darf sie auch keine Privatangelegenheit von Zensoren und kleinen Komitees sein, die entscheiden, was publiziert werden darf und was nicht. Wenn Presse und Literatur eine Sache der *ganzen* Partei sind, ist nicht nachvollziehbar, warum diese Partei – Millionen von Mitgliedern – die Kontrolle an wenige Zensoren delegiert. Hat man so geringes Vertrauen in die Urteilsfähigkeit der Kommunisten, daß man ihnen – noch nicht einmal gewählte – Zensoren vor die Nase setzt (auch die Einsetzung gewählter Zensoren wäre unannehmbar und widerspräche den Prinzipien des Marxismus, sieht man einmal von Ausnahmesituationen wie einem Bürgerkrieg ab, die jedoch in der heutigen UdSSR nicht vorliegen)? Sind Presse und Literatur eine Sache der ganzen Partei, wie verhält es sich dann mit der großen Mehrheit der Arbeiter, die keine Parteimitglieder sind? Dürfen sie nicht selbst entscheiden, was sie lesen wollen? Wird durch ihre Entmündigung nicht die revolutionär-marxistische These bestätigt, wonach die UdSSR nach wie vor ein Regime ist, in dem das Proletariat politisch enteignet bleibt, solange man ihm das Recht auf freie Meinungsäußerung, freien Informationszugang vorenthält? Wie läßt sich diese Abschaffung demokratischer Grundrechte im Namen des Sozialismus rechtfertigen? Man nenne uns nur ein Beispiel für Transparenz, das nicht im Interesse des Sozialismus läge! Und man schränke die Transparenz nicht unter dem Vorwand ein, den wahren Sozialismus verteidigen zu wollen, denn Transparenz dient stets den Zielen des Sozialismus.

Eine der überflüssigen Debatten, die unter Andropow an der Spitze der Bürokratie geführt wurden, betraf die Frage nach den »antagonistischen und nicht-antagonistischen« Widersprüchen des Sozialismus. Schon die Tatsache, daß man schließlich bereit war, die Existenz von »antagonistischen Widersprüchen« einzuräumen, liefert den besten Beweis dafür, daß die UdSSR noch weit von einer sozialistischen Gesellschaft entfernt ist. Das Bestehen »antagonistischer Widersprüchen« beweist die Existenz von Klassen oder Klassenfraktionen mit unvereinbaren Interessen. Aber wie können diese Interessen unter dem Einparteiensystem und dem bürokratischen Zentralismus artikuliert werden? Otto Lacis, stellvertretender Chefredakteur des Magazins *Kommunist*, räumt ein:

»Die Oktoberrevolution diente dem Pluralismus. Ihre Protagonisten lehnten das parlamentarische System ab und führten ein Rätesystem ein, aber innerhalb der Sowjets hielt sich der Pluralismus zunächst am Leben.«

Dann folgt jedoch sofort eine Einschränkung:

»Wir kennen die Mängel des Einparteiensystems besser als alle anderen. Dabei handelt es sich jedoch um eine historische Realität des Volkes. Derzeit ist die Partei die einzige Kraft, der es gelingen kann, den Wiederaufschwung zu organisieren und den Kampf gegen den Bürokratismus fortzuführen« *(Moscow News* vom 18. Januar 1988).

Aber hat nicht gerade der Parteiapparat die Bedingungen für Stagnation und Systemkrise geschaffen, denen man heute, selbst nach den Worten Gorbatschows und seines Teams, mit einer »neuen Revolution« zu Leibe rücken muß? Wäre es nicht besser, der Arbeiterklasse mehr zu vertrauen als dem Parteiapparat, der weitgehend aus Leuten besteht, die materielle Privilegien zu verteidigen haben?

Gorbatschow weigert sich, dieses Regime in Frage zu stellen. Aus diesem Grund klammert er sich an die »Einheit der Spitze«, meidet er öffentliche Kontroversen mit anderen Mitgliedern des Politbüros, weigert er sich, seine Differenzen mit Ligatschow & Co. öffentlich auszutragen. Seine Beschwörung der öffentlichen Initiative, seine Aufrufe zu mehr Demokratie stoßen auf dieses selbsterrichtete Hindernis, das gegenwärtig nicht überwindbar zu sein scheint.

ZWÖLFTES KAPITEL

Die Dialektik der Reformen und der sozialen Bewegung

Vor allem als Reaktion auf Proteste der Bevölkerung gegen die Widersprüche der Sowjetgesellschaft entstanden, fördern Gorbatschows Reformen diese Proteste sowie die Politisierung und politische Differenzierung immer neuer Gesellschaftsschichten; das alles geschieht vor dem Hintergrund einer Stagnation, in der sich die Lebens- und Arbeitsbedingungen der breiten Masse verschlechtern. Diese Vorgänge scheinen die grundlegende sozio-politische Dynamik der UdSSR in den letzten vier Jahren geprägt zu haben. Diese Dynamik verkürzt wiederum die Frist, in der Gorbatschows *Perestroika* handgreifliche Ergebnisse zeitigen könnte, um das in ihn gesetzte Vertrauen der führenden Bürokraten zu rechtfertigen, die Öffentlichkeit für sich zu gewinnen und drohende gesellschaftliche wie politische Explosionen zu verhindern.

Differenzierung und Protest machten sich auf allen Ebenen der sowjetischen Gesellschaftspyramide bemerkbar: im Politbüro und im Zentralkomitee; bei den nationalen Minderheiten; innerhalb der Ökologiebewegung; bei den Ideologen, Journalisten, Künstlern und Schriftstellern; in der Arbeiterklasse. Am bemerkenswertesten war das Auftauchen von der KPdSU unabhängiger Strömungen und Organe, die von autonomen politischen Aktionen zeugen.

Die Niederschläge von Tschernobyl

Die Affäre Tschernobyl enthüllte nicht nur die Schlamperei, sondern auch die Verantwortungslosigkeit des bürokratischen sowie eines Teils des militärischen Apparates. Allerdings bewies die Katastrophe auch die Fähigkeit anderer Fraktionen der Bürokratie und der Bevölkerung, schnell und solidarisch zu reagieren. Vor allem deckte sie die Grenzen von *Glasnost* auf – die kriminelle Informationspolitik verschärfte die Folgen der Katastrophe und erhöhte die Zahl der Opfer – und enthüllte die Existenz einer unabhängigen, kritischen öffentlichen Meinung.

Heute wissen wir, daß eine ukrainische Journalistin schon Monate vor der Havarie auf die Mißachtung der Sicherheitsvorschriften hingewiesen hatte. Doch trotz ihrer Warnungen wurden keine Maßnahmen ergriffen.

Beim Prozeß gegen die Verantwortlichen von Tschernobyl, der vom 7. bis zum 29. Juli 1987 stattfand, bekannten diese keineswegs ihre Schuld. Zwar räumten sie ein, experimentiert und dabei die Sicherheitsmechanismen abgeschaltet zu haben – ob auf Anweisung von oben oder nicht, bleibt im dunkeln. Sie wiesen aber auch auf Konstruktionsfehler hin und kritisierten zumindest implizit das Verhalten ihrer Vorgesetzten, indem sie forderten, der Prozeß solle nicht in Tschernobyl selbst, sondern in der ukrainischen Hauptstadt Kiew stattfinden. Dieser Antrag wurde jedoch zurückgewiesen.

Die Verurteilung des Hauptverantwortlichen, Viktor Brjuchanow, und zweier seiner Stellvertreter zu zehn Jahren verschärftem Arbeitslager scheint vor allem eine Maßnahme gewesen zu sein, mit der man Sündenböcke präsentieren wollte. Die Verantwortlichkeit der übergeordneten ukrainischen Behörden – sowohl für die Auswahl des Reaktortyps als auch für die Genehmigung des Experiments bei gleichzeitiger Abschaltung der Sicherheitsmechanismen sowie für die verspätete Evakuierung der Anwohner – wurde in dem Prozeß nicht erörtert. Gleichwohl scheint es, als seien politische und administrative Sanktionen (Ausschluß aus der KPdSU) verhängt worden.

Jene Journalistin, die Behörden und Bevölkerung darüber informiert hatte, daß man in Tschernobyl gegen die Sicherheitsvorschriften verstieß, wurde in dem Prozeß nicht als Zeugin geladen. Man darf nicht vergessen, daß es sich um einen Geheimprozeß handelte, bei dem nur am ersten und am letzten Verhandlungstag einige Journalisten teilnehmen durften. All diese Verkehrungen konnten jedoch nicht verhindern, daß in einem Teil der öffenlichen Medien kritische Stimmen laut wurden.

Damit waren aber die politischen »Niederschläge« von Tschernobyl noch keineswegs beendet. Am 25. April 1988 stand in der *Prawda*, die neuen Verantwortlichen von Tschernobyl verhielten sich, »als sei nichts geschehen«. Nach diesem Artikel soll die Direktion völlig unqualifiziertes Personal eingestellt haben – zum Teil sogar mit dunkler Vergangenheit. In Tschernobyl herrsche nach wie vor der Alkoholismus. Disziplinlosigkeit und Verletzung interner Vorschriften seien an der Tagesordnung. Auch die sanitären Regeln würden nicht eingehalten.

Die Führungskräfte in der Zentrale versuchten, die Produktion um jeden Preis zu beschleunigen. Bei fälligen Reparaturen sei übel geschlampt worden. Kein Ingenieur habe sie überprüft. Man habe die Apparate ohne Probelauf wieder eingeschaltet, obwohl die Aggregate schwere Mängel aufwiesen. Der Artikel schließt mit einem düsteren Urteil: Die Direktion des

»Kombinats« habe keine Lehren aus der Vergangenheit gezogen. Sie verhalte sich, als habe es keine Havarie gegeben, und daher sei eine erneute Katastrophe möglich.

Im Mai 1988 wurde bekannt, daß einer der Hauptverantwortlichen für die sowjetische Atomenergie, das Akademiemitglied Waleri Legassow, der für die Beendigung der Katastrophe von Tschernobyl eine wichtige Rolle gespielt hatte, durch Selbstmord aus dem Leben geschieden war. Am 20. Mai 1988 veröffentlichte die *Prawda* einen Auszug aus seinem Tagebuch mit schweren Vorwürfen gegen das Verwaltungssystem, das die Katastrophe ermöglicht hatte. Man müßte den Text vollständig zitieren, aber begnügen wir uns mit folgenden Passagen:

»Nach meinem Besuch in Tschernobyl zog ich den Schluß, daß der Unfall das Ergebnis einer verfehlten wirtschaftlichen Entwicklung war, die unser Land seit mehreren Jahrzehnten prägt. Verheerender Zustand der Anlagen und Installationen zwischen den planmäßigen Wartungsterminen. Der Leiter einer Zentrale drückte es ganz klar aus: ›Warum regen Sie sich auf? Der Reaktor ist so etwas wie ein Samowar; außerdem haben wir qualifiziertes Personal. Es wird schon nichts passieren.‹ Lecks in wichtigen Rohrleitungen, mangelhaft funktionierende Absperrventile, defekte Reaktorkanäle – jedes Jahr das gleiche. Seit zehn Jahren bemühen wir uns, die Konstruktion zu verbessern, seit fünf Jahren dringen wir auf ein besseres Sicherheitssystem – alles ohne Erfolg. Die Qualifikation der Ingenieure und des Personals hat sich verschlechtert. In meinem Safe liegen Transkriptionen von Telefongesprächen, die Angehörige des Personals am Vorabend des Unfalls geführt haben. Dabei fragte einer seinen Kollegen: ›Das Programm schreibt vor, was zu tun ist, aber viele Anweisungen sind durchgestrichen. Was soll ich machen?‹ Der andere erwiderte: ›Mach was durchgestrichen ist.‹« (*Prawda* vom 20. Mai 1988)

Boris Kagarlitzki hat die Bedeutung der Tragödie von Tschernobyl wie folgt zusammengefaßt:

»Die Havarie von Tschernobyl legte schlagartig alle Schwächen des traditionellen Managementsystems und seine Unvereinbarkeit mit der modernen Technik bloß. Lange vor der Katastrophe hatten viele Spezialisten auf die wirtschaftlichen und technischen Fehlkalkulationen hingewiesen, die in den siebziger Jahren mit der Entwicklung der Kernenergie einhergingen. Die Reaktoren wurden zu nah an dichtbesiedelten Industriezentren gebaut, und bei ihrer Konstruktion unterliefen Fehler. Gleichwohl bestand die Breschnew-Regierung darauf, das Programm zur friedlichen Nutzung der Atomkraft schnell zu verwirklichen, da sie in ihm ein Zaubermittel sah, die drängenden Energieprobleme zu lösen. Als die Katastrophe geschah, wurde deutlich, daß die Leiter des Kraftwerks inkompetent und daß die zum Unfallort geschickten Feuerwehrleute ihrer Aufgabe unter der Bedingung radioaktiver Niederschläge nicht gewachsen waren. Außerdem enthielten die örtlichen Führungskräfte den obersten Machthabern Informationen vor, was die Lage noch verschlimmerte« (*New Left Review*, Mai-Juni 1988).

Inzwischen stößt der Bau von Kernkraftwerken zunehmend auf Widerstand. Es entstehen Ökologiegruppen, von denen einige spektakuläre Erfolge verzeichnen können. Nach Angaben der *Komsomolskaja Prawda* gaben die Behörden dem öffentlichen Druck nach und stoppten den Bau eines Atomkraftwerks in Krasnodar. Ein Theaterstück von

Wladimir Gubarjew, *Sarkophag*, hatte großen Erfolg. Man fragte sich dort, wieso die Katastrophe von Tschernobyl 36 Stunden verspätet bekanntgegeben und die Anwohner erst nach dieser Frist evakuiert wurden, wohingegen die örtlichen Funktionäre ihre Familien sofort evakuieren ließen?

Diese Reaktion enthüllt, wie sehr die Privilegien der Bürokratie im Zentrum der Dialektik »Unzufriedenheit der Bevölkerung/Reformen Gorbatschows/Aufkommen autonomer gesellschaftlicher Bewegungen« liegen, die derzeit in der UdSSR zu beobachten ist. Die Angriffe auf diese Privilegien in den Medien waren nach der Intervention Alijews am Ende des XXVII. Parteitages der KPdSU brüsk beendet worden. Später kehrten sie in der Presse regelmäßig wieder, wann immer kritische Leserbriefe oder Gespräche zwischen Verantwortlichen und Fragestellern auf örtlichen Versammlungen publiziert wurden.

So wurde angeprangert, daß es neben Sondergeschäften, Sanatorien und Ferienheimen auch Sonderstationen in den Krankenhäusern, komfortable bis luxuriöse Appartements (und Zweitwohnungen) für die oberen Schichten der *Nomenklatura* gibt; außerdem haben ihre Kinder privilegierten Zutritt zu höheren Ausbildungsstätten, und es gibt Eliteschulen (*Spets Scholi*) »für Hochbegabte«, die für Angehörige der *Nomenklatura* reserviert sind. Auch das löste in der Öffentlichkeit empörte Reaktionen aus.

Eine im März 1987 von der *Moskowskaja Prawda* durchgeführte Untersuchung, die in der *Sunday Times* vom 15. März 1987 zitiert wurde, ergab, daß sich die 90 *Spets Scholi* Moskaus auf die guten Viertel der Stadt konzentrieren. Nur 6 Prozent der Kinder, die sie besuchen, stammen aus der Arbeiterklasse; in den höheren Klassen geht ihr Anteil gegen Null.

Man kann natürlich nicht behaupten, daß in der Sowjetunion heute alles aufgedeckt und diskutiert wird. Die UdSSR ist ein riesiges Land, in dem die Informationen spärlich fließen. Die Mediennetze werden vom Apparat kontrolliert. Wie früher gibt es auch heute noch viele konformistische Schreiberlinge, die heikle Themen lieber umgehen. Gleichwohl wird *Glasnost* auf lange Sicht für mehr Öffentlichkeit und weitere Skandale sorgen.

Die Armenien-Krise und der Aufstand in den baltischen Republiken

An den ökologischen Problemen entzündeten sich auch die Aufstände in Armenien, wo nicht nur Nagornij-Karabach im Zentrum der Proteste steht. Die Armenien-Krise hat sich stärker zugespitzt als vorher das Problem der unterdrückten Krimtataren. Das lag – auch wenn man die explosive Dynamik der Nationalitätenfrage für mehrere Sowjetrepubliken nicht unterschätzen darf – weniger an dem mit ihr aufgeworfenen institutionellen Problem als an der bemerkenswerten Selbstorganisation der Bevölkerung. Seit der Oktoberrevolution hatte es so etwas in der UdSSR nicht mehr gegeben: eine Reihe von Generalstreiks, die – zunächst in Stepanakert, dann in der großen Industriestadt Eriwan und später in der ganzen SSR Armenien – monatelang wiederauflebten, wobei Aktionskomitees, örtliche Koordinationsstellen und Schutztruppen gegründet wurden. Die Koordinatoren verhandelten gleichberechtigt mit den örtlichen, regionalen und nationalen Behörden; es kam zu gewaltigen Kundgebungen mit Zehntausenden von Demonstranten. Das Ergebnis ließ nicht auf sich warten und bestätigte die Lehren aus den Protestbewegungen in verschiedenen osteuropäischen Ländern: Die örtlichen Behörden, ebenso der Partei wie der Republik Armenien, kapitulierten und übernahmen die Forderungen der Aufbegehrenden. Der Konflikt verwandelte sich in einen Machtkampf zwischen den von der örtlichen Bürokratie bzw. Partei unterstützten Massen und der Zentralmacht.

Die Forderungen der Streikenden beschränkten sich nicht auf die nationale Frage. Nach der *Prawda* vom 21. März 1988 wurde auch gefordert, Betriebs- und Parteiführer zu entlassen, neue zu wählen, Volksdelegierte zurückzurufen und alle aus der Partei auszuschließen, die sich der Gründung der Basisausschüsse für Karabach widersetzt hatten.

Die Ursachen und der Ausbruch des Konflikts um das Problem von Nagornij-Karabach lassen sich nicht auf den jahrzehntealten Konflikt zwischen Armeniern und Aserbaidschanern oder gar zwischen Katholiken und Muslimen reduzieren. Auslösend scheint eine Empörung der Armenier über Emissionen aus den Chemiefabriken in Eriwan gewesen zu sein. Hinzu kamen die unzureichende soziale Infrastruktur und das Elend in dem Autonomen Gebiet Nagornij-Karabach sowie unerfüllte kulturelle Forderungen. Diese Probleme erklären die Autonomiebestrebungen der Armenier und überlagern die Frage der Wiederangliederung Nagornij-Karabachs an die SSR Armenien. Allein die Kombination aller dieser Faktoren kann den Umfang der Explosivität des Konflikts erklären.

Gleichwohl darf man die Bedeutung der nationalen Frage nicht unterschätzen. Dabei zahlt die UdSSR den Preis für drei schwere Fehler der Bürokraten: die Politik des »Sozialismus in einem Lande« und die entsprechende Abkehr von einem authentischen Internationalismus; die repressive Politik Stalins gegenüber nichtrussischen Nationalitäten; und die Kaderpolitik Breschnews, der versuchte, die Zeitbombe des Nationalitätenproblems zu entschärfen, indem er sich auf die regionalen Bürokratenmafias der einzelnen SSRs stützte. Mit dem Beginn der Demokratisierung durch *Glasnost* werden diese Maßnahmen der Bürokratie heute wieder in Frage gestellt.

Die Armenien-Krise griff schnell auf die baltischen Republiken – besonders Estland – über. Dort kam es zu einer der größten Massenkundgebungen Europas seit Mai 1968. Allerdings erreichte die Selbstorganisation nicht das Ausmaß wie in Armenien. Die örtliche Parteibürokratie hatte die Lage stets fest im Griff. Zwar führte der Druck der Massen zu einem Verfassungskonflikt, der aber durch einen Kompromiß beigelegt wurde. Obwohl er anfangs sehr verärgert war, machte Gorbatschow auch in Nagornij-Karabach Zugeständnisse.

Nach den Problemen in Armenien, Aserbaidschan und den baltischen Republiken kam es auch in Weißrußland und Moldauischen SSR zu Unruhen. Am 3. Oktober 1988 lösten die Enthüllungen von Kuropatni in Minsk eine Massendemonstration mit 10.000 Teilnehmern aus. Diese von der Miliz heftig bekämpfte Kundgebung förderte die Gründung einer weißrussischen Volksfront, an deren Möglichkeit viele gezweifelt hatten.

Die armenischen Generalstreiks sind zwar der bisherige Höhepunkt der autonomen Massenbewegung in der UdSSR Gorbatschows, zeugen aber vom Erwachen des Proletariats in weiten Teilen der Sowjetunion.

Eine erste Streikwelle

Die Dialektik von öffentlicher Unzufriedenheit, den Reformen Gorbatschows und dem Aufkommen autonomer Massenbewegungen zeigt sich auch im Rahmen von Arbeitskämpfen, an denen die numerisch größte Klasse der UdSSR beteiligt ist. Die sowjetische Presse hat über mehrere Streikbewegungen berichtet: in den LKW-Fabriken von Kamaz in Breschnew; der Busfahrer von Tschechow, einer 70 Kilometer südlich von Moskau gelegenen Stadt; der Busfahrer von Tschernoizi und Kichinew; in einer Maschinenfabrik in Tschumen; in einem Elektronikwerk in Litauen; der Arbeiter von Krivoi Rog und Wolgograd gegen verspätete Lohnzahlungen; etc. Es gab sogar Fernsehberichte über den Streik in einer Moskauer Fabrik, wo die Arbeiter gegen die schlechten Hygienebedingungen und die vielen Betriebsunfälle protestierten.

Im allgemeinen werden die bisher ausgebrochenen Streiks mit der Einführung staatlicher Qualitätskontrollen in Verbindung gebracht, die derzeit für etwa 50 Prozent der Industrieproduktion gelten. Produkte, die nicht den Qualitätsnormen entsprechen, werden nicht abgenommen, das heißt, sie werden bei der Berechnung der Prämien nicht berücksichtigt. Bei Zwischenprodukten hat dies zur Folge, daß Fließbänder zeitweise stillstehen müssen, was erneut zum Sinken der abgenommenen Produktion und damit der Prämien führt. Nach einem Artikel der *Sowjetkaja Rossija* vom Januar 1987 haben viele Arbeiter aufgrund der Qualitätskontrollen monatlich rund 50 Rubel eingebüßt (bei Monatslöhnen von etwa 200 Rubel). Daraus erwuchs eine weitverbreitete Unzufriedenheit.

Andere Quellen nennen höhere Zahlen. In der Schwermaschinenfabrik von Alma Ata wurden die Lohnverluste der Arbeiter auf monatlich 60 bis 70 Rubel geschätzt. In Leningrad, wo man 1984 in 200 Betrieben das Pilotprojekt »neue ökonomische Mechanismen« eingeführt hatte, ergab eine 1987 durchgeführte Untersuchung, daß 70 Prozent der Arbeiter keine Verbesserung feststellen konnten. Im Dezember 1986 befragte Boris Jelzin junge Arbeiter der Moskauer Autofabrik SIL. Er faßte ihre Antworten in folgender Formel zusammen: »Null Besserung, keine Fortschritte« (*Die ZEIT* vom 10. April 1987).

Eine weitere Quelle der Unzufriedenheit ist die Umstellung der Lohnskalen und des allgemeinen Prämiensystems, aus der ebenfalls Einbußen folgen. Bei dieser Maßnahme hatten die Betroffenen kein Mitspracherecht.

Die Unzufriedenheit der Arbeiter wird von zahlreichen Anhängern Gorbatschows bestätigt. Ein Bericht der *Moscow News* vom 4. Oktober 1987 über das große Automobilkombinat *Volski* von Togliattigrad enthält folgenden Satz: »Unter den Arbeitern wächst die Unzufriedenheit; Selbstverwaltung oder nicht, wir sind es, die unter dem neuen Prämiensystem leiden.«

Gorbatschow ist sich dessen bewußt. In seiner Rede, die er in Komsomolsk bei Amur hielt, sagte er:

»Wenn die Wirtschaftsleiter die sozialen Fragen ganz hinten anhängen, so erkläre ich unmißverständlich, daß alle unsere Pläne, die allerneuesten Mittel, die ganze mit Robotern bestückte Produktion, die numerisch gesteuerten Bearbeitungszentren nichts wert sind – all das wird brachliegen« (*Die ZEIT* vom 10. April 1987).

Auf der 19. Parteikonferenz der KPdSU wurde von mehreren Delegierten, darunter Boris Jelzin, erneut die Frage nach den Privilegien der Bürokratie angesprochen. Ligatschow erwiderte darauf demagogisch und mystifizierend, daß die Masse der Parteifunktionäre nicht mehr verdienen als den Durchschnittslohn von Arbeitern. Richtig. Aber wenn von den exorbitanten Privilegien die Rede ist, geht es ja gar nicht um die Masse, sondern um die *Nomenklatura*. Deren Monatsbezüge, ganz zu schweigen von den sonstigen Vorteilen, hütete sich Ligatschow wohlweislich zu beziffern. Eine von den *Moscow News* (Juli 1988) veröffentlichte Umfrage machte deutlich, wie verhaßt diese Privilegien sind.

Das volle Ausmaß der Privilegien wurde erst öffentlich bewußt, als die sowjetischen Medien begannen, Untersuchungen über den durchschnittlichen Lebensstandard von Arbeitern und »Armen« zu publizieren. Diese Untersuchungen enthüllen traurige Schicksale. Das Lebensminimum wird für eine Familie mit zwei Kindern auf 320, für einen kinderlosen Haushalt auf 300 und für Alleinstehende auf 200 Rubel pro Monat geschätzt. Die *Komsomolskaja Prawda* berichtet über zwei Mädchen, die als Küchenhilfen in Nowosibirsk arbeiten:

»Wir verdienen monatlich 110 bzw. 120 Rubel. Davon brauchen wir 60 Rubel für Essen und Trinken, 12 für die Miete und 5 für Fahrtkosten. Damit bleiben uns für alle anderen Kosten 30 bzw. 40 Rubel. In Nowosibirsk sind die Winter lang und kalt. Für ein Paar (der billigsten) Stiefel müssen wir zwei Monate lang sparen. Für einen Mantel sechs bis zehn Monate, für einen Hut sparen wir drei Monate. Für die Winterkleidung haben wir also achtzehn Monate gespart; aber es gibt ja noch den Herbst, den Frühling und den

Sommer. Wie leben Jugendliche, die sich modisch kleiden? Wieviel müssen sie verdienen, und wie kommen sie zurecht? Uns ist es ein Rätsel, wie sie das schaffen, und wir werden es wohl nie verstehen; dazwischen liegen Welten.«

Wäre es ein Wunder, wenn dieses Gefühl von erlittenem Unrecht angesichts schreiender gesellschaftlicher Ungleichheit in gewaltsame Reaktionen umschlüge?

Die Regierung hat sich durch den Druck der Bevölkerung zu einigen Konzessionen bewegen lassen. Im Januar 1988 beschloß sie, die »Berioska«-Geschäfte abzuschaffen, in denen sowjetische Bürger gegen Devisen (die den arbeitenden Massen nicht zugänglich sind) Luxusartikel kaufen konnten. Gleichzeitig beschloß sie die Abschaffung von leider nur 40 Prozent der »Dienstwagen«, die Bürokraten kostenlos zur Verfügung stehen.

Gorbatschow und sein Team behaupten, der Widerstand in der Bevölkerung würde von »konservativen« Gegnern der *Perestroika* gefördert. Aber die Unhaltbarkeit dieser Aussage liegt auf der Hand, berücksichtigt man den Widerstand der Konservativen gegen die begrenzte Erweiterung der Arbeiterrechte in den Betrieben. Jean-Marie Chauvier kommentierte die Reaktion der Konservativen auf die Wahl einiger Werkmeister und in manchen Fällen auch Direktoren nach dem in der *Prawda* vom 8. Februar 1987 abgedruckten Gesetzentwurf wie folgt:

»Was wird aus dem Grundsatz der einheitlichen Betriebsführung? Soll man zur geheimen Wahl zurückkehren oder nicht? Sind die Arbeiter auf diese plötzliche Beteiligung an der Verantwortung vorbereitet, und wünschen sie diese wirklich? Müßten sich die Arbeiter, bevor man von Selbstverwaltung spricht, nicht zuerst in den unabhängigen Gewerkschaften der Verwaltung zu organisieren lernen?« (*Le Monde Diplomatique*, Mai 1987).

In Wirklichkeit besteht kein Widerspruch zwischen der Forderung nach staatsunabhängigen Gewerkschaften und der anderen Forderung, den Arbeitern in der Übergangsphase bis zu ihrer Selbstverwaltung die Kontrolle über die Produktion zu geben. Beim Streik der LKW-Fahrer von Tschechow äußerten die Bürokraten ebenso große Feindseligkeit gegenüber *Glasnost* wie gegenüber den Arbeitern:

»Viktor Woronin, ein Verantwortlicher für Verkehr im Rathaus, erklärte, früher hätte man von Sabotage gesprochen. Nicht ohne Bitterkeit stellte er fest, mit der Demokratie habe man dem Volk die Zügel schießen lassen, es sei ein Skandal« (*Le Monde* vom 17. September 1987).

Die bewußtesten Arbeiter reagieren vorsichtig und konsequent. Nach dem Streik der LKW-Fahrer von Tschechow wurde ein Rat der Arbeiterkollektive gegründet, der brennende Probleme im Zusammenhang mit den Ruhezeiten und der Zuteilung von Wohnungen lösen sollte. Bei den Streiks in den Fabriken von Kamaz präzisierten Arbeiter die Motive für ihre Ablehnung der Qualitätskontrollen: »Unsere Löhne sinken, weil andere Fehler gemacht haben. Geben Sie uns die Verantwortung, dann werden wir auch die Folgen akzeptieren.«

Genau darin liegt das Problem. Solange die Arbeiter und die Öffentlichkeit nicht die Verwaltung kontrollieren, kann es in den Betrieben weder Demokratisierung noch *Glasnost* geben. Aber diese allgemeine Kontrolle setzt voraus, daß Rechte und

Macht der Direktoren (Manager) erheblich abgebaut statt gefördert werden. Selbstverwaltung der Arbeiter und »Selbstverwaltung« der Manager schließen einander aus.

Ein Arbeiter der Werkzeugmaschinenfabrik Ordjonikidse drückt das auf seine Weise aus:

»Früher gehörten dieselben Maschinen dem Staat, im besten Fall dem Betrieb. Deshalb protestierten die Arbeiter. Was der Ertrag dieser Maschine war, wußte man nur im Rahmen des Plans. Das paßte niemandem, regte aber auch niemanden auf. Von nun an gehören die Maschinen uns« (*Moscow News* vom 10. Januar 1988).

Jüngst publizierten die *Moscow News* (Heft 1, 1988, Beilage) zwei Artikel über den besten Weg, die Mißstände in der Industrie zu überwinden; sie entsprechen den beiden entgegengesetzten Haltungen in dieser Frage. Wie zufällig stammt der erste von einem Parteisekretär und stellvertretenden Werksmeister, der zweite von einem einfachen Arbeiter. Der erste ist offen stalinistisch und richtet sich gegen die Wahl der Direktoren; der zweite ist kommunistisch und plädiert für die Selbstverwaltung der Arbeiter.

Der aufrührerische Geist, der sich unter den Arbeitern zu zeigen beginnt, ist bei den Jüngeren verbreiteter und artikulierter als in der älteren Generation. Man gewinnt den Eindruck, die sowjetische Jugend, besonders einiger Großstädte, erlebe ihren Vormai '68. So verwandeln sich Pop-Konzerte in quasi-politische Kundgebungen; Jugendliche der Stadt Tomsk versammelten sich zu Tausenden auf einem Platz und verurteilten ihre Ausbildung sowie den Mangel an Demokratie in der Schule.

Selbst die juristische Repression entgeht der öffentlichen Kritik nicht. Das Magazin *Sowjetskaja Rossija* berichtete am 14. August 1987 über düstere Haftbedingungen jugendlicher Delinquenten in der Gegend von Leningrad, was Bände über die Ausgrenzung eines Teils der sowjetischen Jugend und über den Haftvollzug durch den KGB spricht.

Der Journalist dieses Magazins zitiert den Oberst Alexander Sedow, einen hohen Beamten des Strafvollzugs in der Region Leningrad, der betonte, das Lager sei »ein Staat im Staate«, bestimmt für Delinquenten, »die zu Recht verurteilt worden sind und dies auch wissen«. Der Beamte fügte hinzu, wenn es nach ihm ginge, gäbe es überhaupt keine öffentlichen Informationen über das Lagersystem, denn das Gerede über die Haftbedingungen sei nichts als »Demagogie« (*Le Monde*, vom 16./17. August 1987).

Die Möglichkeit autonomer Aktionen ruft bei den Jugendlichen eine starke politische Differenzierung hervor. So entstanden in Moskau verfeindete Banden von Halbstarken, die an die westeuropäischen Skinheads und ihre Gegenspieler, die Punker, erinnern. Die *Ljuberi* (benannt nach der am Rande Moskaus liegenden Kleinstadt Ljubertsi) bekämpfen die Punker, die Hippies und die Pop- und Rock-Fans. Sie wollen »Moskau von dieser Seuche befreien«, in der sie eine »Schande für die sowjetische Lebensweise« sehen. Am 22. Januar 1987 organisierten 2.000 Aktivisten der fortschrittlichen Jugendbewegung in den Straßen der Hauptstadt eine Demonstration gegen die *Ljuberi*. Durch eine seltsame Koinzidenz war das der Augenblick, den die Justizbehörden wählten, um die Ermittlungen gegen diese extrem rechte Gruppe einzustellen. Dadurch bestätigte sich das Gerücht, sie werde vom KGB unterstützt. Die auf der Seite Gorbatschows stehende Presse, etwa *Literaturnaja Gazeta*, griff die *Ljuberi* zwar scharf an, schrieb aber brüsk, es bestehe keine Gefahr, »unverantwortliche Journalisten« hätten das Phänomen nur stark übertrieben.

Die eskalierenden Forderungen nach mehr Demokratie irritieren den Apparat, darunter auch die gemäßigten Anhänger Gorbatschows. Ligatschow und der KGB-Chef Tschebrikow haben die »Demagogen« und die »einseitigen Darstellungen der Vergangenheit« (das heißt Stalins), vor allem im *Ogonjok* und in den *Moscow News*, scharf kritisiert. Auch sind ihnen die »radikalen Anhänger Gorbatschows« wie Jegor Jakowlew, Afanasjew und andere ein Dorn im Auge.

Die Affäre Jelzin

Diese Irritation erreichte ihren Höhepunkt, als Boris Jelzin am 11. November 1987 als Parteisekretär der KPdSU in Moskau abgesetzt wurde. Die Affäre erwuchs aus dem Treffen des Zentralkomitees am 21. Oktober 1987. Dieses Plenum war die Bühne für eine Konfrontation zwischen der Gruppe Ligatschow-Tschebrikow-Saikow einerseits und Boris Jelzin andererseits; diese erlaubte es Gorbatschow, eine bonapartistische Position zwischen den beiden einzunehmen. Da bisher weder die Protokolle dieser Sitzung noch eine offizielle Verlautbarung veröffentlicht sind, ist man auf Hypothesen und Mutmaßungen angewiesen.

Nach Alexandre Adler (*Libération* vom 31. Oktober/1. November 1987) soll Jelzin Ligatschow »Unmenschlichkeit« vorgeworfen und Gorbatschow kritisiert haben, weil er einen »Kult um seine Person« organisiere. Außerdem habe er beklagt, daß die *Pe-*

restroika zu langsam umgesetzt werde. Dann habe er rasche Verbesserungen des allgemeinen Lebensstandards gefordert, ohne welche die *Perestroika* nicht gelingen könne. Ligatschow habe ihn derb angefahren, die Bilanz sei gerade in Moskau, wo Jelzin Parteichef war, besonders dürftig. Jelzin habe bei dieser Sitzung des Zentralkomitees seinen Rücktritt angeboten, und dieses habe beschlossen, über sein Angebot nachzudenken. Schließlich habe Gorbatschow nach Versöhnungsversuchen für den Ausschluß Jelzins aus der Parteiführung plädiert.

Am 13. November 1987 wurde die Öffentlichkeit der UdSSR und des Auslandes durch einen Artikel der *Prawda* aufgeschreckt. Er enthielt ein Protokoll der Plenarsitzung des Moskauer Parteikomitees. Dieser Bericht steht, ebenso wie Jelzins Ausschluß aus der Parteiführung, für einen schweren Rückschlag des Demokratisierungsprozesses.

Die Öffentlichkeit frappierte nicht nur, daß Jelzin abgesetzt wurde. Vor allem überraschte sie der Inhalt der »Debatten« im Parteikomitee für Moskau-Stadt. Dem Bericht zufolge gab es keine offenen Kontroversen, sondern herrschte völlige Einmütigkeit. Jelzin habe nur am Ende der »Diskussion« eingegriffen, um zu kapitulieren:

»Ich erkenne die heute gegen mich erhobenen Vorwürfe an. Wahrscheinlich hat der Genosse Elisseijew recht, wenn er sagt, das alles hätte besser schon früher passieren sollen. Als überzeugter Kommunist habe ich immer an die Generallinie der Partei und an die Beschlüsse des XXVII. Parteitages geglaubt. Selbstverständlich glaube ich auch an die Umgestaltung; darüber kann es keinen Zweifel geben. Das erkläre ich euch, die ihr als Kommunisten zwei Jahre mit mir in der Partei zusammengearbeitet habt, in aller Offenheit. Jede meiner Handlungen, die im Widerspruch zu dieser Erklärung steht, muß zu meinem Ausschluß aus der Partei führen.« (Er soll diese Erklärung unter dem Einfluß von Medikamenten abgegeben haben.)

Wir wissen aber immer noch nicht, welchen Inhalt der Beitrag Jelzins im Zentralkomitee hatte, der die Eskalation auslöste, und welche tatsächlichen Differenzen »der Affäre Jelzin« zugrunde liegen.

Die von der *Prawda* zitierten Beiträge der Ausschußmitglieder grenzen in ihrem haßerfüllten Ton und Inhalt ans Gemeine. Alle Teilnehmer der »Debatte« sind hochgestellte Bürokraten mit satten Gehältern. Kein einziger Arbeiter, kein Vertreter der »Basis« war zugegen. Alles reduzierte sich auf die Verurteilung der persönlichen Ambitionen Jelzins, die er über die Interessen der Partei gestellt habe.

Die Vorwürfe kulminieren in einem stalinistischen Kredo, das im schroffen Gegensatz zum demokratischen Zentralismus und zu den Praktiken der Partei unter Lenin steht:

»Wer den geringsten Zweifel am Einverständnis der Moskowiter mit der Position des Zentralkomitees aufkommen läßt, versündigt sich, begeht ein großes Verbrechen gegen die Partei; anders kann man es nicht ausdrücken.«

Wie um zu bekräftigen, daß es sich um einen »exemplarischen Fall« handelt, publizierte die *Prawda* in ihrer Ausgabe vom 16. November 1987 eine Stellungnahme gegen »mißbräuchliche Deutungen« der Demokratie, die drohen, »Anarchie und Chaos zu fördern«. Indem es auf die neuen, den Arbeitern gebotenen Möglichkeiten anspielt, ihre Vorgesetzten in den Unternehmen zu wählen, gibt das Blatt zu bedenken, »daß die führende Rolle der Partei in der Verfassung festgeschrieben ist«. »Deshalb«, bekräftigt die *Prawda*, »haben die Parteikomitees das Recht, ihre Meinung über die empfohlenen Kandidaten offen zu äußern« (zitiert nach *Le Monde* vom 18. November 1987).

Aber der schwere Schlag, den *Glasnost* durch direkten Eingriff des Parteiapparates – in Gestalt der Gruppe Ligatschow-Tschebrikow-Saikow – versetzt bekam, ist nicht der einzige wichtige Aspekt »der Affäre Jelzin«. Daß in der UdSSR auch eine *Dialektik* zwischen Reformen und »gesellschaftlicher Bewegung« vorliegt, hat sich bei diesem Anlaß ebenfalls bestätigt.

Die am stärksten politisierten Teile der Bevölkerung nahmen diese kalte Dusche nicht tatenlos hin. In Moskau und anderen Städten kam es zu spontanen Reaktionen unabhängiger Klubs. Moskauer Studenten organisierten eine Protestkundgebung. In Swerdlowsk (Jelzins Heimatstadt) fanden Demonstrationen statt. Vor allem kam es unter den Moskauer Arbeitern zu Unruhen.

Jef Turf, damals Präsident der flämischen KP, der Augenzeuge war, erklärte öffentlich, in der Moskauer Automobilfabrik (dem größten Werk der Stadt) seien Diskussionen und Warnstreiks am Morgen des 13. November so heftig gewesen, daß sich die Chefs aus Furcht vor dem Ausbruch eines Generalstreiks beeilt hätten, den Arbeitern nachmittags freizugeben.

Das alles muß nicht nur der Person Jelzins gegolten haben, auch wenn dieser durch seine »populistischen« Kampfreden gegen die Privilegien der Bürokratie, gegen die Korruption und für eine Verbesserung des allgemeinen Lebensstandards zweifellos viele Sympathien gewonnen hat. (Heute ist er bei den sowjetischen Arbeitern sogar populärer als Gorbatschow.) Es entsprach dem Willen einer politisch bewußten Schicht, die in den Jahren 1986-1988 partiell erreichten demokratischen Freiheiten zu wahren, auszubauen und keine Rückschritte zuzulassen. Das mußte die Gruppe Ligatschow-Tschebrikow-Saikow ebenso zur Kenntnis nehmen wie auch Gorbatschow selbst.

Die Popularität Jelzins zeigte sich in einer rasch von 25.000 Personen unterzeichneten Petition, ihn wieder als Parteiführer der Moskauer KP einzusetzen. Später nahm Jelzin seine Kapitulation zurück. Zunächst äußerte er sich dazu im April 1988 bei einem Interview mit den *Moscow News*, das diese nur in ihrer deutschen Ausgabe publizierten. Dann folgte ein Interview mit der BBC. Schließlich hielt er auf der 19. Parteikonferenz der KPdSU, für die er trotz allem als Delegierter gewählt wurde, eine aufsehenerregende Rede. Über die neuere Entwicklung berichtet die *Frankfurter Allgemeine Zeitung* vom 20. März 1989:

»Auf einer Kundgebung für Jelzin wurde am Sonntag in Moskau der Sturz des konservativen Politbüro-Mitgliedes Ligatschow gefordert. Etwa zehntausend Menschen marschierten nach einer Wahlveranstaltung mit Jelzin im Gorki-Park zum Rathaus und verlangten in Sprechchören ›Hände weg von Jelzin‹ und ›Nieder mit Ligatschow‹. . . . An einer Wahlveranstaltung Jelzins am Samstag hatten nach Angaben der Veranstalter fünfzehntausend Menschen teilgenommen. . . . Die Teilnehmer billigten zum Abschluß der Versammlung einen offenen Brief an Staats- und Parteichef Gorbatschow, in dem die Vorwürfe gegen Jelzin konstruiert und herabwürdigend genannt wurden. Bei der spontanen Wahlkundgebung im Gorki-

Park am Sonntag sagte Jelzin, er sei ›der Verstand, die Ehre und das Gewissen‹ der Partei.«

In der Folge bewiesen zwei Affären, daß der Fall Jelzin keine Ausnahme war, da er die in der UdSSR vor sich gehende politische Zersplitterung, deren Beziehungen zu den Initiativen der Spitze und ihre Rückwirkungen auf bestimmte Teile der Öffentlichkeit betraf.

Die Affäre Nina Andrejewa

Zunächst kam es zur Affäre Nina Andrejewa, die übrigens, obwohl sie auch die unbestreitbaren Fortschritte der demokratischen Reformen aufzeigte, die Grenzen der Demokratisierung enthüllte. Am 13. März 1988 veröffentlichte die *Sowjetskaja Rossija*, das Organ der russischen KP, auf einer ganzen Seite einen Leserbrief der Leningrader Professorin Nina Andrejewa, mit dem Titel: »Ich kann meine Prinzipien nicht preisgeben«. Dabei handelte es sich um eine Verteidigung Stalins, verbunden mit schweren Vorwürfen gegen die von ihr so genannten Verfechter eines linksliberalen Sozialismus. Dort hieß es:

»Gerade die Anhänger des ›linksliberalen Sozialismus‹ entwickeln die Tendenz der Fälschung der Geschichte des Sozialismus. Sie wollen uns einreden, daß in der Vergangenheit unseres Landes nur die Fehler und Verbrechen Realität sind, und verschweigen dabei die großartigen Errungenschaften der Vergangenheit und Gegenwart. Mit dem Anspruch, der Hort der historischen Wahrheit zu sein, ersetzen sie die sozialen und politischen Entwicklungskriterien der Gesellschaft durch eine Scholastik ethischer Kategorien. Ich würde sehr gern verstehen, für wen und wozu es von Nutzen ist, wenn jeder führende Repräsentant des ZK der Partei und der sowjetischen Regierung, sobald er nicht mehr im Amt ist, wegen wirklicher und angeblicher Fehler und Irrtümer, die er bei der Lösung der doch so komplizierten Probleme auf historischem Neuland gemacht hat, kompromittiert und diskreditiert wird. Woher kommt bei uns nur diese Passion, Ansehen und Würde der führenden Persönlichkeiten des ersten Landes des Sozialismus in der Welt wie eine billige Ware zu verschleudern?« (Gorbatschow, *Perestroika. Die zweite Etappe hat begonnen*, Köln 1988).

Mit »Anhängern des linksliberalen Sozialismus« meinte sie nicht nur führende Gefolgsleute Gorbatschows wie den Dramatiker Schatrow und den Schriftsteller Rybakow, sondern auch »die geistigen Erben von Dan und Martow und Konsorten« (Menschewikenführer) sowie die »geistigen Nachfolger Trotzkis und Jagodas«. Letztere Formulierung ist ein typisch stalinistisches Amalgam und besonders niederträchtig. Jagoda war Chef des GPU und ließ fast alle »Nachfolger Trotzkis« in der UdSSR verhaften und ist wahrscheinlich für ihre Hinrichtung verantwortlich.

Durch *L'Unità*, das Organ der italienischen KP, wissen wir heute, daß die veröffentlichte Fassung des Leserbriefs von Nina Andrejewa eine stark gekürzte Version ist. Das Original hatte 18 Seiten, von denen nur fünf erschienen. Die Originalfassung enthielt eine maßlose Rechtfertigung Stalins – die abgemildert wurde – und antisemitische Passagen. Außerdem umfaßte sie einen kaum verhüllten Angriff gegen *Perestroika* und *Glasnost*.

Der Augenblick für die Veröffentlichung schien

gut gewählt. Gorbatschow hielt sich nicht in Moskau auf, und sein wichtigster Berater (manche sagen, sogar Anreger) im ideologischen Bereich, Jakowlew, war krank. Damit hatten die Konservativen, wahrscheinlich ermutigt durch Ligatschow, freie Bahn.

So kam es zu einem Spektakel, das Gorbatschow und sein Team sowie die »neue sowjetische Linke« stark beunruhigte. Der Leserbrief Nina Andrejewas wurde von zahlreichen sowjetischen Presseorganen ohne jede Kritik oder Kommentierung abgedruckt. Bald wurde klar, daß es dafür Anweisungen von oben gegeben hatte. Nur eine einzige Zeitschrift scheint sich geweigert zu haben, ihnen zu folgen, das Magazin *Znamija Junosti* der Komsomolzen von Weißrußland (auch die Leningrader Studenten Nina Andrejewas bewiesen Unabhängigkeit, als sie die Seminare der neostalinistischen Professorin bestreikten). Aber die große Masse der Medien beugte sich und demonstrierte dadurch auf eklatante Weise, daß die Gewohnheit, automatisch – ohne kritischen Geist oder unabhängiges Urteil – auf Anweisungen von oben zu reagieren, unter den sowjetischen Journalisten trotz dreier Jahre *Glasnost* nach wie vor weit verbreitet war.

Drei Wochen später änderte sich das Bild plötzlich. Die *Prawda*, das zentrale Parteiorgan, veröffentlichte ihrerseits eine ganze Seite mit Kritiken und Widerlegungen der Thesen Nina Andrejewas. In ihrer Ausgabe vom 18./19. April brachte sie einen Beitrag der Intellektuellenverbände und einen Text von 38 Schriftstellern, unter denen mehrere als sehr halbherzige Verfechter von *Glasnost*, wenn nicht gar liberale Konservative (besonders der Präsident des Schriftstellerverbandes, Markow) galten.

In diesen Beiträgen wurde der Brief Andrejewas scharf attackiert. Sie warfen den Konservativen vor, das Land wieder in den Zustand der Jahre zurückwerfen zu wollen, »in denen man das Recht mit Füßen getreten hatte«. Sie beurteilten die Verteidigung des Stalinismus als kaum verhüllte Opposition gegen den Reformkurs Gorbatschows. Dann forderten die Autoren ihre Gegner auf, die Opposition gegen *Perestroika* und Demokratisierung zu begründen.

Jetzt brach in der sowjetischen Presse ein antistalinistischer Sturm los. Es verging kein Tag, an dem nicht irgendeine Zeitung oder Zeitschrift einen Aspekt oder Vorgang aus der Stalin-Ära enthüllt hätte.

Gewiß lag in der Art, wie diese antistalinistische Einmütigkeit auf die prostalinistische Einmütigkeit der Vorwochen folgte, etwas Künstliches, ja sogar Undemokratisches. Aber man muß den Anhängern Gorbatschows Gerechtigkeit widerfahren lassen: Sie unterdrückten die Stimmen ihrer ideologischen Gegner nicht (oder zumindest nicht vollständig). Die prostalinistischen Gegner der Demokratisierung durften sich äußern, wenngleich häufig nur *sotto voce*.

Am 10. April 1988 zitierten die *Moscow News* einen achtseitigen Brief einer »Gruppe Ignatow«, der ein wahrhaftes Programm gegen *Glasnost* enthielt. *Perestroika* und *Glasnost* werden darin als »sozialrevolutionäre Vorhaben« bezeichnet, die »das Land in eine wirtschaftliche Katastrophe stürzen, gesellschaftliche Umwälzungen herbeiführen und schließlich die Unterjochung des Landes durch die imperialistischen Staaten provozieren«. Die Gruppe Ignatow behauptet, der Zentralismus (Stalins) habe es der UdSSR erlaubt, »die wirtschaftliche Entwicklung rapide voranzutreiben«.

Ein ebenfalls in dieser Ausgabe der *Moscow News* abgedruckter Leserbrief bestätigt:

»Auch ich bin der Meinung, die scheinbar demokratische Parole ›Antistalinismus‹ hat zur Folge, daß sich neben professionellen Antikommunisten unter uns lebende Abkömmlinge der durch die Oktoberrevolution gestürzten Klassen und jener, die aufgrund der Neuen Ökonomischen Politik reich geworden sind, mit konterrevolutionären Banditen und Kulaken verbinden werden.«

In ihrer Ausgabe 4 (Ende April 1988) veröffentlichte die *Melodaja Gwardia* (Junge Garde), eine Bastion des Konservatismus, den Text eines alten KPdSU-Mitgliedes, M. Malachow, in dem Thesen Nina Andrejewas und der »Gruppe Ignatow« verteidigt und »vertieft« werden. Malachow schreibt: »Wir verfallen in ideologische Laschheit und Anarchie.« Dann wendet er sich gegen »die Tendenz, die Menschen meiner Generation für alle wirtschaftlichen und sonstigen Fehler der letzten Jahrzehnte verantwortlich zu machen. Wir waren es doch, die besonders in den dreißiger Jahren die Ideen Lenins verwirklicht haben.« Er tritt offen für die militärischen Eingriffe in Ungarn und in der Tschechoslowakei ein und fügt an, »in gewissen sozialistischen Ländern gab es negative Kräfte, so daß konterrevolutionäre Elemente Auftrieb bekamen.«

Das veranlaßte Nikolai Tschmelow, in dem Magazin *Nowy Mir* (April 1988) zu schreiben:

»Man kommt unwillkürlich auf die Idee, im Lande bilde sich ein Komplott des Schweigens gegen die *Perestroika*, unter dem die örtlichen Funktionäre und mehrere Zentralorgane immer enger zusammenrükken.«

Die Vorbereitung der 19. Parteikonferenz

Genau hier scheint der Schuh zu drücken. Die »Affäre Nina Andrejewa« eskalierte mitten in den Vorbereitungen für die 19. Parteikonferenz der KPdSU, als gerade die Delegierten bestimmt wurden. Auf der 19. Parteikonferenz sollten keine von der Basis gewählten, sondern nur von den örtlichen und regionalen Parteigremien abgeordneten Delegierten teilnehmen. Diese Strukturen waren noch nicht grundlegend erneuert worden und blieben weitgehend von der mittleren Bürokratie geprägt, die Gorbatschow angegriffen hat. Schließlich mußte er einen Kompromiß finden.

In *Le Monde* vom 18. Mai 1988 unterstreicht Michel Tatu zu Recht, daß die meisten regionalen Funktionäre der KPdSU, die er als »Präfekten« bezeichnet, entweder vor dem Amtsantritt Gorbatschows ernannt worden oder bei ihrer Ernennung durch Gorbatschow schon weit in ihrer Karriere fortgeschritten waren. »Wie soll man eine ›Revolution‹ (das Wort wird heute immer häufiger an Stelle von *Perestroika* verwendet) machen, wenn die Menschen so wenig revolutionär sind?« fragt er sich. Das gilt übrigens auch für die Zusammensetzung des Zentralkomitees, dessen neue Mitglieder, »Gorbatschowisten« genannt (meist jedoch sehr halbherzig), fast ausschließlich Funktionäre sind, die dem Apparat bereits unter Breschnew und Tschernenko treu gedient haben.

Die Problem wird durch folgende Tabelle veranschaulicht:

Zusammensetzung des Zentralkomitees seit seiner Wahl im März 1986

	März 1986	*Mai 1988*
Summe der Amtsträger	307	306
Eintrittsdatum		
1981	172 (56 %)	167 (54,5 %)
1976	112 (36,4)	107 (34,9)
1971	61 (19,8)	60 (19,6)
1966	29 (9,4)	28 (9,1)
1961	19 (6,2)	16 (5,2)
1956	6 (1,9)	5 (1,2)
Alter		
Über 70 Jahre	33 (10,7)	42 (13,7)
60 bis 70 Jahre	94 (30,6)	113 (36,8)
50 bis 60 Jahre	145 (47,2)	129 (42,0)
Unter 50 Jahre	33 (10,7)	20 (6,2)
Erste Regionssekretäre		
– ZK-Mitglieder	77 (49,0)	57 (36,5)
– Stellvertreter im ZK	28 (17,8)	24 (15,3)
– Revisionsausschuß	7 (4,4)	7 (4,4)
– ohne Sitz	45 (28,6)	69 (43,9)
Minister der UdSSR		
– ZK-Mitglieder	50 (59,5)	39 (47,5)
– Stellvertreter im ZK	24 (28,5)	16 (19,5)
– Revisionsausschuß	6 (7,1)	4 (4,8)
– ohne Sitz	4 (4,7)	23 (28,0)

Quelle: *Le Monde* vom 28. Mai 1988

Aber die Gorbatschow-Anhänger konnten diesen Kompromiß für die Zusammensetzung der 19. Parteikonferenz nicht frohen Herzens akzeptieren, sondern protestierten heftig. Einige von ihnen verkündeten offen: »Wir sind überfahren worden.« Alexander Guebran forderte eine Revision des Wahlverfahrens für die Delegierten. Gawril Popow unterstützte ihn in der *Sotsialisticheskaja Industrija*. Juri

Andrejew, Vorstandsmitglied des sowjetischen Schriftstellerverbandes, argumentierte in der Zeitschrift *Sowjetskaja Kultura* ähnlich. In dem Magazin *Sarja Wostoka*, dem Sprachrohr der georgischen KP, stand ein Appell an alle Arbeiter dieser Republik, öffentliche Parteiversammlungen abzuhalten, in denen die Tagesordnungspunkte ausführlich diskutiert werden können.

Um die Polarisierung auf die Spitze zu treiben, schrieben die fortschrittlichsten Wortführer von *Glasnost*, etwa A. Butenko, Otto Lacis und Gawril Popow, es gäbe zwei Konzeptionen des Sozialismus und seines Aufbaus – die leninistische und die stalinistische. Zwischen ihnen müsse man sich entscheiden, da sie einander ausschlössen. Am 10. April 1988 veröffentlichten die *Moscow News* einen Leserbrief von Ivan Nastawchew, der die KPdSU-Führer der letzten Jahrzehnte schilt: »Warum haben Sie nicht für echte Macht des Volkes gesorgt?« Sein Text kulminiert in einer Aussage, die einschlägt wie eine Bombe: »Sozialismus und Stalinismus sind unvereinbare Begriffe. Wo Stalinismus herrscht, gibt es keinen Sozialismus.«

Die Presse veröffentlichte zahlreiche Berichte über hitzige Versammlungen, in denen sich die Arbeiter über Manipulation bei der Ernennung der Delegierten beschwerten. Am eindrucksvollsten war jene in der Autofabrik Volski. Das Parteikomitee hatte zwei Delegierte vorgeschlagen, den Generaldirektor des Awtowaz-Trusts, Mitglied des Obersten Sowjet, und einen Gruppenleiter des Titels »sozialistischer Held der Arbeit«, Mitglied im Regionalkomitee der Partei. Das verursachte bei den Arbeitern einen ungeheuren Wutausbruch: »Warum zwingt man uns die Kandidaten von oben auf?« – »Stellen Sie sich die Empörung der 130.000 Arbeiter dieses Werkes vor, wenn man morgen verkündet, wir hätten ohne Diskussion mit der Basis, ohne Konsultation der Partei, ohne Ankündigung in unserer Werkszeitung einfach Anweisungen von irgendwem befolgt.« – »Heute sind in der Fabrik alle verärgert. Was ist eigentlich mit dieser *Perestroika*? Alle haben nur einen Wunsch: auf dem Parteitag zu berichten, was für eine Diktatur wir hier haben.«

Beginn selektiver Repressionen

Zu einer weiteren Affäre kam es, als 1989 die Kandidaten, »Volksdeputierten«, ernannt wurden, wobei der Apparat mit selektiver Repression versuchte, die Dinge »in den Griff zu bekommen«. Das Versprechen, aus der KPdSU und den »Massenorganisationen« sowie in allen Wahlkreisen mehrere Kandidaten für jeden Sitz zuzulassen, wurde nicht gehalten. Daher standen über die Hälfte der Deputierten schon von Amts wegen fest, und die Wahl drohte sich in ein rein fiktives Manöver zu verkehren.

Zudem sind die von den Behörden ernannten Kandidaten (für die der KPdSU ist das Zentralkomitee zuständig!) meist Konformisten und repräsentieren den Apparat. So wurde die Kandidatur Boris Jelzins vom Zentralkomitee, die Andrej Sacharows von der Akademie der Wissenschaften abgelehnt.

Die Verschlechterung des relativ freiheitlichen politischen Klimas war außerdem durch repressive Maßnahmen vor allem im Bereich der Versammlungs- und Demonstrationsfreiheit geprägt: »Wie unzuverlässig die Toleranz ist, erfahren seit einiger Zeit sowjetische Bürgerrechtler und politische Aktivisten, die einmal meinten, sich auf Gorbatschow berufen zu können. Die Mitglieder des armenischen Karabach-Komitees, das einen Anschluß der Enklave Nagornij-Karabach an Armenien mit gesetzlichen Mitteln anstrebt, sind alle in Haft. Aus dem Baltikum hört man immer wieder von mysteriösen Überfällen auf Angehörige der ›Volksfronten‹, die für größere Eigenständigkeit ihrer Republiken eintreten. Versammlungen der ›Demokratischen Union‹, die sich als oppositionelle Partei versteht, werden verhindert, ihre Mitglieder festgenommen« (*Frankfurter Allgemeine Zeitung* vom 17. März 1989). Fälle dieser Art sind neuerdings wieder Legion.

Die Angespanntheit der Lage ergibt sich aus dem folgenden Kommentar Alexander Bowins, des Herausgebers der *Iswestija*:

»Alles ist relativ. Gegenüber 1985 sorgt *Glasnost* heute für Verwirrung. Gegenüber den gesellschaftlichen Bedürfnissen wird *Glasnost* bestenfalls halbherzig praktiziert. Nach wie vor werden Informationen für Journalisten ›rationiert‹. Die übergeordneten ›Instanzen‹ entscheiden völlig willkürlich. Überall gilt das ›Recht des heißen Drahtes‹, und jederman weiß es – man spricht nur nicht offen darüber.

Die halbherzigen Maßnahmen werden im Alltag als Verschleppung, als Kluft zwischen Anspruch und Wirklichkeit sowie als Versuch empfunden, den Gang der Ereignisse wieder in die alten Bahnen zu lenken« (*Moscow News* vom 1. Januar 1989).

Sechs führende Anhänger Gorbatschows, unter ihnen Granin und Guelman, schrieben einen offenen Brief an den Generalsekretär, in dem sie insbesondere warnten:

»Der Mangel an Kreativität führt immer wieder zu Verstößen gegen die Demokratie. Daraus erklärt sich auch, daß die Funktionäre oft dazu neigen, informelle demokratische Bewegungen, die für demokratische Reformen eintreten, zu verbieten. Wenn wir keinen Weg der Zusammenarbeit mit den Protestierenden finden, wird Rückkehr zur Repression mit all ihren antidemokratischen Konsequenzen die – bereits in Ansätzen sichtbare – Folge sein« (*Moscow News* vom 1. Januar 1989).

Andrej Sacharow äußerte in einem Interview mit der *New York Review of Books* (vom 22. Dezember 1988) ähnliche Sorgen. Dort geißelte er nicht nur das undemokratische Wahlverfahren und die Struktur des aus ihm hervorgehenden Parlaments. Er betonte auch den autoritär-zentralistischen Stil Gorbatschows, den dieser mit Spannungen zwischen den Nationalitäten rechtfertige.

Bei einer von dem Magazin *Das XX. Jahrhundert und der Frieden* veranstalteten Diskussion formulierte der progressive Regisseur A. Njukin die allgemeine Besorgnis, indem er hohe Offiziere der sowjetischen Armee fragte: »Wie wird sich die sowjetische Armee verhalten, wenn man in der UdSSR entscheidet, die *Perestroika* gewaltsam zu beenden?« (Vgl. *DIE ZEIT* vom 20. Januar 1989.) Wie bei den Affären Jelzin und Andrejewa gab es aber auch Reaktionen, die beweisen, daß die Würfel noch nicht gefallen sind. Die vom Zentralkomitee abgelehnte Kandidatur Boris Jelzins als Deputierter wurde in mehreren Wahlkreisen durch Basisgruppen und Großbetriebe gefördert. Ähnliche Initiativen gab es einige Wochen später für Andrej Sacharow. Die Kandidatur Korotitschs, des Chefredakteurs von *Ogonjok*, wurde zwar ursprünglich von den halbfaschistischen Pamiat-Mitgliedern mit der Parole »Tod den Juden« sabotiert, schließlich aber von Basisgruppen im Bezirk Dserschinski und in Moskau durchgesetzt. Der Druck der Basis äußert sich nicht nur in der Förderung »inoffizieller« Kandidaten, sondern auch in der scharfen Kritik an der Tatsache, daß man wohl den Philatelisten, nicht aber den »Volksfronten« erlaubt hat, eigene Kandidaten aufzustellen.

Unabhängige Klubs und Volksfronten

Der bisherige Höhepunkt der Politisierung wurde im Sommer und Herbst 1987 mit dem Auftreten unabhängiger Zeitschriften und Klubs erreicht. Die erste offen unabhängige Zeitschrift war das Magazin *Glasnost*, herausgegeben von einem ehemaligen politischen Gefangenen, Sergej Grigoriant; es ist ein kleines Blatt, das vor allem Korruption, Privilegien der Bürokratie und Menschenrechtsverletzungen anprangert. Am 2. Oktober 1987 durchsuchte der KGB die Zweizimmerwohnung Grigoriants. Die sowjetische Nachrichtenagentur TASS beschuldigte den Herausgeber, für sein Magazin gefälschte staatliche Dokumente benutzt zu haben. Am Vorabend waren zwei Mitarbeiter von *Glasnost* verhaftet und drei Stunden lang verhört worden, worauf man sie wieder auf freien Fuß setzte.

Unterdessen sind in Moskau, Leningrad und anderen Städten weitere unabhängige Verlage entstanden. Außerdem bildeten sich zahlreiche unabhängige Klubs, von denen Ende August 1987 etwa fünfzig ihre erste nationale Konferenz in Form eines Moskauer Kolloquiums abhielten. Unter diesen Klubs ist besonders der von den Soziologen F. Pelman und B. Kagarlitzki, dem Journalisten G. Pawlowski und dem Philosophen M. Maljutin geleitete KSI (Klub für gesellschaftliche Initiativen) interessant, weil er direkt an die Tradition der »linken Dissidenten« anknüpft. In seinen Reihen steht nicht nur ein Mitglied der sozialistischen Gruppe *Poiski* aus den siebziger Jahren, sondern auch eins der ehemaligen Untergrundgruppe »Jungsozialisten«. Alle Mitglieder des KSI bekennen sich, bei unterschiedlichen Tendenzen, zum Sozialismus und zum Marxismus. Manche gehören der KPdSU an.

Die *Perestroika*-Klubs in Moskau und Leningrad vertreten nicht so klare Positionen wie der KSI. Sie zerfallen in »Liberale« und »Sozialisten«, zwischen denen es regelmäßig zu heftigen Diskussionen kommt. Daneben gibt es Ökologenklubs und radikalere linke Gruppen, die für revolutionäre Selbstverwaltung der Massen eintreten und jede Zusammenarbeit mit den Behörden ablehnen; Gruppen dieser Couleur wurden in Riga, Wilna und Kiew gegründet und später in die »allsowjetischen Klubs für Erwachsenenbildung« (WZSPK) umgewandelt.

Auf der Konferenz vom 20. August 1987 tagten 40 Delegierte von über 40 Klubs. Das Schlußmanifest mit dem Titel »Erklärung des Bundes sozialistischer Klubs« wurde von 16 Gruppen unterzeichnet, darunter der KSI, die Moskauer Filiale der WZSPK, *Perestroika* und die Gruppe *Obstchtina* (Gemeinschaft). In den folgenden Tagen kamen neue Gruppen hinzu, darunter eine Gruppe radikaler Jugendlicher mit dem Namen *Brigade Ernesto ›Che‹ Guevara*. Im Schlußkommuniqué ist von 600 Delegierten die Rede, die 50 Klubs repräsentierten.

Schließlich setzte sich die radikale sozialistische Linie durch, und in dem gemeinsam verabschiedeten Programm wird die Abschaffung der Zensur, die Beseitigung der »Sonderabteilungen« in den Bibliotheken und Archiven, die Gründung von kooperativen, unabhängigen Verlagen, die Demonstrationsfreiheit sowie die Errichtung eines Denkmals für die Opfer der stalinistischen »Säuberungsaktionen« gefordert.

Obwohl bei diesen Konferenzen zahlreiche Journalisten vertreten waren, hüllte sich die Presse zunächst in Schweigen und wartete ein Signal von oben ab, um nicht falsch zu reagieren. Endlich wurde am 5. September 1987 im *Ogonjok* ein recht wohlwollender Bericht publiziert.

Die Dynamik der Politisierung zeigt sich auch bei den »wissenschaftlich-kulturellen Verbänden« und Journalisten. So wurde im April 1987 der Direktor des Instituts für Meereskunde bei der sowjetischen Akademie der Wissenschaften wegen manifester Inkompetenz und Korruption abgesetzt. Bei der öffentlichen Sitzung des wissenschaftlichen Beirats dieses Instituts wurden acht Kandidaten für das Amt des Direktors vorgeschlagen, von denen vier sofort ablehnten. Es kam zu einer richtigen Wahl. Der gewählte Kandidat erhielt auf der Basis eines Programms mit dem Titel »Plan zur Demokratisierung der Beziehungen zwischen Kollektiv und Institutsverwaltung« 862 Stimmen. Auf die beiden anderen Kandidaten entfielen 679 bzw. 566 Stimmen. Der scheidende Direktor bekam nur zwei Stimmen. Die Wahl muß noch vom Präsidium der Akademie der Wissenschaften bestätigt werden.

Der Journalist Anatoli Streljani vom Magazin *Nowy Mir* verfocht bei einer erregten Diskussion mit Komsomolzen von der Moskauer Universität die Idee einer unabhängigen Presse.

1988 begannen die unabhängigen Klubs, über politische Aktivitäten und Inititiven zu diskutieren. Manche sprachen sich für die Bildung von Volksfronten aus, um breitere Teile der Bevölkerung für *Glasnost* zu gewinnen.

Das Wahlergebnis vom 26. März 1989

Die Wahlen vom 26. März haben den Umfang der Massenpolitisierung in der Sowjetunion aufgedeckt und der Legende, *Glasnost* habe sich nur unter den intellektuellen »Mittelschichten« und nicht in der Arbeiterklasse ausgewirkt, einen vernichtenden Schlag erteilt. Ebenfalls als Vorurteil hat sich erwiesen, daß die Bevölkerung sich der Bevormundung durch den Gorbatschow-Apparat nicht entziehen könnte.

Die *Nomenklatura* hat am 26. März 1989 eine schwere Niederlage erlitten. Sie wird zwar den Volkskongreß und den Obersten Sowjet weiterhin kontrollieren, aber mindestens 20 Millionen Wähler haben gegen sie gestimmt. 35 der 150 Gebietssekretäre der KPdSU wurden nicht gewählt. In den Baltischen Republiken haben unabhängige Kandidaten die absolute Mehrheit der Mandate gewonnen. In Eriwan folgte die Mehrheit der Wähler dem Aufruf des Karabach-Komitees zum Wahlboykott, um die Freilassung der verhafteten Komitee-Mitglieder zu erreichen. In Tomsk wurde der örtliche kommandierende General von einem Oberstleutnant besiegt. Der kommandierende Admiral der Nordflotte sowie der Chef der sowjetischen Truppen in der DDR unterlagen bei den Wahlen. In den Großstädten Leningrad, Kiew, Minsk, Lwow und Kischinew wurde die Mehrheit der hohen Parteiwürdenträger nicht gewählt. In Leningrad verloren ein stellvertretendes Politbüromitglied sowie der Oberbürgermeister der Stadt, der von einem Werftarbeiter besiget wurde, die Wahl. In Moskau unterlagen der 2. Sekretär der örtlichen KPdSU sowie der Oberbürgermeister. Politbüromitglied Tscherbinskj sah seinen Namen bei den Wahlen in der Arbeiterstadt Dnjeprpetrowsk von 27 Prozent der Wähler gestrichen.

Die Niederlage der *Nomenklatura* zeigte sich am deutlichsten im Wahltriumph Boris Jelzins, der für Gesamtmoskau 89 Prozent der fünf Millionen Wählerstimmen erhielt, nachdem ein vom Zentralkomitee beschlossenes Parteiverfahren gegen ihn bekannt geworden war. Damit ist die Dialektik »Initiative von oben/Druck von unten« in ein stärker politisches Stadium getreten, erreicht die Problematik des Mehrparteiensystems eine neue Reifungsstufe. Im kommenden Parlament wird es wahrscheinlich eine wirkliche Opposition geben, geführt von Jelzin und (oder) Sacharow.

DREIZEHNTES KAPITEL

Die Zukunft des Gorbatschow-Experiments

Enthüllungen auf der 19. Parteikonferenz der KPdSU

Die 19. Parteikonferenz der KPdSU enthüllte die politische Lage der UdSSR. Sie unterscheidet sich erheblich von dem rosigen Bild, das ausländische Moskau-Korrespondenten und nicht wenige der pro Gorbatschow eingestellten westlichen Ideologen gezeichnet hatten. Ich möchte sie in einer vielleicht gewagten These zusammenfassen, die jedoch durch die Vorbereitungen und die Debatten der 19. Parteikonferenz bestätigt wird: Gorbatschow hat in der Parteiführung nur eine Minderheit auf seiner Seite. Die nach wie vor allmächtige Leitung des Apparates liegt in den Händen der Gruppe Ligatschow-Tschebrikow-Saikow. Gorbatschow regiert nur, weil er von dieser Gruppe geduldet wird. Gleichwohl stellen seine Anhänger ein Drittel der Delegierten.

Bei der Parteikonferenz kam es zu einem Richtungsstreit. Die meisten Redner waren (gemäßigte) Anhänger der Gruppe um Ligatschow. Zu ihr gehören fast alle Amtsträger des Apparates. Ihre Beiträge kreisten um bezeichnende Themen: »Wir müssen die Parteidisziplin und die Autorität der Partei stärken« – »Wir müssen die Führungsrolle der Partei sichtbar machen« – »Wir müssen verhindern, daß die radikalen Elemente *Glasnost* dazu mißbrauchen, ein zu negatives Bild der Partei und des Landes zu zeichnen« – »Wir müssen uns dagegen wehren, daß das Einparteiensystems in Frage gestellt wird« etc.

Die für Gorbatschow eintretenden Redner – eine Minderheit – unterschieden sich dadurch von den Konservativen, daß sie einige empörende Aspekte sozialer Ungerechtigkeit hervorhoben und für Schriftsteller, Gelehrte und Journalisten eintraten, die von der konservativen Rechten angegriffen worden waren. Interessant waren die Beiträge des Ministers für öffentliche Gesundheit und der Repräsentantin kommunistischer Frauen.

Diese Diagnose läßt jedoch nicht den Schluß zu, Gorbatschow sei in die Defensive gedrängt oder werde an der Verwirklichung seiner Pläne gehindert. Die Realität ist widersprüchlicher.

Ligatschow-Tschebrikow-Saikow sind keine Gegner der *Perestroika*. Sie wollen vor allem eine Ausweitung von *Glasnost* im Sinne einer wirklichen Demokratisierung wenn nicht der Gesellschaft, so doch der Machtmechanismen verhindern. Auch geht es ihnen darum, das Machtmonopol der KPdSU (genauer: des Parteiapparates) und die materiellen Privilegien der *Nomenklatura* zu verteidigen. Ligatschow-Tschebrikow-Saikow repräsentieren weder die extreme, nationalistische Rechte noch die konservativsten rechten Anhänger Breschnews. Als Ligatschow in seinem Schlußvortrag daran erinnerte, daß er, Gromyko und Tschebrikow (der Chef des KGB) für die Ernennung Gorbatschows zum Generalsekretär gekämpft hätten und daß er befürchtet hatte, Gorbatschow könnte nicht gewählt werden; als er darüber hinaus in Erinnerung rief, daß er die Wahl Boris Jelzins ins Zentralkomitee vorgeschlagen hatte, ging es nicht nur darum, auf die wahren Machtverhältnisse innerhalb des Apparates hinzuweisen: Er meinte es ehrlich.

In der Diagnose der schweren Krise, in welcher die UdSSR steckt, dürften Ligatschow-Tschebrikow-Saikow kaum von Gorbatschow abweichen. Wie dieser wissen sie, daß dringend tiefgreifende Veränderungen erforderlich sind. Die Differenzen betreffen weder die Mittel noch den Gehalt der wirtschaftlichen Vorschläge, sondern die politischen Bedingungen für die Verwirklichung der *Perestroika*. In dieser Hinsicht gewinnen Ligatschow und seine Gruppe immer mehr den Eindruck, Gorbatschow spiele ebenso den Zauberlehrling wie Dubcek, Smrkowski und deren Gruppe während des Prager Frühlings in der Tschechoslowakei.

Im übrigen repräsentieren Gorbatschow und sein Team unter den politischen Kräften der heutigen UdSSR keineswegs die Linke. Für diese Linke steht nur Boris Jelzin, der ihr Programm und ihre Sorgen auf der 19. Parteikonferenz der KPdSU darlegte. Gorbatschow und sein Team repräsentieren die Mitte. In ihr nimmt Gorbatschow eine ausgleichende Position ein. Seine Neigung, sich um jeden Preis an Mehrheitspositionen zu klammern, und seine Entschlossenheit, einen öffentlichen Konflikt zwischen Mitgliedern des Politbüros zu verhindern, seine Kunst des Taktierens und der Verstellung: All das trägt dazu bei, in den umstrittensten Fragen Kompromisse zu schließen.

Gleichwohl kann man sich nicht des Eindrucks erwehren, daß diese Kompromisse allmählich für Verärgerung sorgen. Dies führt dazu, daß Gorbatschow im Teufelskreis des Immobilismus gefangen bleibt. Das erklärt die unerwartete Wende, die er im Herbst 1988 der neuen Demokratisierungsphase aller politischen Institutionen gegeben hat. Seine Vorschläge standen im Zusammenhang mit der These, man müsse die Arbeit der Staats- und der Parteiorgane klar voneinander trennen und die Parteiführer ihrer Kontrollfunktionen und Aufgaben in der Wirtschaftsverwaltung entheben, damit sie sich den politischen Problemen widmen können. Allerdings liefen sie darauf hinaus, daß die Rolle des Staatschefs, der auch als Parteichef fungiert, maßgeschneidert für Michail Gorbatschow wieder gestärkt wurde. An der Spitze konzentriert sich also die Macht, statt aufgeteilt zu werden. Gleichzeitig verlor die Funktion des Staatschefs ihren weitgehend dekorativen und zeremoniellen Charakter und erinnert nunmehr an die des Präsidenten der V. französischen Republik.

Überdies sagte man Gorbatschow und seinem Team nach, den Staatschef durch allgemeine Abstimmung wählen lassen zu wollen, was den bonapartistisch-populistischen Aspekt ihres Vorhabens noch verstärkt hätte. War dies tatsächlich der Plan Gorbatschows und seines Teams, dann erzielten sie nur einen Teilerfolg. Ligatschow und seine Stellvertreter haben die Bombe dank ihrer enormen Hausmacht weitgehend entschärft. Der Staatschef wird nicht vom Volk gewählt, sondern von dem »kleinen« Teilparlament, das fast ausschließlich aus Mitgliedern der *Nomenklatura* bestehen wird. Mit großer Manövrierkunst gelang es Ligatschow – dessen List man offenbar unterschätzt hatte –, Gorbatschow auszutricksen, indem er ihm den Vorschlag aufzwang, den Vorsitz in den Sowjets auf allen Verwaltungsebenen mit dem Amt des Parteisekretärs zu verbinden.

Dies bedeutet nicht nur, daß die klarere Trennung von Staat und Partei auf den höheren Verwaltungsebenen aufgehoben wurde; daraus folgt vor allem auch, daß der sakrosankte Grundsatz, alle Inhaber von Staatsämtern zu wählen, erneut auf zynische Weise gescheitert ist. Da es nämlich für diese Verwaltungsebene nur einen Sekretär der KPdSU gibt, kommt auch für den Vorsitz in den Sowjets nur ein Kandidat in Frage. Das entspricht der typisch bürokratischen Haltung, die »Führungsrolle der Partei« mechanisch-administrativ zu sichern und dabei ihres politisch-ideologischen Gehalts zu berauben.

Statt die Wähler zu überzeugen oder wenigstens zu versuchen, sie politisch zu beeinflussen, zwingt man ihnen einen Präsidenten auf. Der Gipfel war aber, daß hohe Bürokraten mit der Arroganz unkontrollierter Machthaber darauf bestanden, über dieses abgeschmackte Verfahren die »Autorität« der Sowjets stärken zu wollen. Alles, was *Glasnost* über den Autoritätsverlust der Partei enthüllt hat, wird mit einem Handstreich vom Tisch gefegt.

Einer der kritischsten Redner dieser Konferenz, der Vorsitzende der Kolchose »Leninscher Funke«, Ajdak, behauptete, die Partei werde ihre Autorität nur zurückgewinnen, wenn sie alle Privilegien abschaffe (*Prawda* vom 2. Juli 1988). Ähnlich forderte Melinow, der KPdSU-Sekretär von Komi, man solle alle noch lebenden Funktionäre der Breschnew-Ära aus der Parteispitze entfernen.

An dieser Frage entzündete sich eine heftige Debatte. Delegierte zweifelten an der Begründetheit des Vorschlages, und das Problem, nicht nur die Sowjetrepubliken, sondern auch die regionalen und örtlichen Sowjets mit erheblichen Finanzmitteln auszustatten (ohne die ihre »Autonomie« und »Macht« rein formell blieben), wurde ausführlich diskutiert. Das veranlaßt einmal mehr zur Skepsis gegenüber der praktischen Umsetzung von Demokratisierung und *Glasnost*.

Es wäre absurd zu leugnen, daß sich etwas geändert hat. Die Diskussionen dienen nicht nur zur Unterhaltung der Galerie. Sie haben vielfältige Auswirkungen auf die Repolitisierung der Bevölkerung, aber auch beunruhigende Konsequenzen für die gesamte *Nomenklatura*, die immer widerwilliger daran teilnimmt. Das ist der eigentliche Grund für den Konflikt zwischen Ligatschow-Tschebrikow-Saikow und Gorbatschow.

Doch die Art und Weise, wie diese Debatten blockiert werden, vor allem aber auch wie sie enden, zeigt, daß wir es erst mit der Anfangsphase einer Teildemokratisierung zu tun haben. Der Weg zu demokratischer Macht der Arbeiter (des Volkes) ist noch weit. Nach wie vor herrscht ein Regime bürokratischer Diktatur, dessen Willkür jedoch von nun an Grenzen haben wird. Bestenfalls ist es mit dem liberalen Kaiserreich Napoleons III. in den letzten Jahren seiner Herrschaft vergleichbar.

Unter diesen Bedingungen kann man nicht von einem garantierten Erfolg Gorbatschows sprechen, aber sein Scheitern ist ebensowenig sicher. Es geht im doppelten Sinne um einen Wettlauf mit der Zeit.

Gorbatschow wird sich nur halten können, wenn die *Perestroika* das Wirtschaftswachstum beschleunigt und den allgemeinen Lebensstandard erhöht. Im Augenblick sieht es noch nicht danach aus. Gorbatschow wird nur an der Macht bleiben, wenn die politische Aktivität der Massen so stark wird, daß seine Gegner im Apparat ihn entweder für das kleinere Übel halten (»radikale Reformen sind für uns akzeptabler als eine Revolution von unten, die sich am Horizont abzeichnet«), oder wenn sie durch Massenaktionen gestürzt werden.

In diesem Sinne bedeuteten die 19. Parteikonferenz und die Ereignisse in Armenien einen Aufschub, obwohl beide mit einer taktischen Niederlage für Gorbatschow endeten. Der Wettlauf mit der Zeit hat begonnen, wird aber gewiß Jahre andauern.

Der »Mini-Staatsstreich« vom 30. September/1. Oktober 1988 – Umgestaltung des Politbüros und Wahl Gorbatschows als neuen Staatschef anstelle von

Gromyko – wurde im Westen stark übertrieben, denn er bewirkte keine grundlegende Änderung der Machtverhältnisse. Das beweist die vom Zentralkomitee erstellte Liste der hundert für die Wahl des Obersten Sowjet im März 1989 zugelassenen Kandidaten; ebenso die Tatsache, daß Tschebrikow, der ehemalige Chef des KGB, einer neuen Kommission des Zentralkomitees vorsitzt, die eine Strafrechtsreform vorbereiten soll.

Angesichts der rhetorischen Manöver von Politikern, die trotz zahlloser Hinweise auf die »Transparenz« zuweilen eine offen pfäffische Sprache sprechen, machen Gorbatschow und sein Team, die aufrichtiger und freimütiger reden, gute Miene zum bösen Spiel und verbreiten über die Bilanz der 19. Parteikonferenz eitel Optimimus. Einige von ihnen verbargen ihre Sorgen nicht. Radikale Verfechter der Reformen Gorbatschows fragten: Wird *Glasnost* unterdrückt werden? Afanasjew zitierte die Parolen des Vizedirektors einer Tageszeitung, der auf die Frage: »Warum engagieren Sie sich nicht ebenso mutig wie Ihre Journalisten?« geantwortet hatte: »Ich möchte nicht mit ihnen zusammen sterben.« Wenn die Furcht vor Repressionen auch teilweise verschwunden ist oder zumindest nicht immer Zivilcourage und sozialistisches Bewußtsein lähmt, bleibt sie doch am Leben. Die brutale Art, in der Journalisten und Schriftsteller auf der 19. Parteikonferenz angegriffen wurden, konnte keineswegs zur Besänftigung dieser Furcht beitragen.

Wichtig an den Vorbereitungen für die 19. Parteikonferenz war, daß Arbeitergruppen in die politischen Debatten eingriffen. So etwas hatte es in der UdSSR seit Beginn der stalinistischen Diktatur nicht mehr gegeben. Das beweist einmal mehr, wie absurd es wäre zu behaupten, in dem Land habe sich mit

Gorbatschow nichts geändert. Die sowjetische Arbeiterklasse hat nach Jahrzehnten der Zersplitterung und Entpolitisierung noch einen weiten Weg vor sich. Gleichwohl müssen diese Eingriffe von Arbeitern in die politische Debatte, mit denen sie ihre Forderungen und Ansprüche autonom vortrugen, im Hinblick auf das Klassenbewußtsein des Proletariats richtig beurteilt und genau studiert werden.

Typisch für diese Eingriffe waren die Aktionen in der Autofabrik Volski (VAZ) in Togliattigrad. Hier kam es zu Protesten gegen die »flexiblen Arbeitszeiten«, mit denen auch organisatorische Initiativen eingeleitet wurden:

»An den Mandaten erkennt man, daß die Arbeiter der Auffassung sind, ein Organ zu haben, das wirklich für ihre Sache eintritt – den Rat des Betriebskollektivs. Zu dieser Auffassung gelangte die Belegschaft vor etwa sechs Monaten, nach dem Konflikt um die Arbeitszeiten. Seinerzeit hatte uns Moskau angewiesen, unsere Arbeitszeiten auf die anderer Industriefabriken abzustimmen. Wir arbeiteten zwölf Minuten länger. Die Verwaltung gehorchte. Alles schien ganz legal zu sein. Doch dann stellte sich heraus, daß wir aufgrund des kürzeren Arbeitstages samstags eine ›schwarze‹ Zusatzschicht einlegen mußten, um den Plan zu erfüllen. Die Arbeiter waren empört. Auch der Rat des Betriebskollektivs lehnte die Forderung ab. So setzten wir uns durch, und es blieb bei den alten Arbeitszeiten« (*Moscow News*, Nr. 27, 1988).

Am Ende gab es zwei Organisationsvorschläge: zum einen, den Kollektivrat des Betriebs auf 90 statt 30 Mitglieder zu erweitern (bei einem Betrieb mit 120.000 Beschäftigten) und ihm (gegen die Empfehlung Ligatschows, der das Werk besuchte) eine gewisse Autonomie einzuräumen; zum anderen, eine

Tagung aller Betriebsräte des Landes einzuberufen, um eine gemeinsame Strategie zu erarbeiten.

Die Eingriffe von kommunistischen Arbeitern in die Vorbereitung der Parteikonferenz provozierten Reaktionen auf die jüngst vergangene Streikwelle. Mehrere Redner verurteilten die Streikenden und ihre Anführer. Leonid Kapeljuchni schrieb in seinem Bericht über den Streik der Busfahrer im litauischen Klaipeda:

»Als der Ärger größer und die Grenzen vernünftiger Forderungen überschritten wurden, beanspruchten die Kommunisten das Recht, im Namen des Betriebskollektivs zu sprechen. Als die Verhandlungen ins Stocken gerieten, beschlossen Verwaltung und Repräsentanten der oberen Behörden, an einem ruhigeren Ort zu verhandeln. Sie forderten einige der Fahrer auf, sich ihnen anzuschließen, um nicht beschuldigt zu werden, sie hätten hinter dem Rücken der Arbeiter mauscheln wollen. Plötzlich sagte einer der Beamten wütend: ›Was ist das eigentlich für ein Streik? Kein klares Programm, keine durchdachten Forderungen, keine Delegierten?‹ ›Dies ist unser erster Streik, wir sind unerfahren‹, erwiderte einer der Fahrer. Alles lachte schallend, und plötzlich wurde es mäuschenstill« (*Moscow News* vom 3. Juli 1988).

Die taktischen Probleme der sowjetischen Linken

Die aufkeimenden Arbeiterproteste beleuchten die taktischen Alternativen, vor denen die »neue sowjetische Linke« steht. Einerseits meint sie zu Recht, die Skepsis der Werktätigen gegenüber der *Perestroika* könne nur überwunden werden, wenn die Vollbeschäftigung gesichert, die Kaufkraft gestärkt, die Solidarität der Arbeiter auf Betriebsebene gefördert und die Versorgungslage dauerhaft verbessert wird. Die Arbeiter werden wirtschaftliche Reformen nur unterstützen, wenn diese ihren Interessen dienen. Diese Diagnose führt zu der Schlußfolgerung, daß die Skepsis großer Teile der Arbeiterschaft nur durch ein wirtschaftliches Alternativprogramm zur *Perestroika* der Technokraten überwunden werden kann.

Andererseits teilt die »neue Linke« die Furcht führender Anhänger Gorbatschows vor den Folgen, die das Scheitern von *Glasnost* haben könnte. Hierzu schreibt Afanasjew (*Moscow News* vom 3. Juli 1988):

»Das Buch [Gorbatschows *Perestroika*] spiegelt nicht die Auffassung vieler Angehöriger der *Intelligenzija* wider, denen die *Perestroika* als ein zwar schönes, aber unausweichlich kurzes Tauwetter erscheint, nach dem erneut Frost einbrechen wird.«

Auf der 19. Parteikonferenz sagte Michail Uljanow, der Präsident des sowjetischen Theaterverbandes:

»Wenn die *Perestroika* eine Niederlage erleidet, dann ist das das Ende der Welt. Das Schicksal der Welt hängt an einem dünnen Faden, es hängt direkt von den Erfolgen der *Perestroika* ab. ... Wohin kann es aber führen, wenn das Volk jetzt zum dritten Male enttäuscht wird, wenn wir diesen schwierigen Kampf nicht gewinnen?« (*Die Zukunft der Sowjetunion. Die Debatte auf der Parteikonferenz der KPdSU*, Köln 1988).

Und ein so gemäßigter Anhänger Ligatschows wie Karpow, der Präsident des Schriftstellerverbandes, fügte an:

»Für dieses Mal noch hat uns das Volk sein Vertrauen geschenkt. Doch das ist scheinbar wirklich die letzte Chance. Entweder errichten wir endlich die wahre sozialistische Gesellschaft, oder ... wir müssen einfach alles tun, um dieses ›oder‹ gar nicht zuzulassen und uns nicht vor unserem Volk, der gesamten Menschheit und der Geschichte mit Schande zu bedecken« (*ibid.*).

Die meisten Angehörigen der »neuen Linken« stimmen diesen Urteilen zu. Wer heute die Absetzung Gorbatschows fordert, obwohl die Arbeiterklasse noch nicht in der Lage ist, seinen Platz einzunehmen, tritt dafür ein, den konservativsten, repressivsten Bürokraten an die Macht zu verhelfen.

Heißt dies, daß die »neue sowjetische Linke« ein taktisches Bündnis mit dem progressiven Flügel der Anhänger Gorbatschows will? In dieser Frage scheint sie gespalten zu sein, aber derzeit orientiert sich die Mehrheit gemäß den klassischen Regeln der Einheitsfront an der Parole: »Getrennt marschieren, vereint schlagen.« Ihre erste große Kundgebung in Moskau war durch drei Forderungen geprägt: »Es lebe *Glasnost*!« – »Nieder mit der Bürokratie!« – »Alle Macht den Sowjets!«

Heute muß diese Orientierung jeweils auf die konkrete Situation und auf das konkret gestellte Problem abgestimmt werden. Die Bündnisse sind also vor dem Hintergrund der Ereignisse zu schließen und zu lösen. In diesem Sinne muß man die oben erwähnten »Volksfronten« begreifen.

Wollen sie nicht das politische Augenmaß, die Verbindung zu den Massen, ihre emanzipatorische Glaubwürdigkeit und historische Legitimation verlieren, dürfen sich Revolutionäre auch Reformen – gleich aus welcher Richtung – nicht widersetzen, sofern diese die Lebens- und Arbeitsbedingungen der Werktätigen verbessern.

Die Revolution ist kein Wert an sich, sondern ein Mittel im Kampf um Emanzipation. Bleibt man unter dem Vorwand, den revolutionären Kampf zu fördern, gleichgültig gegenüber den realen Lebens- und Kampfbedingungen der Massen sowie der Steigerung ihrer Macht, ihrer Rechte und ihrer Freiheiten, ganz zu schweigen von der Hebung ihres Lebensstandards, oder akzeptiert man sogar eine Verschlechterung der Lage, werden die Werktätigen den Schluß ziehen, die angeblichen Revolutionäre opferten die Interessen der Ausgebeuteten und Unterdrückten ihren eigenen politischen Interessen – und damit hätten sie auch Recht.

Wirkliche Marxisten werden sich also mit voller Kraft für Reformen einsetzen, die zur Emanzipation der Werktätigen beitragen, das heißt ihre Lebens-, Arbeits- und Kampfbedingungen verbessern. Mehr noch, sie werden danach streben, die besten Vorkämpfer für solche Reformen zu sein.

Der fundamentale Unterschied zwischen Revolutionären und Reformisten liegt nicht in der Ablehnung oder Anerkennung des Kampfes für Reformen. Vielmehr liegt er in der Ablehnung jeder Selbstbeschränkung dieses Kampfes und in der Ablehnung jeder politischen Orientierung, deren Ziel es ist, die gesellschaftliche und politische Stabilität, das heißt die Macht der herrschenden Klassen und Schichten, nicht »übermäßig« zu erschüttern, um keine zu heftigen Reaktionen zu provozieren. Der Unterschied liegt also auch darin, daß Revolutionäre der autonomen Massenbewegung (und Mobilisierung) zur Durchsetzung von Reformen Priorität einräumen, was einen ständigen Kampf für die politische Unabhängigkeit der Arbeiterklasse von anderen gesellschaftlichen Kräften impliziert. Weiterhin liegt der Unterschied darin, alle denkbaren Formen der Selbstorganisation systematisch vorzubereiten und zu fördern, das heißt eine Gegenmacht zu etablieren, und schließlich den Massen selbst an die Macht zu verhelfen.

Eine solche Bewegung kann nur entstehen, wenn man von direkten Forderungen ausgeht, die anfangs als reformistisch erscheinen müssen. Erst aufgrund der praktischen Erfahrung, daß solche Reformen im bestehenden institutionellen Rahmen nicht durchführbar sind, kann es – zumindest in einem Industrieland, wo die Mehrheit der Bevölkerung bereits proletarisch und urban lebt – zu einer wahren Revolution kommen. In diesem Sinne kann der Kampf für radikale Reformen zu einer Revolution führen. Für Reformisten bedeutet die Furcht vor der Revolution jedoch eine Blockade; deshalb schließen sie den Kampf für radikale Reformen aus, wenn die »etablierte Ordnung« diese nicht zuläßt.

Daraus folgt, daß Marxisten alle Reformen ablehnen müßten, die – unter dem Vorwand, das bessere Funktionieren eines Systems (auch des sogenannten sozialistischen) zu gewährleisten – auf lange Sicht eben diese Lebens-, Arbeits- und Kampfbedingungen verschlechtern. Daraus folgt, daß bei der Entscheidung für oder gegen Reformen im Sinne der Revolution auf eine konkrete Analyse der je konkreten Situation nicht verzichtet werden kann.

Ich beurteile die von mehreren Fraktionen der Werktätigen der UdSSR vorgeschlagenen und geforderten Reformen auf der Basis dieses Klassenkriteriums.

Dieses Vorgehen könnte als unrealistisch erscheinen, bedenkt man die gegebenen Alternativen: Entweder Gorbatschow bleibt im Amt (und es wird zumindest weiter mit radikalen Reformen experimentiert), oder er verliert es (durch Abwahl, Putsch usw.).

Im ersten Fall bleiben Fortschritte in Richtung sozialistischer Demokratie und Verwirklichung sozioökonomischer Maßnahmen für den Aufbau des Sozialismus möglich. Im zweiten Fall geriete die UdSSR erneut in Stagnation und Immobilismus. Ein bürokratischer Staatsstreich würde sich verheerender als je zuvor auf alle Bereiche der Sowjetgesellschaft auswirken. Daher wäre es unter den gegenwärtigen Bedingungen unverantwortlich, irgendwie für eine Schwächung Gorbatschows einzutreten. Die Alternative wäre: Gorbatschow oder ein Neo-Breschnewianer bzw. ein Neo-Stalinist. Aus der Sicht der sowjetischen Werktätigen und des Weltproletariats sei Gorbatschow heute die beste Lösung für die UdSSR.

Diese politische Richtung und die ihr zugrunde liegende Analyse ist beileibe nicht konkret und realistisch, sondern abstrakt und nur kurzfristig geplant, wie jede vorgebliche *Realpolitik*, und stützt sich auf augenfällig widersprüchliche Prämissen.

Erste Prämisse: Gorbatschow ist nach wie vor verletzbar. Aber woher rührt diese Verletzbarkeit? Offenbar von mächtigen gesellschaftlichen Kräften – dem sogenannten konservativen Flügel des Apparates –, die sich radikalen Reformen widersetzen, deren Ausmaß und innere Logik sie fürchten. Wenn aber diese Kräfte (mögen sie auch eine Minderheit darstellen) Gorbatschow wirklich bedrohen können, so liegt dies daran, daß die Mehrheit der Bevölkerung, besonders die Arbeiter, nicht mobilisiert wurden und nicht hinreichend für die Reformen eintreten.

Die erste Prämisse bricht also zusammen. Die weitere Entwicklung hängt nicht primär von Gorbatschow und seinem Team ab, sondern vielmehr von den Machtverhältnissen zwischen den engagierten politischen Kräften, also letzten Endes von der Mobilisierung der Massen für das eine oder andere Lager. Gorbatschow ist zwar eine außergewöhnliche, historisch entscheidende Persönlichkeit, aber auch das Produkt eines Kräfteparallelogramms, das an verschiedenen Punkten ansetzt und sich in verschiedene Richtungen ausbreitet. So sieht es auch Moshe Lewin, obwohl er den Ausgang der Reformen Gorbatschows äußerst optimistisch beurteilt:

»Vor unseren Augen nehmen die gesellschaftlichen Konturen eines Bündnisses für umfassende Wirtschaftsreformen Gestalt an. Der kreativen *Intelligenzija* aus Künsten und Wissenschaften eröffnet die neue Linie weitere Horizonte, ganz zu schweigen von der Chance, mehr Prestige und Einfluß zu erringen. Auch bei den Sozialwissenschaftlern, die mit zu den theoretischen und ideologischen Wegbereitern der neuen Linie zählen, findet die Wirtschaftsreform breite Unterstützung. Außerdem sind die fähigsten, kreativsten und talentiertesten Führungskräfte, Ingenieure, aber auch Techniker auf vielen Ebenen der Hierarchie schon seit langem von den eingerosteten Wirtschaftsmechanismen und bürokratischen Unzulänglichkeiten enttäuscht. Aber auch von den besser qualifizierten Arbeitern, die von der ›Intensivierung‹ nichts zu fürchten haben, kann man erhebliche Unterstützung der Reform erwarten.

Zahlreiche Studien über gut ausgebildete junge Arbeiter, die einen großen Anteil der Berufsanfänger stellen, zeigen auch deren Enttäuschung über die Mängel und primitiven Verhältnisse am Arbeitsplatz. Sie dürften Gefallen an Reformen finden, mit denen das Qualifikationsniveau gehoben und die sprichwörtlichen Ungleichgewichte – etwa zwischen Qualifikationsprofil und Anforderungen im Betrieb – beseitigt werden sollen. Junge Fabrikarbeiter und andere Beschäftigte können in der Reformbewegung auch das Bemühen erkennen, die Widersprüche und Diskrepanzen zwischen dem in der Schule vermittelten Ethos und Wertsystem und den wirtschaftlichen, politischen und gesellschaftlichen Realitäten des Alltags aufzuheben. Die Verheißungen der Reform öffnen ein breites Betätigungsfeld für aufkeimenden jugendlichen Idealismus – ein wertvolles, aber derzeit noch knappes Gut« (Moshe Lewin, *Gorbatschows neue Politik*, S. 122 f.).

Wer unter diesen Bedingungen gegen die Interessen der Arbeiter agiert, erschwert ihre Mobilisierung zur Unterstützung Gorbatschows und treibt sie wenn nicht in Passivität, so doch vielleicht zur Unterstützung der Konservativen. Unterstützt man die eindeutig gegen das Proletariat gerichteten Reformen der *Perestroika*, fördert man also die Beseitigung Gorbatschows. So dialektisch ist der Weltlauf: *Realpolitik* mündet ins Gegenteil dessen, was sie anstrebt.

Die Befürworter der vollen Unterstützung Gorbatschows vertreten eine zweite Prämisse, die noch hypothetischer ist. Sie behaupten, es gäbe nur eine Alternative: entweder Gorbatschow oder Rückfall in Immobilismus. Damit vergessen sie aber, daß Gorbatschow genau durch jenen Immobilismus ermöglicht wurde, unter dem nicht nur die sowjetische Gesellschaft, sondern auch große Teile des Staatsapparates gelitten hatten. Was 1984 zutraf, wird auch 1990 noch gelten, zumal in der Zwischenzeit viel mehr über den »Zustand der Nation« bekannt und bewußt wird.

Nimmt man unter diesen Bedingungen an, aus der Beseitigung Gorbatschows würde zwingend ein

Rückfall in den Immobilismus folgen, so handelt es sich um eine Hypothese, an der selbst die konservativen Fraktionen des Apparates nicht festhalten könnten. Möglich ist nämlich, daß nach Gorbatschow ein neuer Gorbatschow käme, daß also der heutige Generalsekretär durch einen weniger stürmischen, weniger radikalen und deutlich weniger »liberalen« Nachfolger (mit nicht so liberalen Beratern), jedoch ebenfalls entschlossen, wichtige Reformen durchzusetzen, abgelöst würde. Wäre es damit um das Erwachen und die Entwicklung autonomer Aktionen der Massen geschehen? Das ist keineswegs sicher.

Aufgrund der heute vorliegenden Informationen scheint sich also folgender Schluß aufzudrängen: Die Aufgabe wirklicher Marxisten besteht angesichts des Gorbatschow-Experiments darin, die von den Herrschenden in der UdSSR eingeleiteten Reformen, je nachdem, ob sie den Interessen der Arbeiterklasse dienen oder nicht, entweder kritisch zu unterstützen oder abzulehnen.

Eine Revolution von oben?

Wer den Reformkurs Gorbatschows in diesem Sinne analysiert, stellt fest, daß dieser aufgeklärte Absolutismus unter den heutigen Bedingungen der Sowjetunion die einzige Alternative zur düsteren Diktatur ist; darin sind sich viele Beobachter, Historiker und Soziologen im Westen wie in der UdSSR selbst einig. Was im Lande vor sich gehe, sei eine »Revolution von oben«. Alles werde also davon abhängen, wer an der Spitze steht, also der »Chef« ist.

Eine gesellschaftliche oder politische Revolution setzt voraus, daß die Machthaber ihre Macht an andere gesellschaftliche Kräfte verlieren. Richtig verstanden, würde eine Revolution von oben also bedeuten, daß sich eine herrschende Klasse (oder Klassenfraktion) selbst liquidiert. Das hat es in der Geschichte noch nie gegeben und wird auch in Zukunft nicht eintreten.

Der in Anführungszeichen gesetzte Ausdruck »Revolution von oben« bezeichnet im allgemeinen radikale Maßnahmen der Herrschenden, mit denen sie einer historischen Bedrohung ihrer Macht begegnen wollen. Für sie geht es nur darum, eine revolutionäre Situation, das heißt eine »Revolution von unten«, zu verhindern. Daher dürfen wir hierbei nicht von einer Revolution im engeren Sinne, sondern nur von radikalen Reformen sprechen. Manchmal erreichen solche Reformen tatsächlich ihr Ziel. Die Revolution von unten findet nicht statt oder verzögert sich zumindest um Jahrzehnte.

Heute werden die in der UdSSR ablaufenden Veränderungen häufig als »Revolution von oben« bezeichnet. Ligatschow, der zweite Mann in der KPdSU-Hierarchie, schrieb dazu sogar einen Artikel mit der Überschrift »Die revolutionäre Umgestaltung der UdSSR«, der folgenden Passus enthält:

»Wir bezeichnen die Veränderungen in der UdSSR durchaus als revolutionär. Das ist weder eine Metapher, noch entspricht es dem Wunsch, die Bedeutung dieser Vorgänge emotional zu übersteigern. Der Prozeß ist tatsächlich zutiefst revolutionär« (*Nouvelle Revue Internationale*, Nr. 7, Juli 1987).

Klar ist aber, daß die »qualitativen Veränderungen« (Ligatschow) in der UdSSR nicht mit einem Machtverlust der herrschenden Schicht an andere gesellschaftliche Kräfte einhergehen. In diesem Sinne handelt es sich also in der UdSSR um radikale Reformen, mit denen eine wirkliche Revolution verhindert werden soll, und nur in diesem Sinne läßt sich die Ära Gorbatschow als »Revolution von oben« definieren.

Wie im aufgeklärten Absolutismus geht die Initiative vom Staat als dem Machtzentrum aus. Wie in jener Epoche besteht das »auslösende« Moment darin, daß um jeden Preis revolutionäre Risiken ausgeschaltet werden sollen, die aufgrund der seit Jahrzehnten angestauten und ungelösten gesellschaftlichen Widersprüche drohen. Heute wie damals scheint das Volk tatenlos zuzusehen, mal zur Zustimmung, mal zur Ablehnung und Skepsis zu neigen, ohne sich aktiv am politischen Konflikt zu beteiligen. Dieser scheint auf die Sphäre der Herrschenden und Privilegierten beschränkt zu sein. Als wichtigste, für den Prozeß entscheidende Faktoren erscheinen der Autokrat und seine Berater.

Doch hier endet die Analogie. Zwischen der Masse der verstreuten bäuerlichen Analphabeten, die 1780 in Österreich, 1765 in Preußen oder 1795 in Spanien lebten, und dem hoch gebildeten, in großen Ballungszentren der heutigen UdSSR lebenden Proletariat liegen Welten. Nicht nur hat sie aus einem Jahrhundert kapitalistischer Industrialisierung und Technisierung gelernt, sie wurde auch durch die Oktoberrevolution und deren Voraussetzungen geprägt.

Alle Urteile über mögliche Folgen der »Reformen Gorbatschows« müssen primär auf der Frage basieren, welche Auswirkungen sie auf die Fähigkeit der Massen zur Selbstorganisiation haben werden. Die Emanzipation der Arbeiter kann nur von diesen selbst ausgehen; keine Spielart des Sozialismus ist denkbar oder möglich, die nicht auf dem Zusammenhalt der Arbeiter und auf ihren eigenen Aktionen beruht.

Gorbatschow hat die *Perestroika* als eine besondere Form von Revolution bezeichnet. Dabei bezog er sich ausdrücklich auf die Vorgänge in Frankreich während des neunzehnten Jahrhunderts. Tatsache ist, daß die Revolutionen von 1830, 1848 und 1871 kaum »Revolutionen von oben« waren, sondern Volksaufstände, durch die Regierungen »von der Straße« gestürzt wurden. Sie lassen sich also nicht mit »Revolutionen von oben« gleichsetzen, bei denen die Herrschenden nach wie vor alles kontrollieren.

Das Problem der Bürokratie

Das größte Problem liegt darin, wie man die Bürokratie bekämpfen kann, auch wenn sich in diesem Kampf alle einig zu sein scheinen. Zweifellos muß die Parole lauten: »Alle Macht den Sowjets«, und in den Medien treten schon heute radikale Verfechter von *Glasnost* für diese Parole ein.

Wirkliche Macht der Sowjets setzt aber revolutionäre Änderungen in der Wirtschaftsverwaltung und in der Staatsmacht voraus. Die Sowjets – also die Masse der Arbeiter – müßten souverän über alle großen Wirtschafsfragen – Investitionen, Konsumprobleme, Arbeitszeiten, Preispolitik etc. – entscheiden. Diese Befugnis schlösse auf föderaler und nationaler Ebene die Möglichkeit ein, zwischen verschiedenen Alternativen zu wählen; dafür muß es diese Alternativen jedoch erst geben, was ein Mehrparteiensystem voraussetzt. Auf betrieblicher (und örtlicher Ebene) müßten die Räte ein weitergehenderes Veto- und Entscheidungsrecht erhalten als die Direktoren und Parteiführer.

Das Armenien-Problem enthüllte diesen Widerspruch in seiner ganzen Schärfe. Tscherbinski, erster KPdSU-Sekretär der Ukraine, hat den Vorschlag des Aktionskomitees für Eriwan, durch die Wahl neuer Führer mehr Macht auf die Basis zu übertragen, heftig verurteilt:

»Heute rufen Extremisten die Armenier dazu auf, die Führer der Partei- und Betriebsorgane sowie der Sowjets abzulösen. . . . Ich kenne Menschen, die uns kritisieren, die meinen, eine solche Situation dürfe nicht geduldet werden« (*Le Monde* vom 20. Juli 1988).

Was soll das bedeuten? Gehört die Wahl und Abwahl von Führern nicht zu den »Grundprinzipien des Leninismus«? Die Sowjets sollen ihre Macht ausüben, ohne daß ihre Mitglieder durch Entscheidung der Wähler abgelöst werden können?

Wirkliche Macht der Sowjets setzte im politischen Bereich freie Wahlen der Sowjets voraus, die allerdings nur möglich wären, wenn mehrere Kandidaten zur Verfügung stünden. Sie müßten das Recht haben, alternative Programme und Vorschläge zu propagieren. Sowjets, die nicht frei gewählt werden und keine wirtschaftliche Macht haben, sind nichts anderes als eine besser verschleierte Diktatur der Bürokratie.

Im Sinne dieser realen Macht der Sowjets müßte man von nun an fordern:

- Abschaffung der Zensur. Recht aller Bürger auf Rede-, Meinungs- und Pressefreiheit;
- Abschaffung aller Paragraphen des Strafgesetzbuches, die diese Grundrechte einschränken;
- Befreiung aller politischen Gefangenen;
- Einführung der *habeas-corpus*-Akte. Wer verhaf-

tet wird, muß innerhalb von höchstens 24 Stunden einem Richter vorgeführt werden und darf einen Anwalt des eigenen Vertrauens wählen, der Akteneinsicht erhält;
- Schluß mit der polizeilichen Willkür, Schaffung von Rechtsmitteln gegen Übergriffe der Polizei;
- freie Wahlen in allen Bereichen, Freiheit der Parteigründung und demokratische Ausgestaltung des aktiven wie passiven Wahlrechts;
- Versammlungs- und Vereinsfreiheit;
- Gewerkschaftsfreiheit und Streikrecht;
- gleitende Lohnskala;
- Kontrolle der Arbeiter über die gesamte Wirtschaft;
- Offenlegungspflicht der Betriebe;
- gerechte Verteilung der Einkommen und Sozialleistungen;
- Ausbau der Kindertagesstätten und Kindergärten;
- Verkürzung der Arbeitszeiten;
- Verbesserung der Sicherheitsmaßnahmen in den Betrieben;
- Abschaffung aller Privilegien der Bürokratie;
- Vetorecht der in den Betrieben frei zu wählenden Frauenräte für alle die Frauen betreffenden Entscheidungen;
- volle Entfaltung der Selbstverwaltung und Selbstbestimmung aller Nationalitäten.

Keine sozialistische Demokratie ohne Mobilisierung der Massen und ohne politische Revolution

In der heutigen Sowjetunion wird es keine revolutionäre Veränderung geben, wenn sich die Arbeiterklasse nicht bewegt. Wer aber die Arbeiterklasse motivieren will, ohne an ihre Interessen zu appellieren, verfällt in eine idealistisch-voluntaristische Ideologie. In den nachkapitalistischen Gesellschaften richten sich die materiellen wie moralischen Forderungen des Proletariats nach den Postulaten von dreißig Jahren Klassenkampf: Solidarität, Gerechtigkeit, Gleichheit, reale Entscheidungsmacht.

Am 19. Juni 1986 hatte Gorbatschow vor Schriftstellern gesagt: »Der Feind fürchtet die sowjetischen Atomraketen nicht. Aber er fürchtet den Ausbau der Demokratie in der UdSSR« (*New York Times* vom 22. Dezember 1986). Eine Sowjetunion mit sozialistischer Demokratie würde auf die Massen der Welt große Anziehungskraft ausüben und so die Weltlage verändern. Wirkliche Demokratie, die den Arbeitern mehr politische Rechte und wirtschaftliche Entscheidungsgewalt einräumte als in den fortgeschrittenen kapitalistischen Ländern, wird aus den Initiativen Gorbatschows nicht folgen. Vielmehr stellt sich die Lage heute so dar:

»Die in den letzten Monaten neu erlassenen Gesetze untermauern das politische, wirtschaftliche und soziale Monopol der Parteiherrschaft. . . . Daß Demokratisierung, ›Glasnost‹, größere Eigenverantwortung der Werktätigen nicht zu mehr Selbstbestimmung der Bürger, sondern zur Mobilisierung der Bevölkerung nach den Direktiven der Partei führen sollen, konnte man schon aus Gorbatschows *Perestroika*-Buch erfahren. Zusätzlich soll der ›freien Entscheidung‹ eines Volkes für ein politisches System, als welche Gorbatschow an derselben Stelle den Aufbau des Sozialismus in der Sowjetunion beschrieb, der gleiche Naturrechtcharakter zugesprochen werden wie den Menschenrechten. Die Welt soll den Machtanspruch der Partei als ›unveräußerliches‹ Grundrecht anerkennen« (*Frankfurter Allgemeine Zeitung* vom 17. März 1989).

Viele westliche Kommentatoren bezweifeln die Fähigkeit der sowjetischen Bevölkerung, langfristig autonom ins politische Leben einzugreifen. Sie legen den Akzent auf die »asiatische« Struktur der sowjetischen Macht, auf die »Kontinuität« von zaristischer Autokratie und bürokratischer Diktatur, auf das Fehlen demokratischer Traditionen, auf die Entpolitisierung der Arbeiterklasse durch den stalinistischen Terror, den Verlust des Glaubens an den Sozialismus und den Reiz persönlicher Vorteile. Der Widerstand der Bürokratie gegen die Reformen Gorbatschows wird im Kontext einer ewigen Herrschaft der russischen Bürokratie gesehen. Marshall Goldman greift auf ein bekanntes Zitat John Stuart Mills zurück:

»Gegen die Bürokratie ist sogar der Zar machtlos; zwar kann er alle Beamten nach Sibirien verbannen, aber er kann nicht ohne sie oder gegen ihren Willen regieren. Bei jedem seiner Dekrete haben sie ein stillschweigendes Vetorecht, da sie sich einfach weigern können, seine Anordnungen zu befolgen.«

In dieser Sicht der russischen Geschichte liegt eine Unterschätzung der mit den Bauernaufständen geschaffenen Tradition, und vor allem der Versuch, die Geschichte der Revolutionen von 1905 und 1917 umzuschreiben. Daß es im Lauf dieser Revolutionen zu überwältigenden spontanen Aktionen der Massen kam, wird zwar nicht geleugnet, wohl aber systematisch unterbewertet.

Vor allem liegt in diesen Sichtweisen eine Fehleinschätzung der tiefgreifenden Veränderungen, die sich seit der Oktoberrevolution in der Sowjetunion vollzogen haben. Das Auftauchen eines äußerst qualifizierten und kultivierten Proletariats, das die Mehrheit der Einwohner stellt und nach Selbstverwaltung in den Betrieben – und vielleicht bald auch in den Städten – strebt, schuf erstmals eine gesellschaftliche Kraft, die in der Lage ist, die UdSSR vom Moloch der Bürokratie zu befreien.

Im Lichte der vor sich gehenden Entwicklung sind die Analysen und Voraussagen Trotzkis realistischer als die Bedenken westlicher Beobachter:

»Mit der Einführung der neuen Verfassung zeigt die Bürokratie, daß sie die Gefahr bemerkt und Vorbeugungsmaßnahmen trifft. Doch es wäre nicht das erste Mal, daß eine bürokratische Diktatur, die in ›liberalen‹ Reformen Rettung suchte, sich nur selbst schwächte. Dadurch, daß die neue Verfassung den Bonapartismus bloßlegt, schafft sie gleichzeitig eine halblegale Deckung für den Kampf gegen ihn. Das Rivalisieren der bürokratischen Cliquen bei den Wahlen kann der Ausgangspunkt eines breiteren politischen Kampfes werden ... Alles deutet darauf hin, daß es im weiteren Verlauf der Entwicklung unvermeidlich zum Zusammenstoß der durch die Entwicklung der Kultur gestärkten Kräfte des Volkes mit der bürokratischen Oligarchie kommen muß. Einen friedlichen Ausweg aus der Krise gibt es nicht. Kein Teufel hat jemals freiwillig seine Krallen beschnitten. Die Sowjetbürokratie wird ihre Positionen nicht kampflos aufgeben. Die Entwicklung führt eindeutig auf den Weg der Revolution. Bei energischem Druck der Volksmassen und unter diesen Umständen unvermeidlicher Zersetzung des Regierungsapparates kann der Widerstand der Herrschenden sich als viel schwächer erweisen, als es heute erscheinen möchte. . . . Die Revolution, die die Bürokratie gegen sich selbst vorbereitet, wird nicht wie die Oktoberrevolution von 1917 eine soziale Revolution sein. Diesmal gilt es nicht, die ökonomischen Grundlagen der Gesellschaft zu verändern und die vorhandenen Eigentumsformen durch andere zu ersetzen. . . . Der Sturz der bonapartistischen Kaste wird selbstverständlich tiefgehende soziale Folgen haben, aber er wird im Rahmen eines politischen Umsturzes bleiben. . . . Es handelt sich nicht darum, eine herrschende Clique durch eine andere zu ersetzen, sondern darum, die Methoden selbst zu ändern, nach denen die Wirtschaft und die Kultur geleitet werden. Das bürokratische Selbstherrschertum muß der Sowjetdemokratie Platz machen. Die Wiederherstellung des Rechts auf Kritik und wirklich freie Wahlen ist die notwendige Vorbedingung für die weitere Entwicklung des Landes. . . . Auf die Wirtschaft übertragen, bedeutet die Demokratie die radikale Revision der Pläne im Interesse der Werktätigen. Die freie Diskussion der Wirtschaftsprobleme wird die aus bürokratischen Fehlern und Zickzacks resultierenden Kosten senken. . . . Die Jugend wird frei atmen, kritisieren, sich irren und reifen können. Wissenschaft und Kunst werden von ihren Ketten befreit. Schließlich wird die Außenpolitik zu den Traditionen des revolutionären Internationalismus zurückkehren« (Trotzki, *Verratene Revolution*, September 1935 – August 1936).

Literaturhinweise

A. Aganbegjan, *Perestroika, Le double défi soviétique,* Paris 1987
T. Ali, *Revolution from Above,* London 1988
A. Antonov-Ovseenko, *The Time of Stalin,* New York 1981
A. Bergson/H.S. Levine (Hrsg.), *The Soviet Economy Towards the Year 2000,* London 1983
S. Bloch/P. Reddaway, *Russia's Political Hospitals,* London 1977 (dt.: Dissident oder geisteskrank? Der Mißbrauch der Psychiatrie in der Sowjetunion, München 1978).
V. Broué, »Les Troskystes en Union soviétique 1929-1938«, in: *Cahiers Léon Trotsky,* Nr. 6, 1980
H. Carrére d'Encausse, *L'Empire éclaté,* Paris 1978
C. Castoriadis, *La stratocratie,* Paris 1981
J.-M. Chauvier, *Une société en movement,* Paris 1988
S. F. Cohen, *Rethinking the Soviet Experience,* Oxford University Press 1985
R. Conquest, *Russia After Khrushev,* New York 1965,
V. Coulloudon, *Génération Gorbatchev,* Paris 1988
J. Delamotte, *Schtchekino, entreprise soviétique pilote,* Paris 1973
G. Duchêne, *L'Economie de l'URSS,* Paris 1987
G. Duchêne, »Les deux réformes économiques de M. Gorbatchev«, in: *Pouvoirs,* Nr. 45, 1988
J. B. Dunlop, *The New Russian Nationalism,* New York 1985
F. Duve (Hrsg.), *Glasnost,* Hamburg 1987
D. A. Dyker, *The Process of Investment in the Soviet Union,* Cambridge University Press 1983

C. Ferenczi/B. Löhr, *Aufbruch mit Gorbatschow?*, Frankfurt 1987

I. Fetscher, *Karl Marx. Pressefreiheit und Zensur*, Frankfurt 1969

M. Frankland, *The Sixth Continent*, London 1987

H. Gicquian, »Evaluation du niveau technologique de l 'URRS«, in: *Le Courrier des pays de l 'est*, September 1988

M. Goldfield/M. Rothenberg, *The Myth of Capitalism Reborn*, San Francisco 1980

M. Goldmann, *Gorbatchev's Challenge*, Norton 1987

M. Gorbatschow, *Perestroika*, München 1987

M. Gorbatschow, *Ein Dialog mit der Welt. Rede zum 70. Jahrestag der Oktoberrevolution*, Köln 1987

Gorbatschow, Die wichtigsten Reden. Köln 1987

M. Gorbatschow, *Die zweite Etappe hat begonnen*, Köln 1988

A. R. van Goudoever, *The Limits of Destalinization in the Soviet Union*, London 1986

J. F. Hough, *The Soviet Union and Social Science Theory*, Harvard 1977

B. Kagarlitski, »Perestroika: The Dialectic of Change«, in: *New Left Review*, Nr. 169, 1988

B. Kargarlitzki, *The Thinking Reed*, London 1988

A. Kahan-Ruble (Hrsg.), *Industrial Labor in the USSR*, New York 1979

B. Kamarow, *The Destruction of Nature in the Soviet Union*, London 1980

S. Kartveli, »Le nationalisme contre les nationalités, in: *Pouvoirs*, Nr. 45, 1988

N. u. J. Kehujan, *Les chantrier de la Place Rouge*, Paris 1988

K. Klose, *Russia and the Russians*, New York 1984

A. Kolendic, *Les derniers jours*, Paris 1982

G. Konrád/I. Szelény, *Die Intelligenz auf dem Weg zur Klassenmacht,* Frankfurt 1978

C.-E. Lagasse, *L'Entreprise soviétique et le marché,* Paris 1979

N. Lampert, *Whistleblowing in the Soviet Union,* London 1985

D. Lane, *State and Politics in the USSR,* London 1985

M. Lavigne (Hrsg.), *Economie politique de la planification en system socialiste,* Paris 1978

D. Legrande, »La fièvre de la paperasse«, in: *Inprecor,* Nr. 251, 1987

M. Leiman, *Some Theoretical Aspects of Socialism in the East and West,* Manuskript

M. Lewin, *Gorbatschows neue Politik,* Frankfurt 1988.

Literatur und Perestroika. Die Diskussionen auf dem Sowjetischen Schriftstellerkongreß, Köln 1987

T. Mamonowa (Hrsg.), *Women and Russia,* London 1984

E. P. Manso, »Panorama general de la economica sovietica 1965-1985«, in: *ICE,* Juli 1987

L. Marcun, *Les défis de Gorbatchev,* Paris 1988

D. R. Marples, *Chernobyl and Nuclear Power in the USSR,* London 1987

M. Matthews, »Poverty in the Soviet Union«, in: *The Wilson Quarterly,* Herbst 1985

M. McCauley (Hrsg.), *The Soviet Union Under Gorbatchev,* London 1987

R. Medwedjew, *Let History Judge,* London 1972

R. Medwedjew, » Panorama de la vie culturelle en URSS en 1986«, in: *La Nouvelle Alternative,* Paris 1986

Z. Medwedjew, *The Rise and Fall of T.D. Lyssenko,* London 1969, (dt.: Der Fall Lyssenko, Hamburg 1971)

Z. Medwedjew, *Andropov au pouvoir.* Paris 1983, (dt.: Andropov. Der Aufstieg zur Macht, Hamburg 1983)
Z. Medwedjew, *Gorbatchev,* London 1986
Z. Medwedjew, *Soviet Agriculture,* New York 1987
P. Meney, *La Kleptocratie,* Paris 1982
V. J. Michin, *Sotsialnjie Progress,* Gorki 1970
Z. Mlinar, »My School Companion Mikhail Gorbatchev«, in: *Unità,* 9. April 1985
M. Mommsen/H.-H. Schröder, *Gorbatschows Revolution von oben,* Frankfurt 1987
D. Murarka, *Gorbatchev,* Paris 1987
V. Navarro, *Social Security and Medicine in the USSR,* London 1977
A. Nekritch, *L'Armée rouge assassinée,* Paris 1968
A. Nove, *Political Economy and Soviet Socialism,* London 1979
A. Nove, *The Economies of Feasible Socialism,* London 1985
J. E. Oberg, *Uncovering Soviet Disasters,* New York 1988
N. Pojanski/A. Rahr, *Gorbatschow, der neue Mann,* Frankfurt 1987
M. Popowski, *L'URRS – La science manipulée,* Paris 1979
P. J. Potichnij (Hrsg.), *The Soviet Union, Party and Society,* Cambridge University Press 1988
M. Rakowski, *Towards an East European Marxism,* London 1977
J. Radwanji, *Le géant aux paradox,* Paris 1982
J. Radwanji, *L 'URRS en révolution,* Paris 1987
C. Rewas, *Ivan Ivanovitch écrit à la Pravda,* Paris
R. Rosdolski, »Über die Rolle des Zufalls und der ›Großen Männer‹ in der Geschichte«, in: *Kritik,* Nr. 14, Berlin 1977

J. Sapir, *Travail et travailleurs en Union soviétique,* Paris 1981
J. Sapir, »Crisis et mutations de l 'économie soviétique«, in: *La Nouvelle Alternative,* Nr. 4, Dezember 1986
V. Saslawskij, *Il consenso organizzato,* Bologna 1981
V. Saslawskij, *The Neo-Stalinist State,* Brighton 1982
T. Saslawskaja, » The Human Factor in Social Justice«, in: *Sowietskaja Kultura,* 23. Januar 1986
T. Saslowskaja, »Remettre l'économie sur ses pieds«, in: *Les Temps Modernes,* Sondernummer »L'USSR en transparence«, 1987
K. Schlögel, *Der renitente Held – Arbeiterprotest in der Sowjetunion 1953-1983,* Hamburg 1984
C. Schmidt-Häuer, *Gorbatschow. Der Weg zur Macht,* München 1986
C. Schmidt-Häuer/M. Huber, *Rußlands zweite Revolution,* München 1987
U. Schmiederer, »Die Logik der Gorbatschowschen Reformen«, in: *Sozialismus,* Nr. 7/8, 1987
L. Shapira/J. Godson (Hrsg.), *The Soviet Worker from Lenin to Andropov,* London 1984
I. Semsow, *La corruption en Union soviétique,* Paris 1976
A. Simin, *Le stalinisme et son ›socialisme réel‹,* Paris 1983
A. Sinowjew, *Le communisme comme réalité,* Paris 1981
A. Sinowjew, *Homo sovieticus,* London 1982
J. W. Strong (Hrsg.), *Soviet Politics since Krushchev and Kossygin,* New York 1971
M. Tatu, *Mikhail Gorbatchev,* Paris 1987
R. Tökes (Hrsg.) *Dissent in Eastern Europe,* London 1979

L. Trotzki, *Schriften, Bd. I, 1. und 2.*, Hamburg 1986

A. N. Tschewtschenko, *Breaking with Moscow,* New York 1985

M. Walker, *The Waking Giant,* London 1986

A. Wassiliewski, *La cause de toute une vie,* Moskau 1984

M. Wladi, *Vladimir ou le vol arrêté,* Paris 1987

D. K. Willis, *Les privilégiés de la nomenclatura,* Paris 1983

M. Wolsnski, *The Nomenclatura,* London 1984

Die Zukunft der Sowjetunion. Die Debatte auf der Parteikonferenz der KPdSU, Köln 1988